郝雨 主编

电视真人秀
节目创制

李灿 / 著

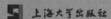

上海大学出版社

图书在版编目(CIP)数据

电视真人秀节目创制/李灿著. —上海：上海大学出版社,2021.12
(5G智媒大传播丛书)
ISBN 978-7-5671-4397-5

Ⅰ.①电… Ⅱ.①李… Ⅲ.①电视节目-研究-中国 Ⅳ.①G222.3

中国版本图书馆CIP数据核字(2021)第242405号

责任编辑　黄晓彦　祝艺菲
封面设计　缪炎栩
技术编辑　金　鑫　钱宇坤

电视真人秀节目创制

李　灿　著

上海大学出版社出版发行
(上海市上大路99号　邮政编码200444)
(http://www.shupress.cn 发行热线021-66135112)
出版人：戴骏豪

*

江苏句容排印厂印刷　各地新华书店经销
开本890mm×1240mm　1/32　印张8.25　字数238 000
2021年12月第1版　2021年12月第1次印刷
ISBN 978-7-5671-4397-5/G·3414 定价：40.00元

版权所有　侵权必究
如发现本书有印装质量问题请与印刷厂质量科联系
联系电话：0511-87871135

前　言

　　20年前,当我们打开电视时,一定想象不到在未来这个充满仪式感的客厅里,一家人围坐在电视机前观看电视节目的场景已经很难出现,家庭成员观看的变成无处不在的移动端屏幕。而被称作"观众"的我们也随着互联网的普及,变成了一个个的数据和用户画像。

　　从2000年伊始的《生存大挑战》到2021年的《乘风破浪的姐姐》,真人秀节目的变化是中国媒体业态发展的缩影。互联网技术和新媒体技术的运用给传统电视媒体带来了较大的挑战,但同时也提供了更多的发展机遇。传统电视媒体与新媒体的融合带来的不仅是方式、理念和模式的改变,更是一种营销方法、管理方式和战略部署的改变,同时也催生了一个新生的传媒生态和市场格局。看似某个点状网络应用的背后,却是一张社交化的关系网,一种人际关系的延伸,而这也为电视真人秀的传播推广提供了借力点。本书着力阐述了真人秀节目在工业化、产业化的模式上更具开放性、流通性和多元性的特点,提出了其在策划、生产、营销、分发等多个环节都有产业价值和增量的可能性。虽然我国的真人秀节目在早期发展中还未具有形成全产业链的能力,但在内容生产和制作分发、衍生品等环节已经产生了变革。

　　大众传播中的议程设置不再是传统意义上的由一个组织或者机构完成,而是发生了实质性的改变。传者为中心逐渐转变为以受者为中心。受众本位的理念标志着互联网营销已经进入了受众消费的自助餐时代。本书主要讨论了新生的传媒生态格局的背后实质上是消费者权利的整合,这种整合将人的碎片化时间、闲置的体智、多余的资源进行最大限度地开发、调用和功能性重新配置,从而形成了媒介型的平台。

　　这种媒介型平台不只是一种渠道,也不只是一个简单的机构,其网络是交互的,内容和功能是可以交叉的,平台上的每一个热点都是可以被激活的。传统媒体应将自身的优势嵌入这种多维度的网络空间中,使之得以最大化地体现。产业整合和市场协同通过人际、品牌和渠道，将碎片化的市场利用起来以传播信息并进行社会化的服务，这才是多维度媒介型平台所带来的机遇。网络个人热点对真人秀类别情有独钟，电视媒体也更加注意在节目中注入互联网的基因，突破媒介平台之间的壁垒，推动网台互动和合作，利用电视和网络平台的共振效应锁定这部分网生一代的受众群体。本书指出了这些"热点"观众具有强大的"受众生产力"。主动表达与参与，促使这部分受众已经不再是传统意义上的被动型受众，而成为一种生产型受众。

一个活性的平台是一种动态的，无论个体还是机构都可以在这个平台或是生态圈找到资源，架构通道以激发自己的活力，这就是良性平台的基本特征。这些平台的搭建离不开政府政策的规制和引导，本书对近十年政府的规制和融合提出了明确观点，真人秀节目的类型、编播、参与主题等各个方面受到了政策的巨大影响，由此也带来了明显的竞争格局和收视格局的变化，形成了新的平台、机构和媒介生态，规则、个人、组织相互制衡，在个体发挥热点能量的同时，也造就机构的成熟并同时服务社会，这就是好的机制，好的管理。

我们每一个人在不知不觉中，成为了内容的生产者，也同时成为了内容的传播者，多重身份的媒介角色让广告商更加注重受众的商品化过程。本书讲述了商品化是一种对受众的开发形式，被商品化的受众成了产品推销中被积极主动争取的目标。双向互动的特性为真人秀节目的产业链挖掘和产品附加值的提升提供了基础。同时基于这种关系，产品的维护、开发、运营是维持核心内容增值的方法，从而进一步满足受众的个性化需求和选择的权利。

笔者以在场的身份进入电视行业从事真人秀的内容制作，也亲身感受了电视产业的巨大格局变化，在书中提出了电视产业已将"内容+覆盖"的传统产业链模式更新升级为"产品+渠道/终端"的产业模式，逐步冲击着传统媒体产业闭合环节，增强了电视产业生态失衡的阵痛。电视机构越来越成为内容的集成商，真人秀的产业生态格局在重建的过程中，逐渐从业态的融合转变到业务的融合，对内是整合资源，对外做好内容的同时也要做好服务。另外这种生态的失序还体现在传媒电视产业的价值被严重地低估,因行政区域划分而导致诸多电视台和制作机构没有形成合理的资源配置,产业化功能极弱,内部生态资源无法正常流动。但是随着组织结构的逐渐重组,资本有了入口,未来资本与市场的话语权和影响力将越来越大,产业生态的融合在逐步形成,政策的规制不再是电视产业变革唯一的驱动力,中国的电视产业生态格局在重建,未来在国际化的市场上,也必将有中国电视业的一席之地。

李 灿

2021 年 7 月于上海

目 录

绪 论 ……………………………………………………………… 1

 第一节 真人秀节目发展背景 …………………………………… 1

 第二节 电视真人秀创制研究的学术概况 …………………… 22

第一章 中国电视真人秀节目的发展历程 ………………………… 31

 第一节 真人秀节目的界定 …………………………………… 34

 第二节 媒介技术与电视真人秀的融合 ……………………… 39

 第三节 电视产业化与电视真人秀节目的融合 ……………… 47

 第四节 跨媒介资本与电视真人秀节目的融合 ……………… 60

第二章 媒体融合视域下的电视业态发展 ……………………… 70

 第一节 电视媒体融合的概念厘定 …………………………… 72

 第二节 媒体融合的驱动力研究 ……………………………… 73

 第三节 文化融合下的价值浮现 ……………………………… 80

 第四节 电视业态的融合之困 ………………………………… 85

 第五节 媒体融合语境下的电视实践 ………………………… 88

第三章 真人秀节目的受众研究 ………………………………… 98

 第一节 真人秀节目受众的流变 ……………………………… 99

 第二节 麦奎尔理论下的真人秀节目受众分析 …………… 113

第四章 真人秀节目的创制 ……………………………………… 134

 第一节 真人秀节目的类型创制 ……………………………… 134

 第二节 电视真人秀节目的季播创作模式 ………………… 149

第三节　新政下电视真人秀节目的编排制作⋯⋯⋯⋯⋯⋯ 159
　　第四节　网台关系变迁下的真人秀节目创制⋯⋯⋯⋯⋯⋯ 167

第五章　真人秀节目的推广营销创新⋯⋯⋯⋯⋯⋯⋯⋯⋯⋯ 176
　　第一节　真人秀节目的广告营销创新⋯⋯⋯⋯⋯⋯⋯⋯⋯ 177
　　第二节　科特勒营销理论下电视真人秀节目的创新推广⋯⋯ 189

第六章　真人秀节目的产业生态格局研究⋯⋯⋯⋯⋯⋯⋯⋯ 203
　　第一节　电视媒体的产业生态格局变迁⋯⋯⋯⋯⋯⋯⋯⋯ 204
　　第二节　电视真人秀节目全产业链的开发⋯⋯⋯⋯⋯⋯⋯ 214
　　第三节　中国电视真人秀节目的版权保护与国际化境遇⋯⋯ 229

参考文献⋯⋯⋯⋯⋯⋯⋯⋯⋯⋯⋯⋯⋯⋯⋯⋯⋯⋯⋯⋯⋯ 245
附录一　深度访谈名单⋯⋯⋯⋯⋯⋯⋯⋯⋯⋯⋯⋯⋯⋯⋯ 252
附录二　部分访谈摘录⋯⋯⋯⋯⋯⋯⋯⋯⋯⋯⋯⋯⋯⋯⋯ 253

绪 论

第一节 真人秀节目发展背景

一、真人秀节目的研究范畴

21世纪以来,高科技推进下的新媒体发展日新月异,媒体格局变化空前,传统媒体秩序被完全打破,眼花缭乱的新媒体产业处在重新构建市场的生态环境,媒体融合成为未来的趋势和大方向。在这样的背景下,电视真人秀节目突破传统的电视单一传播形式,开辟了更加市场化的运营模式。

关于媒体融合的概念,早在1983年传播学者伊契尔·索勒·普尔(Ithiel De SolaPool)就提出了"传播形态融合"(the convergence of modes),他指出数码电子科技的发展是导致历来泾渭分明的传播形态聚合的原因。1994年,《纽约时报》报道《圣荷塞水星报》与美国在线共同推出的《水星中心新闻》电子报服务时,用了一个小标题——"一次媒介融合"(A Media Convergence)。① 美国新闻学会研究中心主任安德鲁·纳奇森(Andrew Nachison)将"融合"定义为"印刷的、互动性数字媒体组织之间的战略的、操作的、文化的联盟"。2003年,美国知名学者李奇·高登(Rich Gordon)对融合的概念提出了五种分类,分别是所有权的融合、策略性的融合、结构性的融合、信息采集的融合和新闻表达的融合。同年,戴默教授(Lori Demo)在一篇题为《融合连续统一体:媒介新闻编辑部合作研究的一种模式》中提出了更符合电视市场产业应用的范畴,其观点广受关注。一是交互推广(cross-promo-

---

① 蔡雯,王学文.角度·视野·轨迹——试析有关"媒介融合"的研究[J].国际新闻界,2009(11):87.

tion),指作为合作伙伴的媒介相互利用对方推广自己的内容,如电视介绍报纸的内容。二是克隆(cloning),指作为合作伙伴的媒介不加改动地刊播对方的内容。三是合竞(coopetition),指作为合作伙伴的媒介之间既有合作也有竞争。四是内容分享(content sharing),指作为合作伙伴的媒介定期相互交换线索和新闻信息,并在一些报道领域中进行合作。五是融合(convergence),指作为合作伙伴的媒介在新闻采集与新闻播发两个方面进行全方位的合作,他们的共同目标是利用不同媒介的优势最有效地报道新闻。① 本研究论述也是基于这样理论范畴而开展的。

随着通信技术、信息技术、互联网技术的发展,中国的电视环境有了更好的发展机遇,电视和网络既合作又竞争的局面伴随着媒介融合的大浪潮。在这样的条件下,电视真人秀节目得到了前所未有的发展空间。与此同时,我们首先要了解的是传统媒体和新媒体并不是互相打压的关系,而是可以借助彼此的优势相互补充。电视节目的制作方可以提供优质的内容,依靠新媒体的便捷性、互动性、实时性共同产出和运营电视节目。对于传统电视媒体而言,这种竞争已经逐步地从内容、形式、包装发展到了品牌、渠道和营销上的竞争。对于新媒体而言,媒介的形态、传播方式、受众类型都发生了翻天覆地的变化。互联网时代的到来,很大程度上改变了观众的收视习惯,在观看电视节目时,从我们熟悉的、具有"仪式感"的客厅转换到了各种移动终端,如电脑、手机、PAD 等,甚至是多屏同时使用。值得强调的是,受众群体此时也发生了转变,由观众变成了用户,这意味着电视真人秀节目营销中面对的不再是不能选择或者不愿意选择的被动者,而是可以选择并积极选择的主动者,他们可以选择、接近、使用甚至表达。

我们正进入另一场社会革命,有些当代史学家称之为"信息革命",另有人称之为"信息时代"。但越来越多的观察家把如此深刻的变化看成革命,把信息看成后工业时代的能量源泉,正像土地、能源和

---

① 蔡雯. 从"超级记者"到"超级团队"——西方媒体"融合新闻"的时间和理论[J]. 中国记者,2007(1):81.

机器是过去农业革命和工业革命的主要资源一样。①

20年过去了,媒体融合已经成为了一个热词。在这样的环境下,媒介组织与媒介人的关系越来越松散,而媒体人与观众的距离却越来越近。此时,电视真人秀节目的制作也很容易通过移动终端得到节目的反馈,与观众进行交流。有时还会在受众的启发下去创新节目或者对已有节目进行改良。互动成为了现代电视真人秀节目制作过程中最重要的环节,电视真人秀节目也作为一种消费产品随着"无处不在的屏幕"而成为了随时随处随看的"生活用品"。

二、电视节目的发展背景

1. 电视产业的特殊生态位

费希尔(Fisher)和克拉克(Clark)对产业的分类有三种,第一产业是指产品直接取自自然界的产业,如农业、种植业、林业、渔业、畜牧业等;第二产业是指采矿业、制造业、建筑业、能源业等对取自自然的产品进行再加工的产业;第三产业是指商业、金融业、保险业、邮电通信业、交通运输业、新闻出版业、一般性服务业、广播电视业等凭借一定的设备或工具,或以自身劳动来满足消费者需要的服务产业。② 随着我国国民经济的不断发展,第三产业的比重正在逐步增加,而电视产业做为第三产业中重要且不可或缺的部分,它对国民经济的健康发展有至关重要的作用。

浙江大学邵培仁教授说:"任何一种媒体都必然有其特殊的时间与空间上的生态位,亦既有其特殊的生存与发展的土壤和条件,以及它在这一状态下的特有行为和作用。"③从20世纪60年代到20世纪末,电视作为第一媒介成为人们休闲时间最多的选择,而电视节目的娱乐

---

① [美]威尔伯·施拉姆,威廉·波特.传播学概论:第2版[M].何道宽,译.北京:中国人民大学出版社,2010:277—278.

② 费希尔和克拉克产业分类法,又称三次产业分类法。此分类法是对除家庭内部经济生活以外的全部社会活动进行简明分类的一种方法。最早由澳大利亚经济学家费希尔在20世纪30年代初提出。英国经济学家克拉克继承了费希尔的研究成果,在其著作《经济进步的条件》一书中,对三次产业的内容作了进一步细的划分,并用它来研究产业结构变化的规律,使三次产业结构分类法得到进一步的普及。

③ 邵培仁.论传媒生态位规律和媒介生存策略[J].新闻界,2001(5):11.

性又成为观众选择它的主要原因。作为20世纪后半叶最强大的媒介,电视产业的回报利润相当高。在20世纪80年代,美国的一些商业电视台甚至可以达到70%的利润。① 到了20世纪末,电视的产业属性逐渐凸显出来,以经济利润为导向的商业化运作模式也指引电视媒体向经济独立体、集团化的方向发展。大众媒介的发展不仅仅是在不同媒介之间或者说行业内自然发生的过程。此时,包含真人秀节目在内的电视综艺节目成为电视台产业化、商业化的一个重要的试金石。媒体生态处于自然演进中,现代传媒也处于持续不断的系统整合中,社会权利必定要从外部注入一股规约的力量。② 这种规约的力量来自多个方面,技术发展、制度变迁、政治环境、传媒格局嬗变等。首先技术促进了传媒产业的发展,而传媒产业的成熟又不断刺激技术的发展。但在媒介发展的所有历史条件下,市场的准入和监管都是维系媒介生态体系的核心内容。技术本是人类文明的一部分,但互联网信息技术却在把脉人类,对人类的生活方式以及思维逻辑方式产生了重大的影响。当下的社会是数字技术主导的信息社会、网络社会,具有去中心化、个性化、小众化特点,能够自我组织以致重新"部落化"。集中生产、管理的工业逻辑从而转变成相对分散、扁平的互联网逻辑;大众媒体的主流地位被自媒体、小众媒体稀释;媒介结构更加复杂,不再只是自上而下的垂直、集中传播,而是融合了平行传播、互动传播、跨屏传播、双向的垂直传播等不同的信息传播流。另一方面,数字技术带来UGC生产方式的同时,也导致内容的过剩、高度碎片化、质量退化。

  20世纪80年代,传媒行业进行了第一轮的体制改革。国家提出了将事业单位企业化的管理方针,随即逐渐减少了对各级电视台的行政拨款,经由市场化的广告经营来实现自负盈亏。经过十几年的发展,传媒产业的格局逐渐形成,传媒业的市场属性也被认可。但是这一时期的媒介技术发展相对落后,基本处在对传统媒介技术革新的层面上,对于数

---

① [美]威廉姆·F.贝克.美国网络媒介改变传媒产业格局[EB/OL]. www.sina.com.cn,2011-04-21.
② 支庭荣.大众传播生态学[M].杭州:浙江大学出版社,2004:231.

字化、网络化和卫星技术都还没有开发成熟,政策上虽然有了市场化、产业化的方针,但市场机制仍不成熟、管理体制和经营规模比起世界传媒产业大国都相对滞后。尤其在电视产业生态发展的前几十年中,在政策的调控下,电视台拥有一个垄断性的利益,但市场化的资源和资金却无法打破壁垒进入节目的生产制作中。到了21世纪,互联网技术和新媒体技术都开始快速发展,同时伴随着市场化中各方经济利益的博弈,传媒行业的外部系统不断在转化,酝酿着临界点的到来。

  当我们将分析的视角切入电视真人秀的时候,就要追溯至20世纪50年代的欧洲,这种节目类型因记录视角的独特很受观众喜欢,后被美国以成功的商业模式进行世界范围内的推广,取得了十分风靡的效果。在2008年出版的《真实电视:重塑电视文化》这本书的前言中,Laurie Ouellette 和 Susan Murray 感慨道:"情形已经有所改变,很少有人会质疑真实电视的覆盖范围和生命力。在全球范围内,真实电视广受欢迎,已更普及和多元化。流行的无脚本的真实电视的模式已变得越来越专业和完善。"[1]中国的电视真人秀节目发端于20世纪90年代,电视屏幕上出现的游戏竞猜类节目如雨后春笋般涌现。但真正意义上的电视真人秀节目应该从2000年以后算起,如《生存大挑战》《超级女声》《我型我秀》《极限挑战》等。但这些节目后期逐渐停播,也说明很多电视真人秀节目后劲不足,缺乏创意,很快就进入一个类型周期衰减的过程中。正如大卫·麦克奎恩(David McQueen)所说:"类型反映着一个社会中占有统治地位的价值观念。然而,同那些价值观类似,类型也并不是固定和不可置疑的。类型在改变着,亚类型在发展着,新的类型在形成着。在某些时候那些看起来是'标准的'、'可接受的'和'常规的'东西,几年以后就会变得陈腐、过时,不再能被接受。"[2]电视真人秀节目的制作和播出是很难具体地分出几种类型的,边界模糊,其节目形态是运动和交叉演变的。电视节目类型的划分有助于进行模块

---

[1] Laurie Ouellette,Susan Murray. Reality TV:Remaking Television Culture[M]. New York:New York University Press, 2008:1—2.
[2] [英]大卫·麦克奎恩. 理解电视——电视节目类型的概念与变迁[M]. 苗棣,赵长军,李黎丹,译. 北京:华夏出版社,2003:24.

类的制作和观众辨识记忆,但从实际操作上看,拘泥于节目类型的划分,容易导致观众的分化、思维定式的束缚,不利于创新。

现在由于网络发达,越来越多的电视节目可以进行互联网传播,这其中就包含很多国外的电视真人秀节目。加之目前我国对电视版权使用规定模糊,使得很多国内的电视节目内容原创者的合法权益得不到保护,这就遏制了国内电视人对电视节目原创的动力和积极性。于是"拿来主义"的电视真人秀节目在2005年前后十分盛行,只要对国外相对成熟的电视节目加以修改和模仿就降低了研发的成本,缩短了制作周期。例如2007年美国电视真人秀《你比五年级生聪明吗?》播出不久的两个月后,陕西卫视的《不考不知道》、湖南经济频道《五年级护卫队》、广东公共频道《五年级插班生》等节目就相继推出,从节目板块到节目流程都有模仿的痕迹。当集体意识开始毫无遮拦地"照搬"时,这就加速了这些电视节目的社会影响力和衰落的周期,变为一种非常低端的同质化竞争。同类型的真人秀节目快速繁殖就说明电视台非常忽视电视节目品牌的建立和维护,只看短期的经济效益。门槛低、成本少、易模仿的电视真人秀节目,如歌词记忆类、游戏冲关类等节目很容易陷入低端竞争的漩涡。这种传统的、依靠电视广告收入生存的节目就会变为为了取得经济效益而迎合大众兴趣的生产物。"如果大多数观众想看同样类型的节目而且电视是靠广告收入支持的,那么竞争中的电视广播公司很有可能针对这一广大观众群提供非常相似的节目。这样一来,为迎合大众兴趣而设计的节目数量将会过多,因为处于竞争中的频道发现(靠提供相似的替代节目)瓜分具有大众兴趣的观众市场比迎合少数人的兴趣而疏远主流观众更有利可图。观众的兴趣越一致,竞争性复制的趋势就越强。"[①]在趋同的低端节目中,除了影响电视节目的品牌输出以外还有很多弊端。随着网络信息迅速传播,网友可以通过很多渠道看到不同类型的电视节目,也会为在播的节目找到"源头",带来的直接后果是对电视品牌和电视制作者的质疑,而最大的

---

① [英]吉莉安·道尔.理解传媒经济学[M].李颖,译.北京:清华大学出版社,2004:52—53.

影响就是会导致活性媒体生态系统的失衡。例如同样的婚恋真人秀节目《我们约会吧》和《非诚勿扰》，前者是湖南卫视已经购买了英国Fremantal Media公司制作的《Take me out》的版权，但是江苏卫视却率先推出了同类节目《非诚勿扰》，从舞美、灯光、嘉宾、电视叙事等方面几乎相同，湖南卫视方面也对这种"剽窃行为"向广电总局进行了申诉。其实这种情况只是电视真人秀节目混战的一个缩影，很多电视人看重快速模仿，以便抢占播出的先机，至于版权意识或者品牌的维护则认为是后话。在笔者多次参加的电视节目策划会上，发现对如何做受众调查、节目创新关心的人不多，更多的制作人是希望可以观摩一下国外最新的节目，这种心态正好反映了当下电视真人秀节目制作的一种现状。

在新媒体还未崛起前，传媒内外部的资源壁垒和禁锢较多，除了政策上调控，传媒的产业链也是不完善的，存在着巨大的断层和分发渠道的不畅通，这导致了传媒价值实现的维度缺乏。在同样的大环境下，这一时期的电视真人秀的出现及发展也伴随着同样的属性。从2000年广东卫视的《生存大挑战》开始，电视节目制作人已经看到了真人秀这种节目形式的特质。无论是粗制的模仿还是直接的"剽窃"，都说明了传统电视媒体在真人秀节目制作上经验和技术的不足。对于真人秀产业链的开发则更是需要多个模块的嫁接，但正如我们前面所说，整个传媒行业的生态资源是分配不均的，更难进行内外部的资源流动。因而真人秀节目的产业生态在这一时期也是闭合的，没有发展的。早期政策层面上的渠道开发，使得真人秀节目也借助了电信和网络的媒介。例如2002年在湖南经视开播的《完美假期》，就是利用电话和网络的投票来决定节目的淘汰者。之后的十几年时间里，随着互联网技术和新媒体技术的发展，真人秀节目迎来了蓬勃发展的机会，而整个产业生态也进入了发展的转折点。

2. 传统媒体与新媒体渠道的融合发展

20世纪90年代，荷兰电视真人秀节目《老大哥》推出之后，全球范围内各种版本的《老大哥》都相继火爆播出。这种真人秀的国际化传播与互联网的发展不谋而合。例如英国在引入模板节目《老大哥》之后，增加与观众互动的技术，这种跨媒介的互动极大地改变了当下电视的地位和作用。由此,它表明了21世纪电视发展新的方向,即观看电视的体验仅仅只是更广的媒介互动中的一部分。在早期的电视节目中,互动的网络、手机服务、短信和电子邮件最初都是电视的辅助媒介,在真人秀节目《老大哥》中,电视已经从媒介群的核心变成了更广的媒介家族中的一分子。① 在中国,这种借助电视以外的媒介进行传播的节目在1996年伊始已经出现端倪。由北京维汉文化传播公司制作的电视节目《跨越2000》就借助了互联网宽带召集不同地区的选手,最终形成了50多个赛区共同参与节目制作。2004年湖南卫视的《超级女声》在制作上较为传统,节目传播效果差强人意;在2005年,通过整合营销,掀起选秀真人秀节目的狂潮,在决赛之夜,达到万人空巷的播出效果。这种把电视网、互联网、电信网融合在一起的方式,带动了全民的参与,取得了空前的成功。由此,2005年,电视真人秀节目也进入了一个新的阶段,厂商营销、电信投票、网络营销开始成了必要的营销手段,也是节目制作人所必须考虑的问题。到目前为止,国内外的电视真人秀节目都有了长足的发展,这与互联网的发展有很多时间点上的重合,也证明了互联网对电视真人秀节目传播有巨大影响。

这正如亚当·布兰德伯格(Adam M. Brandenburger)提出的竞合关系,主张抛弃以往"鱼死网破"的唯一竞争思路,而坚持"双赢策略"(Win-Win game),也就是提倡企业应该具有团队理性,倡导企业之间优势要素的互补、资源的全面共享、风险的共同承担、成本的大幅削减以及收益的急速提升,在实现产业共同发展的基础上,使竞争双方的实力都得以增强。② 正是在这样的切合点上,电视真人秀节目伴随着互联网得到了长足的发展。

在互联网技术的依托下,人和人的关系变得紧密起来,很多社会化的网站都会提供社会化的服务(Social Networking Service,简称SNS)。随着多屏的发展,互联网已经全面社交化,完成了人和人的交互传播,使人

---

① J. Bignell. Big Brother: Reality TV in the Twenty-first Century[M]. New York: Palgrave Macmillan, 2005: 145—146.

② 章平. 战略传媒:分析框架与经典案例[M]. 上海:复旦大学出版社,2004:222.

和人的沟通还有社会协同达到了最大化。之所以达到最大化,就是将人的碎片化时间、闲置的体智、多余的资源最大限度地开发、调用和进行功能性配置。当我们去接触互联网嫁接了新媒体的渠道,才意识到现在这个时代不仅用人际传播来补充媒介传播,而且用媒介来辅助人际传播。①正如威尔伯·施拉姆(Wilbur Lang Schramm)所言,大众传播效果受到很多因素的影响,包括媒介因素、传播本身因素或传播情景因素,例如媒介文本结构、信息源和媒介性质、公共舆论氛围等。② 电视媒体如何去选择渠道,调整什么内容,运用什么样的语态,能造成多大的影响力,这才是我们考虑如何和互联网技术新媒体合作的出发点。在看似某个点状网络应用的背后,其实是一张社交化的关系网,是一种人际关系的延伸。

2014年,中央出台了《关于推动传统媒体和新兴媒介融合发展的指导意见》,标志着新媒体视听产业已经进入国家文化产业和信息发展产业战略,随之带来的是4G网络的全面铺开和互联网宽带的布局。到2019年6月6日,工信部正式向中国电信、中国移动、中国联通、中国广电发放5G商用牌照,中国正式进入5G商用元年。基于移动互联网和宽带的视听业务已经迅速成为资本追逐的热点(如图1)。

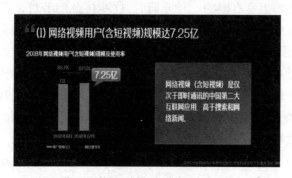

图1 中国网络视听产业视频用户人数(亿)③

---

① [美]威尔伯·施拉姆,威廉·波特.传播学概论:第2版[M].何道宽,译.北京:中国人民大学出版社,2010:181.
② [美]威尔伯·施拉姆,威廉·波特.传播学概论:第2版[M].何道宽,译.北京:中国人民大学出版社,2010:194.
③ 2019年中国网络视听研究报告[EB/OL].http://www.199it.com/archives/882433.html.

网络视频的逐渐放量,势必会带动视频内容的生产。同时广电总局对视频版权也有严格的控制,这就促使视频网站必然寻找正版的视频资源以及强硬的品牌合作,尤其对"现象级"节目资源抢夺最为激烈。视频网站通过近几年的会员制和付费制的积累,在一定程度上,已经网罗了固定的收视群体,在广告收入方面也开始盈利。同时现象级的电视节目(如2014年第二季度《爸爸去哪儿》等电视真人秀节目)的投放,也带来了网络视频业务中的广告收入的几何式增长。

3. 打破传统渠道,融合媒介优势

目前,鉴于市场反馈的利好,越来越多的制作单位想去涉足电视真人秀节目的摄制,这带来了这种节目形态的繁荣。但同时我们却忽略了播出的渠道有限与营销方式的单一将会成为这种繁荣下的隐患。传统的营销模式无非是靠电视广告、节目冠名或者植入等方式支撑。很多电视台、频道或者制作公司大都没有有意识地寻找受众,进行精准营销。而传统的节目推广方式就是进行信息发布式的"广而告之",即在频道某时段播放片花、预告片,召开新闻发布会,邀请其他媒体进行采访,发布人物报道等,让观众对节目有所了解形成期待感,而这样推广所带来的影响力是有限的。与此同时,这些传统的节目多半还是依靠硬性广告来维持其内容的制作和播出。电视真人秀节目的类型比较多样,受众面较广,很受广告商的青睐。虽然现象级的节目得到很多广告商的追捧,但是广电总局对黄金时段的广告播出量有明确的限制,毕竟大量硬性广告的插入会导致观众保留量的降低。面对电视真人秀的持续高热度和互联网媒体的竞合局面,国家新闻出版广电总局频频出手,不断通过政策规制调整电视真人秀节目的制作方向。2015年7月,国家新闻出版广电总局印发了《关于加强真人秀节目管理的通知》,要求一个季度一个卫视只能有一档真人秀,一档真人秀只能一年播一季,内容要贴近老百姓,不能浮夸,要有人文科学意义,凸显普通人励志等元素,并且要求增长周间档和深夜档的播出时段。在随后的2016年4月,国家新闻出版广电总局关于加强真人秀节目管理的通知,着重提出了电视真人秀节目要主动融入社会主义核心价值观,发挥好真人秀节目的价值引领作用。2020年9月,中共中央办公厅、国务院办公厅印发《关于加快推进媒体深度融合发展的意见》。同年11月,国家广播电视总局下发《关于加快推进广播电视媒体深度融合发展的意见》。

那么在电视媒介平台的诸多政策引导及媒体融合背景下是否可以另辟蹊径,产生出形式多样的真人秀节目或者创造出新的盈利模式呢?纵观真人秀节目发展,早在2009年诺基亚与土豆网就推出了中国第一个网络互动财智真人秀活动,参与者有机会赢取100万元现金大奖。土豆网创始人及CEO王微表示"并不特别看重活动给土豆网带来的实际的收益,而希望能提升土豆网作为网络媒体的内容影响力"。但业内人士表示,目前国内众多视频网站能实现盈利的寥寥无几,而以往此类真人秀节目多是与电视台合作,此次结盟诺基亚,结合了移动互联网、互联网、视频、节目制作以及现场直播时的观众互动等多种手段,与电视节目真人秀既有可比性,更发挥了视频网站自身的展现力,也是一种新的盈利模式的尝试。[①] 2010年湖南卫视和淘宝网合作,推出了《越淘越开心》,融合了网购、秒杀等互联网模式,并成立了湖南快乐淘宝文化传媒有限公司,将真人秀元素、网购、综艺相融合,深度开发出了亚真人秀节目。2015年6月,电广传媒以13.4亿元收购久之润信息、亿科思奇、九指天下科技、金极点四家公司,宣告进军互联网,打开了"内容+渠道"的营销模式。2020年,真人秀节目的台网融合不仅体现在电视媒体开启与电商平台的直播带货合作,还制作了多档以带货为主题的季播节目,打造出"明星+电商+文化"的新型综艺节目模式。电视媒体利用自身内容制作和艺人资源优势,打通传统媒体、网络电商平台、商家、MCN机构和网络主播的全产业链,不仅实现了大屏与小屏的深度融合,也逐步构建起线上线下联动的传播新格局。

当前电视业的发展已经和十几年前完全不一样,电视行业已经开始表现出了文化工业和文化产业的特征。商业运营的观念在管理层表现为"集团化的试点""项目制片人制",在社会层面也出现了越来越多

---

① 诺基亚与土豆网结盟推出网络互动真人秀[EB/OL]. http://news.ccidnet.com/art/1032/20090618/1802441_1.html.

的民营资本的身影。在巨大的商业植入和运营下,一档优秀的电视真人秀节目已经不能再被完全复制粘贴,独特的文化商品性被电视台放大和强化,因此电视台之间的竞争也开始愈加白热化。电视栏目无论什么类型都是视听产品,这种视听产品结合互联网后,有助于增加数字化视听产品的经济附加值和产品的衍生价值与社会影响力。

4. 电视节目的娱乐消遣与文化参照

随着互联网经济的发展,我们常常会提到粉丝经济、长尾经济、体验经济,这些对包括电视节目在内的文化产品产生了较大的影响。在电视真人秀发展的这15年,中国的主流价值观在快速发生变化,追求经济利益的最大化已经逐渐弱化了传统的道德准则。标准的行为规范和价值观、审美观在受到挤压。过去掌握话语权的主流媒体一直奉行"喉舌式"的传播,使得大部分受众无法参与到公共话语权中,早期的真人秀节目,给广大受众提供了一个展示特长、表达思想,甚至"草根逆袭"的舞台,民众得到了情感的宣泄、放纵,满足了内心的幻想。21世纪10年代以后,随着巨大民间资本的进入,真人秀节目已经不再局限于草根阶层,而是把集万千宠爱的明星拉下"神坛",以一种娱乐化的设计、生活化的语言展现明星并不为人所知的一面。

当然,明星的这种秀依然混淆着拟态的真和现实的真,但这种真亦假来假亦真的表现满足了受众对他们的窥私心理。不同于中国的明星真人秀节目,欧美的真人秀节目参与者大都是素人,节目环境更加注重规则的设置,通过严格执行比赛赛制来激发人性,比赛的终点以巨额奖金作为吸引。在比赛中时刻都在展现着人性的善恶,观众在观看之余也能体会竞争、合作、善恶,最终草根抱得百万大奖,完成人生的逆袭。这种公共话语权的抢夺、个人隐私的放大窥探就是一种网络文化的写照,人们在虚拟的空间中,模糊了真实的社会身份,缩小了社会地位的差距,利用键盘上的狂欢,满足内心的幻想。所以,无论是拟态还是现实的真,这种对其他人的窥探、对生活的幻想,在电视真人秀节目和网络世界里都表现得淋漓尽致。

多年来,随着电视真人秀节目的流行,很多学者想用巴赫金的"狂欢化"来为其做注脚。疯狂的体验,热情的观众,卖力的主持人,惊险的游戏……"这种技术安排在本质上迎合了构建狂欢的需要,因为在狂欢中,所有人都不是作为观众观看,而是积极的参加者,要参与到狂欢中"。那么随着媒体的融合,电视屏幕界限已经被打破,这种狂欢已经走进了现实的生活,观众可以随时在各种移动终端参与进来,把电视中"拟态环境"的真与现实生活的真交互。现在的电视真人秀节目已经不同于早期阶段,处理手段越来越西方化。欧洲的电视真人秀节目由于文化背景的差异,把拟态环境的"真"通过电视语言的处理,恰到好处地模糊了"秀"的概念,打破了电视中的"拟"和生活中的"真"的界限。当然这是一种高超的电视制作技能,也是一种文化底蕴的体现。通过这种巧妙的分寸和灵感,电视制作者可以很自如地从电视屏幕中退出而不留痕迹。但是对海外移植来的电视真人秀节目,由于生搬硬套"宝典"或者由节目开发方亲自手把手教授,同时由于制作水平、理念、技术和文化思想的不同,电视节目制作人或者是"秀"的参与者,很容易就把拟态的真混淆为真实的真,而这种真假不分的生活恰好是网络生活的反映。网络的虚拟性就在于我们所看到的所有的文字、图片、视频都是经过选择、加工、重新结构所呈现的。但人们却常常意识不到这种拟态环境,而是将其当作客观环境对待。沃尔特·李普曼(Walter Lippmann)指出:"我们必须特别注意到一个共同的因素,这就是人与他的环境之间插入了一个拟态环境,他的行为是对拟态环境的反应。但是正因为这种反应是实际的行为,所以它的结果并不作用于刺激引发了行为的拟态环境,而是作用于行为实际发生的现实环境。"[①]网络与电视真人秀结合的时候,往往会产生巨大的化学反应。互联网的世界,绝大部分的人的身份都是虚拟的,性别、年龄、社会地位都可以被抹去或者加工,大家以一种潜在的人格在网络世界里对话。这种对话打破了社交距离的限制,甚至网友可以对任何他有兴趣的事情进行揣摩、观察、对话、否定……在明星参与的节目中,拟态环境下的表现会映射在网络社会里,无论真实与否都会得到大量网友的支持或者反对。这

---

① 熊澄宇.传播学十大经典解读[J].清华大学学报:哲学社会科学版,2003(5):24.

种力量又会投射到真实社会中,对真人秀节目的参与者带来生活或者工作上的影响。

电视媒介具有强大的娱乐消遣的作用,同时也具有很强的文化导向作用。经济思想的冲击在文化方面也形成了一种文化参照,而民族化、本土化在文化参照方面已经显示出一种弱势。美国电视节目制作人在制作《幸存者》(如图2)时,无时无刻地不在用电视语言强化着"美国精神"。自由、竞争、冒险、梦想,这是符合美国电视观众的欣赏心理和欣赏需要的,其实这就是一种本土化的改造。但是在中国如果制作或者引进《幸存者》就不一定会获得成功。早年湖南经视模仿了同样在欧美大火的真人秀节目《Big Brother》,后来很快遭遇停播,因为如同《幸存者》一样,这种比较露骨地展现人与人之间竞争、勾心斗角的情节,观众无论如何是无法接受的,即便小众可以接受,也会造成很大的舆论压力。中国的电视真人秀节目必须以符合本土化的欣赏心理和欣赏需要为前提,并融合市场规律,才会是一个良好的文化参照。

图2 真人秀节目《幸存者》海报

目前我国多引进韩国模板的综艺节目,这些节目的背景大都比较符合当代社会或网络的文化参照。不同于欧美真人秀节目的核心是规则,韩国真人秀节目更出现一种剧情化,靠完成任务链接线索推动节奏,其中更加强调趣味点和情感点。曾任上海灿星制作节目研发总监的徐帆老师认为"好的真人秀节目不在发明而在发现,发现人的真实关系和情感"。在回溯文化的道路上,很多节目以方言、地域、服饰当作改变的对象,忽视从源头上的设计,把表面的民族符号当作改良的"标签"。其实情感的认同才是电视真人秀的核心,一味地去追求眼球和噱头,去触碰大众道德的底线,挑战公众的理性认知,必然会造成观

图3　真人秀节目《密室疗伤》视频截图
(倾诉人非常害怕蜘蛛,节目中四面的屏幕一直在播放蜘蛛的画面,导致倾诉人跪地干呕)

众情绪的反弹、审美的疲劳、心理的反感。2010年,江苏卫视开播过一档心理治疗类的节目《密室疗伤》,这是一档对西班牙同类型的节目《盒子》的完全"模仿"。两档节目的初衷都是关注在越来越大的社会压力下,人的幸福感和安全感丧失,产生了很多心理疾病,造成了不幸的后果。《密室疗伤》的节目立意是"为他们排解情感伤痛、减轻心理压力、降低心理恐惧",虽然初衷是善意的,但是制作者却一再地用电视语言,将残忍、血腥、窥私的画面制作播出,在刺激眼球的同时,也在刺激观众的道德底线,在开播不久后遭遇了停播,在网络上引起了大量的负面评价,有网友直呼这是一档血腥的电视节目(如图3)。当制作者过分要求节目猎奇,而不是用细腻温和的手法去体现人文关怀,那何谈文化和人性的关照?西班牙真人秀节目《盒子》是在西方的价值观

引导下去选择话题的,而如果完全的"拿来主义",不加以中国本土的价值观的引导,节目就会沦为虚假的表演,失去节目传播的灵魂。

二、电视真人秀节目的"破"与"立"

1. 利用现象级的电视真人秀节目打造媒体生态圈

传统媒体夸夸其谈的媒介融合,目前其思维和操作的基本逻辑就是:原本通过杂志、报纸、电视传播内容,现在拓展为通过在微博注册一个官微、办一个手机报、经营一个公共服务号或者在网站投放一个专题,其本质还是把无限大的互联网资源当做一种传统的延伸。在缺乏专业的维护和经营的背景下,无法真正发挥互联网的属性、体察用户的感受、重置传播中的编码。

隔行如隔山,传统媒体一向高举的"内容为王"的大旗,那是在资讯相对匮乏的年代,受众对内容的选择不多,缺少可选的途径。在很长的一段时间里,传统媒体的宣传功能被过分地强调,以至于传统媒体一直以传播者为本位的心态生存,只按照自己的意志来制作和筛选信息传播。随着互联网及新型媒介平台的搭建,市场的选择和淘汰作用开始显现,任何介质的传播都应开始由传播者本位向受众本位转向。现在已经开启了"内容为王"到"渠道为王"的大门。一个缺乏渠道的内容、没有技术保障的内容、没有专业推广的内容,就无法建立一种良性的双向传播、活性的生态圈。一个活性的平台是一种动态的,无论个体还是机构都可以在这个平台或是生态圈找到资源,架构通道激发自己活力,这就是良性平台的基本特征。这个平台所形成一种新的媒介生态,规则、个人、组织相互制衡,在个体发挥热点能量的同时,也造就机构的成熟,同时服务社会,这就是好的机制、好的管理。湖南卫视所打造的"芒果TV"媒介生态平台就是努力在打造三层立体架构模式,把"内容"(自制节目、网络剧和相关活动等)、"平台"(互联网电视平台、手机电视平台和IPTV平台)、"终端"(芒果派机顶盒、芒果嗨Q系列机顶盒、芒果无线、芒果游戏、呼啦等)立体建构起来,在源头保证了内容制作的水准,在传播上尽可能提高信息的送达率,在终端增强了用户的黏性,最终打造一个垂直产业链,实现平衡发展、良性循环的"芒果生态圈",这也是传统电视自建媒介平台的一种勇敢探索。①

电视真人秀的原则是对参与者(非扮演)的真实再现,这恰恰符合了电视对现实生活的再现的传播特性。同时电视真人秀节目也是一种文化产品,其产生和发展是借用了电视的记录和窥私手段,这是一种商品化的包装。电视真人秀节目作为一种特殊的文化产品,可以是文化传承也可以是社会共识,但都必须进行一种商业的包装,这样才具有商业的价值。从2000年到2020年20年的节目梳理来看,电视真人秀节目已经从屏幕上走到了屏幕下,从简单的做做游戏完成任务,到现在,节目的延伸效应无时无刻不在现实社会发酵。一个现象级的电视真人秀可以带动一个地方的旅游经济,可以增加参与人(被记录者)几何增长的曝光率,可以开发下游多种游戏、实物等衍生产品。所以说,现在的电视真人秀节目已经到了一个资本运作的时代,一个节目制作推广可以促成一套完整的媒体生态系统,而这套系统的运作将会带来巨大的商业价值。

2. 多维度的媒介型平台为电视真人秀节目带来的机遇

在互联网时代,传统媒介往往喜欢采取"联姻"的方式去提升自己的媒介价值。而互联网的传媒形态有很多种可以嫁接,如移动客户端、微博、微信、APP等。当传统媒体放下傲慢的姿态,承认要多元化发展,甚至要主动采取多屏合一时,却大多采用了极其简单粗暴的方式对传统媒体价值链条做一延伸,简单地认为新媒体只是一个平台、一种渠道,并没有真正利用到互联网所带来的种种机会和资源。互联网仅仅是平台那么简单吗?这种新兴的媒体是媒体吗?美国硅谷对其的研究是把这种形式称作媒介型平台。媒介型平台是指通过某一空间或场所的资源聚合和关系转换为为传媒经济提供意义服务,从而实现传媒产业价值的媒介组织形态。媒介型平台是新兴媒体的组织形态。② 这种

---

① 王曦.媒介融合的八大认识误区[EB/OL]. http://www.ttacc.net/a/news/2015/0306/34099_3.html.
② 谭天.以升级促转型——城市广播电视发展的战略思考[J].新闻写作,2012(7):28—31.

媒介型平台不光是一种渠道，不只是一个简单的机构，其网络是交互的，内容和功能是可以交叉的，平台上的每一个热点都是可以被激活的。传统媒体应将自身的优势嵌入到这种多维度的网络空间中使其得以最大化地体现。通过产业整合和市场协同，以人际、品牌和渠道将碎片化的市场利用起来，从而传播信息和做社会化的服务，这才是多维度媒介型平台所带来的机遇。

在这样一个高度多元化的时代，圈地为王已经不能满足媒体自身的发展需要了，融合、嫁接、双赢才是王道，当然这种合作一定是深度的，开放资源，开放权利，未来媒体价值的增值必定是在互联互通中实现的。目前我们网络时代的四维空间运行，个人热点还没有被完全激活，在微博中活跃的 V 价值只是一个方向，个体的传媒价值还有待开发。传统媒体在新媒体的利用开发上，不仅需要做内容更需要做推广，如同乔布斯，人们称他的作品具有划时代的意义，但可曾想过他并没有发明任何一种技术，他只是将各种技术组合成苹果公司的产品并加以推广，可以说他不是什么发明家却是一个好的产品经理人。那么除了渠道，营销在新型媒介平台里又具有怎样的影响呢？

在全面社交化的传播过程中，以人际关系为半径的传播最为有效，因此关系资源就是传媒价值的基本渠道。传统媒体具有较强的内容制作能力，而互联网又搭建了渠道运营平台，这些社交网站是天然的"爆料场""讨论场"。以电视节目为例，通过有线电视网络的第一次传播，基本就决定了电视节目的影响力，但是网络平台的搭建、推广和运营的作用显现，电视节目在二次、三次传播中影响力还会几何式增长。2000年后，我国开始对国外口碑较好的电视模板节目进行引进或联合制作，毕竟如要产生"现象级"的电视节目需要 5 年左右的周期。所谓"现象级"的电视真人秀节目，可以概括地认为是一些电视屏幕当中，收视率较高、影响较广并获得商业受益的电视节目。其主要有如下几个标准：是否具有模板效应，是否可以进入电视节目的收视排行，是否有话题热议，是否获得巨大的商业成功，是否有学者进行学术探讨，是否成为社交网站的热点等标准。当我们以如上几个条件作为"门槛"的话，不难衡量出，从 2005 年湖南卫视推出的《超级女声》开始，中国电视市场真正进入了一个真人秀节目的时代。时隔四年到2009年,江苏卫视凭借《非诚勿扰》开始撼动湖南卫视综艺老大的地位。然而在2012年,一档由民营资本参与投资制作的"混血"歌唱选秀节目《中国好声音》在暑期档爆棚。而后,在十几个月里,《我是歌手》《爸爸去哪儿》《最强大脑》《奔跑吧兄弟》《极限挑战》等如井喷之势,纷纷抢占各大卫视。即便在近两年疫情的特殊情况下,通过云技术的发展,相继涌现了"云端喜剧王""云配音"等各种云端竞演方式。从上面的发展可以看出,最初"现象级"的电视真人秀节目出现的频率大概是3—4年,然而随着各大省级卫视的实力不断壮大以及媒介的快速发展,2012年以后,"现象级"的电视真人秀节目出现的频率几乎是一年一档,甚至是一年多档。这主要归功于移动终端更广泛地落地,传统媒体得到了更好进入互联网、流媒体和社交媒介的机会。越来越多的电视节目制作公司开始重视受众调查、研究和分析,通过大数据的背景再有针对性地制作板块、安排节目制作时间、话题推广、引领舆论,从而求得版面和节目传播的有效信息送达率,这是一种"定制式"的制作方式。移动终端产生了用户终端的同时也产生了用户体验,而左右用户体验的就是互联网的服务,终端入口也变成了服务入口,用户需求也变成了价值需求。没有这个出发点,也不会产生点击率和流量,更不会有用户的响应度和影响力。

2015年,网络的视频贮备首次超过了卫视的容量,视频网站和智能终端让更多的用户变成了"低头"一族。很多人即便观看电视节目也一样会关注手机,形成了一种"大屏观看、小屏互动"的方式。电视要想在互联网和智能终端的夹击下重夺话语权,跨屏互动就成了有力的武器。在网台互动过程中,不断增加了在网络平台中长短视频的衍生。近年,跨屏互动所带来的价值体现已经越来越脱离主体节目走向独立创造价值的阶段。

3. 媒体融合环境下电视受众的流变

目前,对于受众的研究似乎涵盖了心理学、政治学、社会学等多个维度。在早期,众多研究都是从传播者的角度出发,以传播效果的研究居多。直到第二次世界大战前后,受众在传播活动中的地位和作用才真正引起人们的注意。① 以受众为中心的理论中,影响较大的理论观点有使用与满足研究、议程设置等理论,还有就是丹尼斯·麦奎尔(Denis McQuail)提出了将受众的研究划分为三个方面,即结构性、行为性和社会文化性。

近些年来,很多学者在传者和受者的关系上做了很多积极的讨论。有些学者认为,受众并不是消极接受媒介传播的信息,而是积极寻求信息为自己所用,是时间的发起者、推动者,甚至成为传播的主体和主角。② 而有的学者认为在互联网时代,传者和受者的界限变得模糊了,在交互性的信息传递中,实现了受者、传者身份的平等。美国著名传播学家施拉姆在《传播学概论》中提出选择的或然率公式,即"选择的或然率＝报偿的保证/费力的程度",或然率公式中的分子,即"报偿的保证",主要同内容以及它满足当时感到的需要的可能性有关;而公式的分母"费力的程度",主要同可得性以及使用传播途径的难易程度有关。也就是说,如果受众对媒介节目所传递信息的预期需求量越大,而获取信息所费力程度越低,则受众对传媒的选择几率越高;相反,如果预期需求量越小,而获取信息所费力程度却很高,则受众对该传媒的选择几率就会越低。……观众和参与者在真人秀节目中均获得了从物质上到心理上所需要的报偿,两者之间形成一种相互影响、相互融合的特殊关系,这种良性互动关系正是以往的电视节目形态所不具备的,同时也是真人秀节目受到广大观众的关注、参与、追捧的主要原因。③

人们认为传统大众媒介是传播者传播信息的工具和进行传播活动的一种社会组织。"传播信息的工具"主要是从媒介技术层面出发,突出强调了媒介的物理形式。而作为社会组织的媒介,主要是从"决定着信息内容的生产和传播"层面看的,这确定了它的社会组织属性。④ 但是在互联网快速发展、媒体融合加快的环境下,媒介的属性也在发生巨大的变化。其工具性利用作用越发明显,媒介不再是某个组织独有

---

① [美]E. M. 罗杰斯.传播学史[M].殷晓蓉,译.上海:上海译文出版社,2002:208.
② 眺盼,任大鹏,喻敏.网络时代对"主动受众"的认识[J].新闻前哨,2011(11):23.
③ 刘利群,傅宁.美国电视节目形态[M].北京:中国传媒大学出版社,2008:140—141.
④ 郭庆光.传播学教程[M].北京:中国人民大学出版社,2000:119.

的工具,而是每个人都可以使用、发出、共享的工具,这就是媒介属性的一种迁移。早在20世纪80年代,斯图亚特·霍尔(Stuart Hall)就提出受众不是文本意义上的接受者,而是解码者。而美国威斯康星大学教授约翰·费斯克(John Fiske)的"生产型的受众观理论"也对笔者有较大的启发。我们在解读媒体和受众的关系上,不难看出,很多学者都将视角放在了"互动"上,但是在新媒体渠道还未搭建的时候,传统电视媒体是很难做到与受众真正互动的。但是随着网台矩阵的建立,受众成为电视节目的参与者、再传播者、分享者……

传统意义上,受众的角色已经改变,我们现在称之为"用户",这意味着电视真人秀节目营销中面对的不再是不能选择或者不愿意选择的被动者,而面对的是可以选择并积极选择的主动者,他们拥有可以选择、接近、使用甚至表达的权利。随着互联网的发展,大众传播中的议程设置不再是传统意义上的由一个组织或者机构完成,而是发生了实质性的改变。以传者为中心逐渐转变为以受者为中心。受众本位的理念标志着互联网营销已经进入了受众消费的自助餐时代,面对餐餐都是"饕餮盛宴"的受众,"酒香不怕巷子深"的年代已经一去不复返。信息送达率、阅读率、点击率、转发率都成了衡量传播有效率的指标。受众需求是媒体传播的逻辑起点,媒体作为一种文化商品,毫无疑问需要了解受众的需求。无论是在研发、设计,还是生产、发行(销售)等环节,都需要以受众的需求为一切市场行为的依归。①

刘铭在《新媒介影响下的电视剧传播》一文中指出,电影的出现,使受众分化为以剧场为单位的小群体;电视的出现又将受众锁定在以家庭为单位的私人空间里;而如今新媒介技术的发展进一步分化了受众群体,制造了更加个人化的消费模式。② 在新技术的推动下,媒介融合的发展为细分的受众群提供了更多的选择机会。同样的一期电视真人秀节目,在传统媒体(如电视)播放和新媒体上浏览却有很多不同,

---

① 田智辉.新媒体传播基于用户制作内容的研究[M].北京:中国传媒大学出版社,2008:145.
② 刘铭.新媒介影响下的电视剧传播[J].文学教育,2009(12):144—146.

这是为了满足不同的受众需要,也是对主流电视媒体节目影响力的一种补充。相比传统媒体固定时段、固定地点的传播方式,移动终端可以无缝衔接受众的"碎片化时间"。

第二节 电视真人秀创制研究的学术概况

目前,国内尚无在互联网和新媒体语境下对真人秀节目的研究专著。对媒体融合环境、真人秀节目本位研究、受众研究、电视产业研究等倒是有一些专门的阐述,现总结如下。

一、媒体融合的相关研究

提起媒体融合的概念,早在1983年传播学者伊契尔·索勒·普尔就提出了"传播形态融合"(the convergence of modes),指出数码电子科技的发展是导致历来泾渭分明的传播形态聚合的原因。1994年,《纽约时报》报道《圣荷塞水星报》与美国在线共同推出《水星中心新闻》电子报服务时,用了一个小标题:"一次媒介融合"(A Media Convergence)。美国新闻学会媒介研究中心的主任安德鲁·纳奇森将"融合"定义为"印刷的、互动性数字媒体组织之间的战略的、操作的、文化的联盟"。[①] 国外很多学者对于媒介的演变和融合的研究起步较早,经过多年的积累,已经形成了各有偏重的学术研究观点。比如,1978年美国麻省理工学术专家尼古拉斯·尼葛洛庞帝(Nicholas Negroponte)所著的《数字化生存》中就明确地提出了数字生活中,网络可以把全世界的人的生活连接起来,网络可以提供你能想象的各种信息、娱乐和服务。在互联网生态下,新媒体的出现和发展对于社会各个领域生态的重塑和改变产生了巨大的影响。又如马克·波斯特(Mark Poster)在《第二媒介时代》中指出,新媒体的发展必然会在一定程度上影响人们的交流习惯。斯蒂夫·琼斯(Steve Jones)则在《新媒体百科全书》"导

---

① 蔡雯,王学文.角度·视野·轨迹——试析有关"媒介融合"的研究[J].国际新闻界,2009(11):87.

言"中写道:"对于新媒体的唯一完美的定义无疑来自于对历史、技术和社会的综合理解。"①这些论著都是基于新媒体的社会属性的角度予以阐述的,主要探讨的是人与新媒体之间的关系与关联。还有一种研究的范畴是新媒体技术带给社会的影响和变化,其中清华大学出版社出版的约翰·帕夫利克(John V. Pavlik)的《新媒体技术:文化和商业前景》就系统批判了技术本身是如何影响人们的生活和工作方式的。

在美国,传媒经济和管理的学者也对媒体的融合进行了大量的研究,人们希望媒介集团能够扩充和发展那些基于融合的新闻内容和他类型内容的战略。这一领域的大部分研究致力于检验编辑部向多媒体融合发展相关的管理上的挑战和战略,即设想能够将编辑部的印刷出版、广播、网络新闻操作和人力资源整合成为一个整体方面的研究。②

对于媒体融合的研究也是近些年国内学界的热点,20世纪90年代开始关注国外媒体融合的现象。学者宋昭勋的《媒体融合:新闻传播业界与学界面临的挑战》、彭兰教授的《从新一代电子报刊看媒体融合走向》等著作,从微观的个案至宏观的媒介融合的表现形态,由点及面地做了饶有见地的阐述。学者蔡雯的《媒介融合背景下的新闻传播变革》和《从"超级记者"到"超级团队"——西方媒体"融合新闻"的实践和理论》也都阐述了融合(convergence)的源起以及界定了媒体融合的四个方面研究,即组织、资本、传播和形态的范畴。

二、电视真人秀节目本位分析的研究

国外早期的电视研究主要是在知识领域的范畴,主要将电视作为大众媒体的组成部分,对其价值、效果进行批评研究。1964年马歇尔·麦克卢汉(Marshall Mcluhan)将电视本体研究引入了传播学的范畴,提升了电视研究的地位,其中在《理解媒介:论人的延伸》中

---

① [美]斯蒂夫·琼斯. 新媒体百科全书[M]. 熊澄宇,范红,译. 北京:清华大学出版社,2007.
② 蒋为民. "颠覆电视"媒介融合背景下SMG实践战略的研究(2001—2011)[D]. 上海:复旦大学,2012.

还专门对电视做出了相关的论述。而针对真人秀节目的研究更是十分丰富,视角多样。其中对本研究有非常多启示的是理查德·M.哈夫(Richard M. Huff)所著的《真实电视》,他对国外真人秀节目《百万富翁》《老大哥》《学徒》等知名节目都有独到的评论和阐述。2008年出版的《重塑:电视的文化》中谈到电视的商业模式和真人秀节目给电视产业带来的改变,这一点融合了本研究对中国电视真人秀节目的定位。同时,笔者也先后参考国外多部论著,如《真实电视:观众和流行的真实电视》(Annette Hill, 2005)、《从真实电视获得更好的生活:电视与后福利城市化》(Laurie Ouellette, James Hay, 2008)、《老大哥:21世纪的真实电视》(Jonathan Bignell, 2005)、《真实电视:现实主义与意外》(Anita Biressi, Heather Nunn, 2005)、《真实电视》(Richard M. Huff, 2006)等。

在国内,对真人秀的单独研究较少,经典的著作目前只有两本。一是2006年由尹鸿、冉儒学和陆虹合著的《娱乐旋风——认识电视真人秀》,书中就对泛真人秀时代特殊的节目形态特征做了梳理和回答,并用真实案例对真人秀节目的制作、推广、开发、经营等方面进行了探讨。二是由谢耕耘和陈虹所著的《真人秀节目:理论、形态和创新》构建了一个相对完整的学术框架,谈及真人秀节目应遵循真人秀节目历史—节目类型—叙事策略—形态创新—节目营销的逻辑顺序,对理论讨论和节目操作应有机结合。同时,针对真人秀存在的问题、创新方法和发展思路也提出了相关的解决路径和意见。

崔莹的《做最创意的节目——对话英国权威电视制片人》整合了对国外多位制片人的访谈,整合了诸多节目的创意,用大量的访谈和定量分析方法展现出了英国丰富的电视文化。白燕燕的《真人秀〈赢在中国〉节目元素》(2008)以中央电视台真人秀节目《赢在中国》为例,从人物、悬念、竞争、淘汰、真实记录和细节展现六个方面对真人秀的节目元素加以分析,旨在更好地认识真人秀节目的创作理念与制作规律。

吴闻博的《论"真人秀"电视节目的制作策略》(2008)谈到制作策略有:海选制造受众平等性,直播营造表演真实感,"PK"实现节目戏剧化。《真人秀与互联网时代的粉丝——超级女声粉丝心理与行为研究》以"百度贴吧"的超女粉丝为例进行研究,采用深度访谈和民族志观察法,调查研究超女粉丝的心理和行为,基于美学、社会心理学和传播学的理论,分析了粉丝和粉丝团现象的成因。研究发现:"表演选秀类真人秀的固有特点使得平民被偶像化,而互联网使得粉丝很容易地聚集在一起——这直接导致了粉丝对真人秀游戏参与程度的加深和正式的粉丝团的形成,而粉丝团的形成又影响了其成员更深程度地卷入到这场游戏当中。所以说,真人秀和互联网共同打造了这个时代不容忽视的新群体:粉丝。"①

英国《金融时报》中文网特约撰稿人徐美娴为 FT 中文网撰写的文章《电视真人秀的双屏时代》(2010 年 2 月 22 日),提到:"边上网边看电视,或者在电脑上看电视、把电视当背景音乐,双屏同启、一心两用的多媒体内容消费现象越来越普遍。""从实践层面来看,新闻、体育赛事、影视剧和真人秀是最受欢迎、最有收视率保证的电视节目,因为其实时性、娱乐性和参与性深深吸引着观众。其中,真人秀是三性最强的节目,与同样三性皆强的互联网相结合,已经成为近年来电视机构节目制作必选。""中国后来的真人秀节目如果想超越'超女'(即后来的《快乐女声》),有三条路可以走:一是提高内容质量、培养用户习惯;二是做垂直领域,走用户细分;三是提供用户价值。""第三条路则是从电视节目内容生发出去,能不能除了傻愣愣看电视发短信投票之外,让观众还有别的事可做,利用互联网平台从观众变成用户。"陈默的《媒介文化:互动传播新环境》讨论了三个层次:一是前沿研究,二是实用理论研究,三是基础理论研究。一方面,在媒介融合的趋势下,对新的电视现象、形态和问题进行了探讨;另一方面,讨论了电视作为一种媒介,本身所具有的特征、规律等内容。

但是笔者在对文献和专著进行整理时,发现媒介环境变迁下,针对真人秀这种最典型的节目类型的相关论著和硕博论文还停留在 2016 年,这种对于产业实践研究缺失的补充才是本研究创作的动因。

---

① 王雅.真人秀与互联网时代的粉丝——超级女声粉丝心理与行为研究[D].北京:北京大学,2007.

三、电视产业的相关研究

1972年英国学者雷蒙·威廉斯(Raymond Henry Williams)在《电视:科技与文化的形式》一书中,阐述了电视的组织形式、管理制度、传播特点以及社会影响等,成为电视研究的经典著作,这是第一次对电视进行系统的分析。20世纪80年代,越来越多的国内外学者,开始进入电视产业和经济等领域进行研究。1988年,美国密苏里大学的罗伯特·皮卡德博士(Robert G. Picard)创办了《媒介经济学》杂志,开创了传媒经济学研究领域;1989年,他又出版了世界上第一部《媒介经济学》教科书。[①] 同时,在20世纪90年代,传媒经济的学科被确定,英国学者吉莉安·道尔(Gillian Doyle)也提到了电视公司的首要产品就是它的节目服务,如节目、广告、节目中的音乐等要素,而电视的另一种产品就是收看节目的电视观众。[②] 之后,很多国外学者更加注重电视产业的研究,尤其市政在政策规制方面的作用。彼得·富里耶(Pieter J. Fourie)所著的《媒介研究:媒介历史,媒介与社会》就提出了产业制度是电视发展的一个重要环境,是产业经营综合性的环境。[③] 英国在这一时期的电视产业理念是把电视看作一种价值观的体现,更是一种具有公共属性的产品,其不是为某个利益集团服务的,而是为国民服务。因此,当时电视日常的节目内容,力求摆脱政府的干预而进行自由处置。[④]

我国对于电视产业制度和发展的理念是基于市场经济的发展,在早期对于电视产业的管理方式是行政化管理,其体制也是单一的国有制。经过了几十年国民经济的发展,学术界对电视产业和传媒经济的结合有了更多的研究,周鸿铎教授的《广播电视经济学》被视为电视产

---

① 喻国明,等.传媒经济学教程[M].北京:中国人民大学出版社,2009.
② [英]吉莉安·道尔.理解传媒经济学[M].李颖,译.北京:清华大学出版社,2004:19.
③ Pieter J. Fourie. Media Studies: Media History, Media and Society[M]. Cape Town: JUTA, 2001.
④ W. Burns. Television: An international History of the Formative Years [J]. The Institution of Electrical Engineers, 1998.

业研究的经典著作。清华大学陆地教授的《电视产业战略发展研究》、中国传媒大学黄升民教授的《媒介经营与产业化研究》等专著,都清晰地梳理出了我国电视产业面对新媒体的发展和挑战时如何寻求突破的路径。

通过对相关著作的解读,我们清楚地认识到了电视产业改革中,市场化、社会化的必要性。黄升民教授提出,中国的电视产业变革已经在逐步的探索中,他认为影响中国电视产业的两种力量,一种是政治因素,一种是资本因素。从未来的趋势看,政治与资本之间达成平衡是可能的,也是必然的,这就是对未来电视媒体产业化充满自信的理由。[①] 笔者研究生阶段的导师徐舫舟教授曾指出,以制播分离为目标的产业改革根本不会到位,如果想实现电视产业化就必须实现真正意义上的频道化、频道制。[②] 尽管各位学者观点不同,但是对电视产业格局都有一致的认可,那就是电视产业改革是必经之路,也是电视产业发展的必由之路。

四、受众文化和其他的融合研究

麦克卢汉被称作研究媒体领域的先驱,包括现在非常流行的"技术论"研究。但是需要思考的是,他的理论不光要研究媒体内容,还要研究媒体系统自身的逻辑方法,这种逻辑方法决定着媒体被如何使用,并且决定着这种媒体对社会的影响力。当然在麦克卢汉的诸多理论中,他更多所强调的是拥有技术的媒体正在使用绝大部分的权利,消费者的权利微乎其微。但是从另一视角而言,媒体的融合恰恰是消费者权利的整合。当消费者、受众接纳了这些引入媒体的新技术的时候,媒介功能才得以发挥和扩张。很多关于讨论媒体融合的文章把笔触集中在媒介的承载技术上。互联网的产生使得新的权力结构与经济模式浮现,为传统社会的文化产业带来了冲击与转机,它一方面直接拷贝传统社会的文化生产,一方面利用自身优势催生出网络文化产业呈现这一

---

① 黄升民,周艳,等.电视媒介产业经营新论[M].上海:复旦大学出版社,2005:53.
② 徐舫州.中国电视改革的问题及对策[J].现代传播(中国传媒大学学报),2000(4):25.

新型文化形态与商业模式,包括互联网+传统文化产业、互联网原生文化产业(网红与网红经济、视频与直播、虚拟现实 VR 与增强、IP 与泛娱乐、网剧与网络大电影、文化众筹众包、艺术众筹众包、微信公众号等)。走过群雄征战的初创期后,网络文化产业呈现出进入门槛日渐提高,各个领域企业寡头显现,权力与经济重组逐渐固化,传统社会文化生产的权力与价值逻辑移植、叠加到网络空间,同时新的控制、压制已经或正在形成的局面。斯各特·拉什(Scott Lash)总结道:"在信息秩序里,大概找不出有什么比权利和不平等更邪恶、更暴力的了,所以它当然是信息批判所无可回避的课题。"①

不可否认的是媒介技术的惊人发展,把各种媒介信息都汇聚在了一起,很多新媒体都致力打造一个功能强大的平台,用来制作和传播内容产品。传统媒介和新媒体也在做全方位的嫁接,设置了专门的网站和手机应用,设计和美化媒体终端的界面,以便让使用者可以轻松在媒介渠道中穿行,从而拥有良好的使用体验。对于越来越多的用户来说,媒介使用习惯也正在改变,人们根据环境的不同来选择媒介工具。技术上不断融合带来了一个趋势,那就是文化的一种融合。国外的一些专著对受众进行了研究,如英国学者安奈特·希尔(Annette Hill)的《流行真人秀——真实电视节目受众的定性与定量研究》,通过对广大的电视观众进行结构式的访谈,梳理了真人秀节目发展的历程和类型,对电视观众、媒体消费都有很多独到的见解。

撰写过程中,对笔者影响较大的是 2006 年美国学者亨利·詹金斯(Henry Jerkins)所著的《融合文化:新媒体和旧媒体的冲突地带》(《Convergence Culture: Where Old and New Media Collide》)。他明确地提出了所有的融合都是在文化层面的融合,无论是技术、产业还是社会变革。融合发生在"消费者的头脑里,而不是某个黑盒子里。即便媒介技术的融合还没有完全实现,我们的身体、大脑已经在以一种相互关联的方式同时使用多种媒介"。詹金斯特别强调:"在可预见的将

---

① 曹晋,徐婧,黄傲寒.新媒体、新修辞与转型中国的性别政治、阶级关系:以"绿茶婊"为例[J].新闻大学,2015(2):50—59.

来,融合不可能是一种有序而彻底的整合,而是会呈现出临时起意、将就对付、杂乱无章的特点;其次,当公司驱动的自上而下的融合过程与消费者驱动的自下而上的融合过程发生交汇时,会出现各种不确定的情形。"①他所提出的文化融合理念对中国的学者也有较大的影响。中国学者孙超宜在其发表的《电影理论和电影批评:文化转型与知识分子的角色问题》一文中就多次介绍詹金斯的文化融合的观点。

詹金斯把融合文化定义为:"意义与知识的合作生产、问题解决共享,而这些全都是当人们参与网络社区时围绕共同兴趣自然而然发生的。"②融合自然会产生一些交织和碰撞以及消费权利的相互作用,这些变化都是在以无法预测的方式进行,所以说我们的媒介环境正在产生巨大的变化。

五、本书的融合研究及创新

本书案例大量借鉴国外节目制作经验,对我国真人秀节目制作有指导意义。基于笔者的工作经历,对国外真人秀节目的制作有参与的经验。在此基础上结合国内优秀的制作团队,直接把经验转换为实际操作的指导意见,这些一手的文案、数据、资料、方案在本研究中会被大量使用,对电视真人秀节目的内容制作和生产以及推广都有现实的指导意义。本研究在文献研讨时,对电视真人秀节目大多都从电视的叙事角度或者电视真人秀的类型角度进行梳理,如学术界较有分量的由尹鸿、冉儒学和陆虹合著的《娱乐旋风——认识电视真人秀》,这为本研究提供了一定的理论参考。真人秀节目的发展是伴随着新的传播技术更新的,本研究从网络技术的发展、电视产业化和跨媒介资本融合几个阶段重新梳理电视真人秀节目的发展脉络,拓展电视真人秀的研究范畴。中国的电视真人秀节目于 2000 年左右出现,2005 年以后开始快速发展,在 2014 年后频繁出现"现象级"的真人秀节目,直至 2019

---

① Henry Jenkins. Convergence Culture:Where Old and New Media Collide[M]. New York: New York University Press,2006:126.
② Henry Jenkins. Convergence Culture:Where Old and New Media Collide[M]. New York: New York University Press,2006:6.

年仍不断出现跨平台的整合节目的案例,这与移动终端和互联网快速发展有直接的关系。在媒介融合环境下,本书着重研究其内容制作和营销,结合新媒体的特点,论述电视真人秀节目如何利用全产业链的资源打造自己的品牌,并利用网络双向的互动性发挥节目推广的优势。

同时,为电视媒体如何通过新媒体与建立活性的生态媒介生态提供参照。本研究通过对"现象级"电视真人秀节目的剖析,指出其发展的路径,为实际操作提供参照。同时运用交叉学科的理论进行探讨。基于移动互联网和宽带视听业务的普及,在信息传播过程中,新媒体的特点与传统媒体有很大的差别。包括对受众范畴、经济学、社会价值观等都会有所探讨,这就涉及了传播学、经济学、广告学和社会学等方面的内容。笔者通过扎实的科学的数据收集、严谨的理论引著和较为务实的实际操作层面进行联系性和对比性的探讨。电视媒体作为传统媒体,虽媒介融合趋势被广泛认可,但在实际操作中,只是把新媒体当作一种传统媒体的延伸,并没有真正利用好互联网带来的互通、便捷、双向等优势。"现象级"的真人秀节目的成果在推广时可以搭建出一套内容—渠道—终端的立体架构。电视媒体应该发挥优势,在源头保证内容制作的水准,在传播上尽可能提高信息的送达率,在终端增强用户的黏性,最终打造一个垂直产业链,实现平衡发展、良性循环的"媒介生态模式"。

本书还着重解构了电视真人秀的全产业链价值。近几年,电视真人秀节目火爆荧屏,学术界和业界对其节目类型的内容生产讨论颇多,但是缺乏对"优秀的电视真人秀节目应是一个品牌"的认识,也缺乏对电视产业的全产业链的构建。品牌管理、衍生产品开发、艺人价值如何挖掘等方面现在仍没有相关的系统论述,本研究对电视工业中真人秀节目的全产业链开发做逐一探讨,为促进电视行业经济价值的挖掘提供可能性。

第一章　中国电视真人秀节目的发展历程

随着通信技术、信息技术、互联网技术的发展,中国的电视真人秀节目得到了前所未有的发展机遇,电视和网络既合作又竞争的局面伴随着媒体融合的大浪潮。传统媒体和新媒体并不是互相打压的,而是可以借助彼此的优势相互补充。电视节目的制作方可以提供优质的内容,依靠新媒体的便捷性、互动性、实时性共同产出和运营电视节目。对于传统电视媒体而言,这种竞争已经逐步地从内容、形式、包装发展到品牌、渠道和营销的竞争。对于新媒体而言,媒介的形态、传播方式、受众类型都发生了翻天覆地的变化。互联网时代,媒体融合势不可挡,这很大程度上改变了观众的收视习惯。即便观看电视节目也由具有"仪式感"的客厅转换到了各种移动终端,如电脑、手机、PAD 等,甚至是多屏同时使用。

1994 年,《纽约时报》报道《水星中心新闻》电子报服务时,用了一个小标题——"一次媒介融合"。20 多年过去了,媒体融合已经成为了一个热词。在这样的环境下,媒介组织与媒介人的关系越来越松散,而媒介人与观众的距离却越来越近。电视真人秀节目的制作很容易通过移动终端得到节目的反馈,与观众进行交流,有时还会在受众的启发下去创新节目或者对已有节目进行改良。互动成了现代电视真人秀节目制作过程中最重要的环节,电视真人秀节目也作为一种消费产品随着"无处不在的屏幕"而成了随时随处随看的"生活用品"。当然这种"生活用品"的产出离不开电视文化的产品化和电视制作的工业化。这就意味着电视真人秀节目既要满足受众观看时的兴趣,也要满足受众的消费需求,就如同尼尔·波兹曼(Neil Postman)所说:"娱乐是电视上所有话语的超意识形态。"[1]而电视真人秀节目的娱乐、纪实等特点,让这

---

[1] [美]尼尔·波兹曼.娱乐至死:童年的消逝[M].章艳,吴燕莛,译.桂林:广西师范大学出版社,2009:76.

样的一种节目形态从20世纪末就开始兴起和蔓延,到了21世纪在世界各国掀起了一次又一次的收视狂潮。当然,中国的真人秀节目是地地道道的"舶来品"。在欧洲,我们耳熟能详的电视真人秀节目《老大哥》(《Big Brother》)、《幸存者》(《Survivor》)等(如图1-1),才是这场视听盛宴的"开幕人"。在中国,从20世纪90年代悄然开播的《玫瑰之约》到现在满屏的"明星真人秀",如《奔跑吧兄弟》《极限挑战》《乘风破浪的姐姐》等,题材包括才艺比拼、美食介绍、歌唱竞技、户外体验等众多类型。纵观周末黄金时间,泛真人秀类型的电视节目可谓占据了"半壁江山",当然也引发了业界和学界对很多问题的探讨。

图1-1 真人秀节目《老大哥》《幸存者》海报

笔者在媒体行业有着近十年的工作学习经历,但在近两年接触到数字媒体和互联网技术之后,常常会颠覆以往累积的行业经验,因此我把目光焦点集中于此。在互联网技术飞速发展下,媒体进行立体式的融合,这对电视真人秀节目的前期摄制和后期推广以及全生态链的打造到底有怎么样的影响?互联网改变了人和人的联系,而多屏的发展使互联网已然全面社交化,人和人的交互传播达到了最大化。因此某个点状网络应用的背后,其实是一张社交化的关系网,是一种人际关系的延伸,而这也为电视真人秀的传播推广提供了借力点。

表1-1 国内外电视真人秀和网络发展对比①

时间(年)	国际网络	国外真人秀	国内网络	国内真人秀
1940—1959	实验室阶段	萌芽阶段,《坦率的相机》及各种游戏阶段	无	无
1960—1979	1969年12月,四台计算机开始联机。实验室网络初步建成萌芽阶段	1964年,英国节目《成长》系列开播。1973年,美国节目《一个美国家庭》播出	无	无
1980—1989	1981年,IBM推出个人计算机。1984年,Macintosh提供了友好的图形界面,用户可以用鼠标方便地操作	电视游戏竞赛节目继续发展。1989年,《美国家庭滑稽录像》开播	实验室阶段	无
1990—1999	1991年,开发出了万维网,互联网开始普及。1996年,使用互联网人数约4000万。1999年底,全球用户约3亿。Google搜索引擎于1998年9月被发明	1992年,美国有线音乐台推出《真实世界》。1999年,荷兰推出真人秀节目《老大哥》,后逐步流行于美国、德国、丹麦、澳大利亚等国。真人秀节目全球兴起和蔓延	1994年,与国际互联网联接。1996年底,网络用户数约20万。1997年,用户约62万。1999年,用户约400万。1997年后,进入快速发展阶段	萌芽阶段,1998年后,具有真人秀元素的游戏节目出现,"主题+快乐""速配"等
2000—2009	2000年,互联网泡沫。之后全球互联网的普及水平以20%以上的年均增长率高速发展。Web2.0模式开始出现	全球化爆炸式发展,类型多样	2005年,网民超过亿。2008年6月30日,网民总人数达到2.53亿,跃居世界第一。2009年底,上网用户约3.84亿	以2005年《超级女声》火爆为代表,国内真人秀进入快速发展阶段
2010—	全球网民约4亿	品牌全球共享	三网融合启动,4G网络普及,5G时代逐渐布局	资本运作启动,进入制作亿元时代

---

① 李冬梅.网络时代中国电视真人秀的内容生产与营销创新[D].济南:山东大学,2014.

从表 1-1 中可以看出,随着互联网的快速发展,电视也在不断地发展,这种既竞争又合作的局面是随着互联网新技术不断更新所形成的。在中国,这种借助电视以外的媒介进行传播的节目在 1996 年伊始已经出现端倪。由北京维汉文化传播公司制作的电视节目《跨越 2000》,借助互联网开始招募全国各个地区参赛选手,但并未做实质性的网络推广。2004 年,湖南卫视推出的《超级女声》在经过第一年的试水后,第二年取得了十足的成功,决赛之夜可谓万人空巷。之所以能得到如此大的关注,就是在选秀类真人秀节目的举办过程中通过整合营销及品牌带动,打通了电视、电信和互联网。通过海选、投票、粉丝经济等手段成为了真人秀节目进入新阶段的标志。之后的真人秀节目也借助了网络而飞速发展,网台互动、跨屏互动进一步加深了受众对节目的黏性,也为真人秀节目的产业化发展提供了基础。

第一节 真人秀节目的界定

电视真人秀作为"舶来品"在欧美通常会用"Reality TV"表示,翻译即"真实电视"。但是在国外的节目分类中还是会有所侧重,因此称谓还是会有些不同。例如有 Game Show(游戏秀)、Reality Soap Opera(真实肥皂剧)、Reality Show(真实秀)等。这些真人秀有的主要表现游戏性,有的侧重表演,有的突出真实性,但是这些都包含了真人秀的两个核心特征:真实与虚构。所以说真人秀是一个包含了游戏竞技、真实记录、角色扮演等一系列元素的融合性节目形态。

早期,英国学者安奈特·希尔认为,真实电视节目是一种综合了所有种类电视节目的形态,是关于"真人"的范围广泛的娱乐节目。所以,它有时候也被称作"通俗真实电视"。真人秀是一种位于新闻信息性节目、娱乐性节目和纪录片、戏剧之间的节目形态。[1]

在我国,较为早期对真人秀节目进行研究的尹鸿教授认为:"真人

---

[1] [英]安奈特·希尔. 流行真人秀:真实电视节目受众的定性与定量研究[M]. 赵彦华,译. 北京:中国国际广播出版社,2008:2.

秀作为一种电视节目形态,是对自愿参与者在规定情境中,为了预先特定的目的,根据特定的规则所进行的竞争行为的真实记录和艺术加工。"①学者谢耘耕、陈虹在所著的《真人秀节目:理论形态和创新》一书中指出:"所谓真人秀节目就是由普通人而非扮演者,在规定情境中按照制定的游戏规则发展完成的表演过程,展示自我个性,并被记录或者制作播出的节目。"②

在电视行业当中,很多电视节目制作者对真人秀也有自己的定义和理解。中国首档职场类真人秀《创智赢家》的总制片人杨剑芸老师在接受采访时曾说道:"'真人秀'就是这样,可以让观众与评审同时看到选手当场的反应与表现,没有剪辑、没有导演,因此作弊的可能性完全没有。"大型生存竞技纪实电视节目《走入香格里拉》的导演陈强认为:"电视'真人秀'具体包括三个方面,即特定虚拟空间中的真实故事,全方位、真实的近距离拍摄和以人物为核心的戏剧化的后期剪辑。节目中规则等于内容,自愿者加环境等于情节,编辑方式等于效果。"③

很多学者和电视节目制作人对电视真人秀节目都提出了不同侧重的观点,但是在涉及核心的关键词时,都有重叠。在拆解电视真人秀一词时,"真和秀"表现出了这种电视节目的核心理念,但同时也体现出了双重的甚至相反的属性(如表1-2)。

表1-2 真人秀节目的双重属性

	真(非虚构)	秀(虚构)
悬念	非确定性	规则的目的性
人物	人物的本真表现	人物的行为限定
情节	过程非确定性	规则的限定性
手法	真实记录	戏剧性

---

① 尹鸿,冉儒学,陆虹.娱乐旋风——认识电视真人秀[M].北京:中国广播电视出版社,2006:21.
② 谢耘耕,陈虹.真人秀节目:理论形态和创新[M].上海:复旦大学出版社,2007:1.
③ 欧阳国忠.中国电视前沿调查[M].北京:经济日报出版社,2002:226.

从很多学者的定义到笔者的理解,可以分析电视真人秀节目发展至今的一些共同特点。

第一,从节目类型分类上来说,其本质是电视娱乐节目的一种形态,包含纪实性、趣味性、戏剧性等特点。安奈特·希尔在所著的《流行真人秀:真实电视节目受众的定性与定量研究》一书中将真人秀分为信息娱乐类、纪录电视剧类、生活方式类、真实游戏类。学者杰里米·G.巴特勒将其分为九大类型,包括日间脱口秀、技能竞赛类/选秀、法庭与法制节目、约会类节目、纪录肥皂剧或纪录剧、隐蔽式拍摄节目、游戏纪录片、真实情景剧、生活方式秀。① 有些学者如 Susan Murray 和 Laurie Ouellette 将真实电视划分为游戏纪录片、约会真人秀、改变型真人秀、纪录肥皂剧、法庭节目、生活游戏秀、才能竞赛、真实情景剧、名人变异节目、真实调查节目。② 在中国,对于电视真人秀节目的分类,学界和业界都有很多讨论,例如《娱乐旋风——认识电视真人秀》一书中就将真人秀分为九大类型:生存挑战类、人际考验类、表演选秀类、职业应试类、身份置换类、益智闯关类、游戏比赛类、异性约会类和生活技艺类。随着电视真人秀在中国的发展,同时很多电视节目开始有了更多的互联网基因,收视也取得了较好的效果,在媒介竞争中电视真人秀节目成为越来越多的电视台和制作公司所要开采的"金矿",因此其类型也变得日益丰富,为满足大众的审美和娱乐需求,多种类型真人秀元素也开始相互融合。

第二,媒介技术日益发展导致了媒介竞争的加剧。数字媒体的发展不仅仅影响了传统电视媒体,甚至是颠覆,这点在电视真人秀的观看方式上最为明显。电视真人秀节目的互动性体现在前期的选手选定、节目录制、公众话题引导、节目规则制订和议程设置等方方面面。以人工智能为代表的5G新媒体技术,在给传统新闻业带来结构性危机的同时,也从内容、渠道、终端、用户、营销等方面对媒介行全新的体系化

---

① Jeremy G. Butler. Telvison:Critical Methods and Applications[M]. New York:Routledge Publish,2006:118.

② Laurie Ouellette, Susan Murray. Reality TV :Remaking Television Culture[M]. New York:New York University Pess,2008:5.

构建。"内容+产业"的媒体深度融合、媒体智能平台与场景应用赋能、MCN 新媒介组织形态的变现盈利已经成为媒介组织新一轮改革的重点。在 5G 带来的"5G+短视频+后受众"的传播新业态中,在高维场景传播情境中提升优质媒介产品优势、合理开发媒体平台的数据价值、延伸后受众时代短视频用户产业价值、构建 5G 时代智能媒介评价体系是提升媒介影响力的重要手段。

第三,电视真人秀之所以吸引大众,真实的属性是基础。首先,参与真人秀节目录制的是"真实的人",当然这里"真实的人"不仅仅是普通的人,也包括明星、政府官员等一切自然人。他们的性别、观点、情感、言语、行为都是真实的。他们在节目中所表现出来的都是本真的,不应具有表演性。在限定的规则和情景下,"真实的人"往往会有非限定的表现,产生节奏的变化和悬念。在拍摄中,大都使用纪实的手法,而这种记录方法是最为真实的,对参与记录者所表现出来的多样的性格和不同的人性特征是最客观的还原。

第四,电视真人秀具有虚构性和戏剧性的属性,这也是真人秀节目不同于纪录片之处。电视真人秀节目既然是电视节目的一种,自然就离不开"脚本、导演、剪辑"这些环节。但此处的脚本并不是指剧本,它只是电视制作环节的一个拍摄大纲,对拍摄的内容环境、参与者的节奏和进度有一个限定。导演为了使节目更有看点,让参与者能更有"标签"感(标签指的是根据参与者的表现用有特点的词汇对其定义,便于观众记忆和话题制造与宣传),会设置有限定的游戏目的和节目环节,这些环节并不是重复和复制生活,而是非日常和奇观化的内容。观众在这些"拟态环境"中对参与者的表现产生了移情,观众从自我的认知、理性、感性等方面对其内容产生认同、排斥或者讨论。这也是节目产生影响、保持热点的途径。从剪辑的角度来看,任何剪辑行为都是非客观的主观行为,尤其是现在越来越丰富的包装和修饰手段,例如花字的使用,都是具有明显的艺术加工痕迹的。

谈到电视真人秀节目的非日常和奇观化的内容,在学界是有一定争议的。西方著名批判学者道格拉斯·凯尔纳(Douglas Kellner)用"spectacle"一词指代"那些能体现当代社会基本价值观,引导个人适应现代生活方式,并经当代社会中的冲突和解决方式戏剧化的媒体文化现象",①这个词被译作"奇观"。他在书中也对"真人秀"的奇观做了一个阐述:

> 这些"真人秀"节目使成千上万的观众和网民着迷上瘾,通过电视和网络创造出了一个互动的奇观社会。可究其本质,它们体现的是人们参与奇观和窥视他人隐私的永无休止的欲望,同时也在一定程度上满足了人类自恋的情结。充斥于这些"真人秀"节目的是丹尼尔·布尔斯廷(Daniel J. Boorstin)所指出的,后现代媒体社会是围绕着一条"淫秽法则"来运转的,这条法则导致了公共领域和私人空间的内爆,展现的是日常生活中最私密和乏陈的层面。人们关注媒体制造出来的奇观的程度已经超过了他们关注社会政治和日常生活中的重大事件的程度。而这种对日常生活中最私密和乏味的层面的奇特关注正是后现代媒体社会的一种代表性奇观。

如上所述,道格拉斯·凯尔纳认为电视真人秀这种文化奇观是虚假的、媚俗的或者乏味的。从全球来看,电视真人秀节目的火爆是在国际化、商业化、全球化背景下所制造出的"文化奇观"。虽然道格拉斯·凯尔纳所秉持的对电视真人秀的态度基于资本主义意识形态下所构建的电视文化氛围,并不符合我国的媒介环境,但是我们还是应该以批判的视角看待电视真人秀节目所形成的"文化奇观"到底折射出了怎样的媒介文化。国外真人秀节目的大量引入到底是一种文化的融合还是侵略?在民族化、本土化的改造中,又如何平衡这种真实与虚构,娱乐性和社会功能?这些都是我们应该继续探讨的问题。

综上,笔者认为电视真人秀的节目形态和定义仍在不断变化中,但从学术借鉴和个人经验出发,大体可以这样概括电视真人秀节目:这是一种在特定的场景中由真实的人参与的,通过真实记录和艺术加工所

---

① [美]道格拉斯·凯尔纳. 媒体奇观——当代美国社会文化透视[M]. 史安斌,译. 北京:清华大学出版社,2003:2.

形成的电视节目形态。其融合了游戏、演绎、记录等多种电视元素,并有一个预先设定的目的和限定的规则及时间。

2000—2004年,电视真人秀在中国初步发展,融合了更多的电视技术手段,突破了传统电视综艺节目单向输出的方式。2005—2011年,电视真人秀节目进一步发展,以《超级女声》为首的选秀类真人秀节目大行其道,在这一时期模仿以及购买国外版权的真人秀节目成为电视屏幕的主力;随着电视工业体系的形成,真人秀节目与其垂直行业形成产业链。2012年至今,电视真人秀节目继续蓬勃发展,在版权输入的基础上,本土的创新和改造成为主要特征,更多的跨媒介资本融合进来,在版权引入的同时,优质电视真人秀节目也会输出国外,进入了电视真人秀的自觉期;这时"现象级"的电视真人秀节目通过高收视、高价格、多渠道的分销,带动了垂直产业链的成熟,促进了播出平台的高浏览量,通过线性的播出提高了用户的黏性,加速了媒体生态格局的形成(如表1-3)。

表1-3 中国电视真人秀的历史发展进程脉络

阶段	特点	节目举例
2000—2004年	真人秀与更多技术的融合	《生存大挑战》
2005—2011年	真人秀与电视产业的融合	《超级女声》
2012—	真人秀与跨媒介资本的融合	《中国好声音》

真人秀在中国的实践,从单纯的元素模仿到版权引进再到自觉的创新,节目从简单的晚会形式逐渐发展成了多元化的题材,种类从单一也转变为形式多样,节目地位从较为少数到主流形态。如今,电视真人秀节目在中国已经经历了从借鉴到发展再到创新的过程。观众的审美需求和心理发生了很多变化,尤其在媒介技术的发展、互联网传播的兴起、媒体融合的环境下,电视产业行业也相对成熟起来,媒体良性生态环境的建立为现在中国电视真人秀的研究提供了新的土壤。

第二节 媒介技术与电视真人秀的融合

追溯发现20世纪50年代电视真人秀率先出现于欧洲,因记录视角的独特很受观众喜欢,后被美国以成功的商业模式进行世界范围内的推广,取得了十分风靡的效果。在2008年出版的《真实电视:重塑电视文化》这本书的前言中,作者Laurie Ouellette和Susan Murray感慨道:"情形已经有所改变,很少有人会质疑真实电视的覆盖范围和生命力。在全球范围内,真实电视广受欢迎,已更普及和多元化。流行的无脚本的真实电视的模式已变得越来越专业和完善。"①中国的电视真人秀节目发端于20世纪90年代,电视屏幕上出现的游戏竞猜类的节目如雨后春笋一般,但真正意义上的中国电视真人秀节目应该从2000年以后开始。虽然起步较晚但是发展迅速。从诞生至今,已经逐渐由"无意识"的盲目模仿阶段,发展到了"渐入自觉"的引进版权阶段,目前正处于自主创新发展转变的阶段。②

一、真人秀节目的源起背景

荷兰是电视真人秀节目的发源地,1999年9月《老大哥》(《Big Brother》)开播,先后被近20个国家购买版权,落地世界各国,近20年里,荷兰的真人秀模板依然炙手可热。《幸存者》(《Survivor》)在美国收视飘红;《阁楼故事》在法国也曾取得收视之最;《诱惑岛》《学徒》(如图1-2)开播就引起各国争相购买版权。在国外真人秀开始风靡、如火如荼发展的时候,中国电视才刚刚开始对这一节目形态进行探索,也先后出现了一些具有真人秀节目基因和元素的综艺节目。

电视真人秀节目的出现与社会转型、文化变迁、技术发展关系密切。进入21世纪,人民的生活水平有了非常大的提高,新的文化思想在涌动,新的生活方式也在改变。其中,最显著的特征是消费主义的文化倾向,人们开始更注意商品的符号意义,具有的文化品质等。它意味着确实是"消费——对人际关系、对团结、相互性、热情以及对以服务形式标准化了的社会参与的消费——这是一种对关切、真诚和热情的

---

① Susan Murray, Laurie Ouellette Reality TV: Remaking Television Culture [M]. New York: New York University Press, 2008:1—2.
② 宫承波,张君昌,王甫. 真人秀在中国[M]. 北京:中国广播影视出版社,2015:19.

图 1-2　由马克·伯奈特制片公司与特朗普制片公司
　　　　联合出品的真人秀节目《学徒》的海报

持续性消费,然而当然也是对这种独有的关切符号的消费。"①电视节目也是一种符号的载体,并且具有多重美学价值,人们借助这种符号的消费来休闲娱乐。当电视节目的娱乐性被显现就极大满足了观众的心理需求和消费需求。

　　当然这里必须要谈到的是大政治环境对电视节目影响的悄然变化。传统的电视媒体在过去的职能往往是报道新闻与引导舆论,政治色彩较为浓厚,其他的社会功能较为淡化。但是随着市场经济的发展,媒介技术的进步,传统的报纸、电视、广播与新兴的手机、互联网并进发展。信息的普及、媒介的竞争、地区间的频繁互动都催生电视媒体多功能化的变革。电视台开始越来越多地制作娱乐性的电视节目,以吸引

---

① ［法］让·波德里亚. 消费社会［M］. 刘成富,全志钢,译. 南京:南京大学出版社,2000:180.

更多的电视观众,于是富有知识性、趣味性的电视节目也就应运而生了。

在消费型的社会里,电视媒体对观众的迎合和卖力吆喝无不与电视市场化的商业属性有关。在市场经济大潮的背景下,占主导地位的电视媒体的经营方式也走向了市场化、事业化、企业化的道路。其中最重要的特征就是收视率与广告费成正比的播出效应。电视节目的制作部门为了获得更高的收视率和更多的广告费用的支持,就要更加用心地制作出吸引眼球、不断推陈出新的电视节目。这时的电视节目也是一种消费品,因此受众对于这种消费也非常注重丰富性和个性追求。相比较传统的电视节目,真人秀这一形态还是具有很多创新的优势。我国起步阶段的电视真人秀节目大都以素人为记录的主体,节目周期短,形态新颖,关注度高,经济回报可观。在这种形式下,很多电视节目都自觉地融入真人秀节目的元素。

21世纪初,我国的义务教育和素质教育全面普及,国民的整体素质有了很大的提高,观众的审美需求发生了很多变化。"市场经济的高速发展带来了个人价值观念的提升,人们崇尚自我表达与展示,渴望他人的认可与注视。"[①]真人秀节目的出现也迎合了这种心理,每一个普通人都有机会成为主角出现在电视屏幕当中。快速发展的电视制作技术也将更清晰的电视画面、更逼真的细节、更全方位的记录呈现出来。同时,通信手段的进步,也让自主意识提升的受众有了参与节目的通道,他们可以通过发送短信、拨打电话、摇一摇、扫二维码等方式参与互动。

二、早期电视真人秀的开创与特点

1. 中国首档电视真人秀节目《生存大挑战》

2000年前后,人们的生活水平极大提高,电视覆盖率高,我国的电视荧屏的节目开始淡化政治色彩,出现了种类繁多的真人秀元素的电视节目。其中,广东卫视推出的《生存大挑战》标志着真人秀节目在中国的兴起,该档栏目也是中国电视真人秀最早的雏形。此后这种野外

---

① 周文超.电视选秀节目的走红告诉我们什么[J].传媒观察,2007(2):35.

生存类型的节目被广泛地嫁接和推广,在全国范围内先后出现了《走入香格里拉》《金苹果》《夺宝奇兵》等。其中,2001年7月20日开播的《走入香格里拉》是由北京维汉文化传播有限公司与十几家广播电视单位联合发起制作的节目,这也是国内最早进行跨媒介运营电视真人秀节目的成功案例。

2000年6月18日,广东电视台首推真人秀节目《生存大挑战》(如图1-3),该节目从2000年到2006年一共举办六届。其赛制是从全国范围内召集500多名参与者,再通过筛选最后留用三名挑战者。要求他们在历时6个月的时间里只带一个背囊、一双运动鞋、一些药品及地图、指南针、水壶、帐篷和4000元旅资,完成广西、云南、西藏、新疆、内蒙古、黑龙江、吉林、辽宁八省的3.8万千米边境地带的旅途,整个过程历时195天。活动过程中,贯穿着真人秀节目的原则,制作者制定规则,由普通人参与并全程录制播出,摄制组不能在经济上、交通上提供任何帮助。[①] 在接近200天的拍摄过程中,无论是挑战者还是摄制组都展现了非凡的毅力和决心。全程纪录片式的拍摄方法,保证了最真实和原生态的还原。制作方对整个旅程有预先的设定,这使过程有节奏感和紧张感。三位挑战者均是普通人,这为赛制增加了不确定性。如上所有元素都是真人秀特点,一经开播,这种节目形态就得到广泛关注和讨论,三位挑战者还登上了央视王牌节目《实话实说》讲述自己的经历。

图1-3 2000年6月,广东卫视播出国内首档电视真人秀节目《生存大挑战》

---

① 百度百科. 生存大挑战 [EB/OL]. http://www.baike.com/wiki/%E3%80%8A%E7%94%9F%E5%AD%98%E5%A4%A7%E6%8C%91%E6%88%98%E3%80%8B.

2001年广东电视台所录制的第二届《生存大挑战》,借鉴了美国真人秀节目《幸存者》(《Survivor》)中的淘汰机制,并融入了民族化的主题和特征,以中国共产党成立80周年为背景,设立了"重走长征路"的挑战目标。2002年的第三届节目,开辟了国外路线,并以20万元现金奖励为噱头吸引观众眼球。2003年,在节目制作之前就公开征集方案,极大地调动了观众的参与积极性与期待度。2004年,《生存大挑战》以"神秘的新疆大地"为主题,开辟了由广东电视台、新疆电视台和北京维汉文化传播有限公司联合制作的先河。2005年更是以30万元奖金奖励和国内外两条主线叙事为设置,最大限度地提高了节目关注度。至此,《生存大挑战》走出了一条自己的道路,从前三届的"自产自销",到第四届的"公开借脑"、第五届的"公私合营",中国真人秀节目市场化的探索又往前迈进了一步。①

2. 中国首档室内真人秀节目《完美假期》

2002年7月,湖南经视频道推出了国内首档室内真人秀节目。在毫无制作背景的情况下,这档节目同时模仿了《老大哥》和《阁楼故事》。该节目的整个流程就是挑选12名男女选手,他们共同在一个别墅里度过70天的"完美假期"。每天同时有60台机器设备对准他们,全天候24小时不间断拍摄(如图1-4)。在这样的一个特殊环境里,除了日常的必需品,不再为选手提供任何资助。在这70天里,除了一些特定的游戏和竞赛外,没有任何的娱乐设施和通信条件。从第21天开始,每隔一周,选手之间都会进行投票互相淘汰,同时观众也可以通过网络和热线电话来参与投票,支持喜欢的选手。最后剩下三名参赛者,共同生活一周后,由观众票选一名最后的胜利者,并奖励50万元房产资金。这样的一种节目形态对于中国观众是全新的,该节目一经登录湖南经视频道,就以平均收视率10%的高点力拔头筹。当然,引起高收视的同时也引起广泛的争议。该节目的制片人李开宇在接受采访时曾说:"《完美假期》进入中国后,丢弃国外经常宣传的'偷窥',我们定义为'坦然地面对所有观众,呈现自己的优点与弱势'。但是还是激

---

① 陈持.广东电视台真人秀节目的历史回顾[J].当代电视,2010(9):12.

起了广泛争论,打进来的电话,50% 是骂我们的,50% 是表扬我们的。骂我们的说我们太残忍,为什么要把人性的点点滴滴给我们看,里面搞小团体,拉帮结派的都淋漓尽致地表现出来。"此后,第一季播出之后便被叫停。

图 1-4 2002 年 7 月,湖南经视频道播出国内首档室内真人秀节目《完美假期》

2000 年后,媒介技术有了很大的发展,互联网的使用开始普及,使人们的窥视和被窥视的欲望有了发挥的场景。《完美假期》来源于对《老大哥》和《阁楼故事》的模仿,正是迎合了人们的窥视欲望。不同于国外的模板,中国版的《完美假期》做了一些本土化的改造。所谓本土化的改造和走向,是指"依据中国本土的特殊国情,立足中国的社会现实,按照中国电视娱乐节目自身的运行规律,遵循中国电视观众的收视习惯与实际需要,策划、制作、传播具有中国民族特色、气派、风格口味的电视娱乐节目形态"。① 比如,美国电视节目制作人在制作《幸存者》时,无时无刻地不在用电视语言强化着"美国精神"——自由、竞争、冒险、梦想。这是符合美国电视观众的欣赏心理和欣赏需要的。但是中国如果引进或者照搬《幸存者》就不一定会获得成功。

---

① 孙宝国.关于电视节目形态的创新[J].现代传播,2007(2):33.

3. 早期电视真人秀节目的特点

2000年的《生存大挑战》一经开播,中国的广大观众第一次正式接触到了国外已经风靡多时的电视节目形态——真人秀。这在一定程度上满足了观众的猎奇心理,但当时我们的电视台还没有搭建出给更多大众自我展示的平台。无论是《生存大挑战》还是《完美假期》,在中国的电视真人秀的发展史上都开创了先河。在《生存大挑战》之前,我国电视娱乐荧幕更多的是"演艺+游戏"的模式,主要的参与者也大都为公众人物或明星。《生存大挑战》与《完美假期》都是以普通人为记录主体,整个录制过程都使用了纪录片的拍摄方式,这是一种原生态的呈现。

真:

真人秀节目的摄制是在一个特定的场景中由真实的人参与录制的。整个纪录片的拍摄方式使得人物在拍摄过程中尽可能地展现出了最真实的原貌:选手在面对困难时的勇气、面对胜利时的欢喜、面对真情时的温馨、甚至是面对人性时的丑陋。当这种真实被搬上荧幕,观众必然会有共鸣、受感染、认同甚至震惊。节目参与者的各具特色带来的是性格迥异的印象,越不加修饰、越是真实的表达,给观众的冲击也越大,也会让观众深刻地感受真人秀的魅力,这为后来的电视真人秀节目奠定了一个很好的基调,真实就是核心。

人:

真实的人。在2000年刚刚开播的电视真人秀中,大都是以普通的人作为记录的主体,他们不同于明星,在面对镜头时,会有些许的羞涩、紧张。这些特点有利有弊,好处在于镜头所捕捉的是不加修饰的画面,让观众看了最贴近生活的"自己";不足之处在于线性的拍摄和没有电视经验的参与者无法较好地调控节奏、产生悬念。早期的真人秀节目在摄制方面还是有理念和技术上的局限。

秀:

真人秀的这种拍摄方式已经最大限度地还原事物的本来面貌,但是其过程依然要经过策划、拍摄、剪辑甚至包装。"秀"的过程有扮演成分,尺度拿捏准确是画龙点睛,过于痕迹化的表演自然就是画蛇添足。普通人面对镜头记录时,不免有些紧张甚至做作,这都难免,但是经过电视制作者后期素材挑选就可以重新解构镜头语言。《走入香格里拉》的制作人曾谈道,一开始他们确实是如实记录的,但真实的生活总是太过平淡的,当然要加入一些人工的成分,即包装。[①] 这种人为的包装让电视机前的观众被不断变化的节奏和悬念所深深吸引,也极大地丰富了戏剧性和可看性。当然早期的电视真人秀节目在创作技巧上也进行了多种多样的尝试。

电视媒介具有强大的娱乐消遣的作用,同时也具有很强的文化导向作用。但经济思想的冲击在文化方面也形成了一种文化参照。这种民族化、本土化在文化参照方面已经显示出一种弱势。那么中国的电视真人秀节目必须也以符合本土化的欣赏心理和欣赏需要为前提,并融合市场规律才会是一个良好的文化参照。中国电视真人秀节目的制作在趣味度、道德度、人性深度方面如何把握,都会受到当时社会意识形态、审美标准、文化传统等方面的影响。回溯文化的道路,很多节目以方言、地域、服饰作为改变的对象,忽视从源头上的设计,把表面的民族符号当作改良的"标签"。我们要探讨的是:什么才是真人秀节目的核心。其实情感的认同才是电视真人秀的核心,一味地去追求眼球和噱头,去触碰大众道德的底线,挑战公众的理性认知,必然会造成观众情绪反弹、审美疲劳、心理反感。《生存大挑战》与《完美假期》在我国电视真人秀的发展史上,开创了模仿与探索甚至试错的空间,在收视率、节目模式、社会责任中不断寻找平衡。当然这种探寻为日后的电视真人秀发展提供了基础,但是这种"简单粗暴"的拿来主义,必然会面对文化差异的考验。这也是日后作为"舶来品"的电视真人秀节目所面对的问题,更是考验电视制作者智慧和勇气的挑战。

第三节 电视产业化与电视真人秀节目的融合

2005年是中国电视真人秀发展史上一个崭新的篇章,其中最具

[①] 林莉. 国内电视真人秀节目的兴起[J]. 当代传播,2003(5):16.

有学术讨论和行业研究价值的节目是《超级女声》。从 2005 年到 2011 年短短六年间,中国的电视真人秀节目得到了一个初步的发展,各种类型和亚类型的电视真人秀节目纷纷涌现。2009 年,在国家新闻出版广电总局的调控下,电视真人秀节目结束了井喷期,进入了一个平静的发展阶段,能引起轰动的"现象级"的电视真人秀节目已经较少出现。

一、电视真人秀节目的发展背景

从 2005 年到 2011 年,这短短六年的时间,中国的电视真人秀节目的发展可谓"惊心动魄、跌宕起伏"。《超级女声》的出现如同一剂强心剂,让电视节目制作人看到了真人秀在中国荧幕上的潜力,让无数的观众守候在客厅那块具有仪式感的电视机前,让产业化的运营公司得到了粉丝经济带来的巨大利益,也让几位普通女孩摇身一变成为万众瞩目的巨星(如图 1-5)。

图 1-5 2005 年,由湖南卫视举办的第二届真人选秀节目《超级女声》决赛

我国的电视市场在 20 世纪 90 年代伴随着经济市场化的改革也在不断向产业化探索。电视娱乐节目的政治色彩淡去之后,更加注重观众的反馈和收视率。"个人化创作观念被市场化所取代,收视率是唯一评判标准,成为很多节目的生死线,大众喜欢才是唯一的目

的,产品化的观念深入到制作和播出的各个渠道。"①那么,娱乐性越强越具有悬念性的节目往往越吸引眼球,也更能创造较高的收视率。例如,有着巨大好奇心的观众在收看《超级女声》这样的选秀节目时,冠军的不确定性、比赛淘汰制的残酷性、选手感言时的触动性都是传统娱乐节目所难给予观众的。

除了这种新奇体验,电视真人秀的发展还与草根文化的盛行有密切的关系,公众开始有了自我意识,并有着强烈的参与和表达的愿望。中国的主流价值观在快速发生变化,追求经济利益的最大化已经逐渐弱化了传统的道德准则,标准的行为规范和价值观、审美观在受到挤压。以往掌握话语权的主流媒体一直奉行的"喉舌式"的传播,使得大部分受众无法参与到公共话语体系中,而这个时期的真人秀节目,给广大受众提供了一个展示特长、表达思想甚至"草根逆袭"的舞台。受众通过电话、手机、网络参与进来,真人秀节目中的传播模式由传统的单项传播转变为互动传播,观众不再是被动接受,而是主动靠近、参与,甚至拥有了决定选手去留的权利。虽然真人秀节目营造的"真"是一种拟态的真,但是让观众感受到了前所未有近距离的"真实",受众得到了情感的宣泄、放纵,满足了内心的幻想。

在电视真人秀节目初步发展的这六年间,之所以说经历了跌宕起伏,主要归因于国家新闻出版广电总局(下称"广电总局")的政策调控。2005年,选秀类真人秀《超级女声》火爆荧屏,一时间各大卫视纷纷效仿,推出了大量同质化的选秀节目,迅速地占领了选秀节目的市场。当集体意识开始毫无遮拦地"互相照搬"时,这就缩短了这些电视节目从具备巨大社会影响力到衰落的周期,变为一种非常低端的同质化竞争。同类型的选秀类真人秀节目快速繁殖,就说明电视台非常忽视电视节目品牌的建立和维护,而只看短期的经济效益。这种门槛低、成本少、易模仿的电视真人秀节目,很快就会陷入低端竞争的漩涡。对于传统的,依靠电视广告收入生存的节目,就会变为为了取得经济效益而迎合大众兴趣的产物。"如果大多数观众想看同样类型的节目,可

---

① 彭昆.中国电视节目观念的变迁[J].新闻窗,2012(2):5.

是电视是靠广告收入支持的,那么竞争中的电视广播公司很有可能针对这一广大观众群提供非常相似的节目。这样一来,为迎合大众兴趣而设计的节目数量将会过多,因为处于竞争中的频道发现(靠提供相似的替代节目)瓜分具有大众兴趣的观众市场比迎合少数人的兴趣而疏远主流观众更有利可图。观众的兴趣越一致,竞争性复制的趋势就越强。"① 在趋同的低端节目中,为了吸引更多受众而制造"噱头",过分低俗化、商业化的竞争手段使得电视节目在传播时忽视社会责任,对受众审美情趣以及电视频道自身发展都有负面影响。2005 年伊始,广电总局便出台了大量引导电视真人秀节目发展的政策方针。

2006 年 3 月,广电总局出台了《国家广电总局关于进一步加强广播电视播出机构参与、主办或者播出全国性或跨省(区、市)赛事等活动管理的通知》(下称"《通知》")。《通知》里对举办的赛事有了主题范围的限定,要求要有正确的人生观、价值观、世界观;要重视赛事活动的内容设置和公益性;对广播电视播出机构举办的赛事要进行宏观调控,控制数量和质量;不得随意炒作,避免炒星、追星等负面效应,禁止庸俗、低俗和审丑现象;同时对主持人、嘉宾等细节都作出了相关的规定。这些规定都剑指各大卫视频道推出的低俗化、同质化的真人秀节目。随后的 2007 年,广电总局更是发布了多达 13 次的禁令或通知,大力展开整顿行动。2007 年 10 月 1 号开始执行的《广电总局关于进一步规范群众参与的选拔类广播电视活动和节目的管理通知》,规定了包括中央电视台在内的所有省级、副省级的上星频道都不得在 19:30—22:30 时段播出选秀节目,同时更禁止了手机、电话、网络投票等方式。对于人气和关注度较高的《快乐男声》,广电总局甚至还下发了专门的活动批复。批复中明确要求"设计一些公益性内容,曲目要健康,弘扬主旋律……要做到积极向上、健康高雅"。② 随后,选秀类真人秀节目《第一次心动》、整容类真人秀节目《美丽新约》都因为内容不

---

① [英]吉莉安·道尔. 理解传媒经济学[M]. 李颖,译. 北京:清华大学出版社,2004:52—53.
② 中央政府门户网站. 广电总局关于同意湖南电视台举办 2007 年《快乐男声》活动的批复[EB/OL]. http://www.gov.cn/gzdt/2007-04/06/content_573621.htm,2007-04-06.

符合广电总局的相关规定而被叫停。截至2007年10月,为解决电视真人秀节目的同质化严重、内容低俗等问题,各家电视台都在广电总局的方针指导下,开始进入电视节目的调整期。

2008年,随着奥运会被关注的热度上升,电视台也纷纷推出相关的真人秀节目。在2008年7月,广电总局下发了《关于整顿娱乐节目竞相使用奥运名称的通知》,规定包括"五环""奥运""北京2008"等字样都受到法律保护,标志和名称的使用必须经过相关的授权。之后湖南卫视的户外竞技真人秀节目《奥运向前冲》更名为《快乐向前冲》。2009年,广电总局继续收紧了真人秀节目的举办和播出指标,仅仅批准了五档节目。对于像贵州卫视未经批准举办了选秀节目《2009多彩贵州舞蹈大赛电视新人选拔赛》,广电总局发出了《广电总局办公厅关于对贵州卫视未经批准违规播出选拔类节目的通报》。在如此严格的管理下,2009年之后,中国的电视真人秀节目进入了一段自上而下的平静期。

2010年,《非诚勿扰》带动了婚恋类真人秀的热度,同时也饱受诟病。2010年6月9日,广电总局下发了《广电总局关于进一步规范婚恋类交友类电视节目的管理通知》和《广电总局办公厅关于加强情感故事类电视节目管理的通知》。随后,各大卫视纷纷调整节目内容,对可能出现的低俗情节予以整顿。

二、电视真人秀节目的发展的跌宕起伏

2005—2007年可谓是电视真人秀节目的黄金发展期,以《超级女声》为代表的选秀类真人秀节目的播出,以难以想象的收视率问鼎了各大电视台的收视冠军。因此,2005年被称作"选秀元年"。

1. 电视真人秀发展的高潮期

2005年的《超级女声》是迄今中国电视真人秀节目中影响力最大的。它的每一场比赛的平均收视率都超过春节联欢晚会,决赛时引爆的热度达到了万人空巷的程度,收视人次达到2亿,短信达到800万条,广告报价每15秒11.25万元[①]。李宇春、周笔畅、张靓颖,这三位

[①] 宫承波,张君昌,王甫.真人秀在中国[M].北京:中国广播影视出版社,2015:50.

《超级女声》的三甲,发展至今已经是乐坛的中坚力量。可以说《超级女声》是中国真人秀阶段性划分的标志,从此,中国的电视真人秀节目开始自我觉醒,向着民族化、本土化、产业化的方向蓬勃发展。其中,参与2005年《超级女声》的各种平台和企业,如冠名商蒙牛、短信合作平台的电信、产业合作的天娱公司都得到了十足的回报,也进一步推动了跨媒介平台合作的产业模式,为今后的电视节目产业化运营提供了有效的借鉴。

2005年的电视真人秀市场可谓繁花似锦。中央电视台推出了《梦想中国》,它利用央视平台联合六家卫视完成了海选到决赛的过程,这种多地区、多频道联合运作的模式也为日后全国性的节目制作提供了有益的经验。同年,东方卫视推出的选秀类真人秀节目《我型我秀》为了全力打造演艺新星,在制作时就邀请国外更加专业的媒体制作者,为之后更多的国际合作拍摄提供了基础。

2005年,野外生存类的真人秀节目虽然不再辉煌,但是电视台仍在不断创新升级,力求出新。在中国开创先河的《生存大挑战》继续加大节目的难度,结合网络媒体,通过网络和短信决定选手的晋级或淘汰,体现了真人秀节目对互动性和实时性的重视。特别要指出的是,这个时期电视真人秀节目都纷纷引入了互动性的节目规则和实时性的淘汰机制。以《超级女声》为代表的选秀类真人秀节目,都加入了观众投票决定选手晋级与否的环节,这极大地改变了电视节目信息单向流动和观众被动接收的特点,使得观众积极参与进来,激发了受众的参与意识。

2005年,虽然各种类型的真人秀节目纷纷涌现,但是还是以选秀类的真人秀为主,重构了真人秀节目市场格局。"选秀""PK"等热词已经成为电视观众最耳熟能详的词汇。《超级女声》成为中国电视真人秀节目历史上第一个"现象级"的节目。在学界,很多学者从传播学、心理学、社会学等方面进行了大量的探讨,它产生的社会价值和商业价值都十分巨大。2005年之后,电视真人秀市场出现了空前的繁荣,各大卫视的真人秀节目纷纷上马,真人秀节目几乎占据了电视荧屏的半壁江山(如表1-4)。

表1-4 2005—2007年选秀类真人秀主要节目列表

名　称	简　介	年份	平　台
《梦想中国》	平民选秀	2005	中央电视台
《超级女声》	针对女性的歌手选秀	2005	湖南卫视
《我型我秀》	挖掘演艺新星	2005	东方卫视
《星空舞状元》	打造舞蹈明星	2005	星空卫视
《星光大道》	百姓自娱自乐的展示舞台	2006	中央电视台
《超级女声》	针对女性的歌手选秀	2006	湖南卫视
《中国红歌会》	重温经典革命歌曲	2006	江西卫视
《绝对唱响》	歌唱选秀	2006	江苏卫视
《加油！好男儿》	针对男性的歌手选秀	2006	东方卫视
《搜狗女声》	针对网络女性的歌手选秀	2006	东南卫视
《舞林大会》	明星的舞蹈选秀	2006	东方卫视
《快乐男声》	针对男性的歌手选秀	2007	湖南卫视
《名声大震》	明星组合的歌手选秀	2007	湖南卫视
《我型我秀》	挖掘演艺新星	2007	东方卫视
《名师高徒》	选手与明星导师的组合选秀	2007	江苏卫视
《我爱记歌词》	全民歌唱比赛	2007	浙江卫视

2005—2007年这三年间，电视制作者的智慧在真人秀这种节目类型中大放异彩，这无不与与时俱进地加入了本土化的改造和迎合了潮流文化有关。《超级女声》的节目创意来自《美国偶像》，不同于《美国偶像》以唱歌为主的比赛形式，《超级女声》加入了大众评审等环节。而大众评审的作用是根据选手的表现，利用手中的投票权利决定选手的去留。有时我们会在电视上看到这样的画面，一位大众评审无法决定给哪位选手投票，不禁潸然泪下。镜头对这一画面记录恰恰是放大

了节目的主旨,弱化了比赛的残酷,强调了更多的人情味,符合中国传统文化中的认同感。

选秀类真人秀节目《超级女声》让"粉丝文化、超女文化、草根文化"等名词走入了我们的研究视野。2004开始举办时,《超级女声》对除性别外其他报名条件没有任何限制,我们有时会看到4岁的孩童和90岁的老师同台参与的画面。不过,在2006年后,根据广电总局要求,比赛设置了18岁以上女性参与报名的条件。2005年的冠军李宇春可以说是完成了从百姓到明星最短最华丽的转变。这都让《超级女声》成为了最接近老百姓的节目。当然,观众感受到的"接近性"不单单是看到选手出自他们身边,而且是真实地参与了其中。节目第一次开设了短信投票的晋级制度,得到观众支持最多的选手会获得冠军,这是一种观众获得话语权的象征,观众在节目中的民主诉求得到了满足,他们也第一次感受了零距离的造星过程。

之后《我型我秀》《超级男声》等真人秀节目还是延续了这一种选拔手法,消费了更多的注意力(如图1-6)。各大电视台的跟风制作播出,导致2005年后的三年间,电视屏幕上充斥着约500档真人秀节目。可以说《超级女声》创造了电视历史上的奇迹,更有学者认为"超女"是平民文化崛起的标志。

图1-6　2005年《我型我秀》冠军赛

2. 电视真人秀发展的平静期

中国电视真人秀节目发展进入平静期与外在的客观环境和政策导向有很大的关系。2008年,中国发生了许多重大事件。如冰雪灾害、"5.12"汶川大地震、2008北京奥运等事件,使得审时度势的电视媒体在大的社会环境中不断调整节目制作方向。对于娱乐性比较强的真人秀节目来说,在众志成城一致抗灾的社会环境下,本已提上日程的真人秀节目纷纷停播。在2005年之后的黄金期,火爆出现在电视荧幕上的真人秀节目几乎达到了真人秀节目市场的饱和,观众对于大量同质化的真人秀节目已经态度冷静。与此同时,广电总局进一步收缩了真人秀节目的牌照,中国电视真人秀节目的热度逐渐冷却了。

2008年,湖南卫视放弃了《快乐男声》的举办,江苏卫视的《绝对唱响》成为了2008年的第一档真人秀节目。2008年2月,当《绝对唱响》拿到广电总局发放的节目牌照时也得到了更加严格的制作限制条件。广电总局发文明确禁止一切形式的短信、网络投票。失去观众参与的热度,加之其他规定的束缚,《绝对唱响》的播出效果十分不理想。之后导演王培杰在接受采访时说:"不能上黄金档、不能超过90分钟,不能短信互动,这些对于一档真人秀节目来说都是质的改变,而要面临的最大冲击是观众的流失。"①当然广电总局的这些明文规定其目的是净化电视环境,引导节目制作,丰富电视节目类型,避免低俗的炒作行为,倡导"绿色"选秀。可是往往事与愿违,暗箱操作、幕后绯闻、内定人选等话题成为观众对真人秀节目新的讨论热点。中国选秀真人秀节目经历了一个从"秀场"到"名利场"再到"是非场"的过程。②

2008年之前的高速发展,使得多档同类型的真人秀节目充斥荧屏,造成了受众市场的重叠,这就要求电视节目制作人不断创新节目形式。为了挽回冷清的真人秀节目,东方卫视在种种政策条件的制约下试图设置出新的节目环节,推出了《舞林大会》(如图1-7)和《舞动奇

---

① 腾讯娱乐.2008"秀场"秋风萧瑟《绝对唱响》低调登场[EB/OL].(2008-09-16). http://ent.qq.com/a/20080916/000181.html.
② 陈曼娜,杨楠.话说"选秀已经死"[J].歌唱艺术,2012(5):12.

迹》等舞蹈类的真人秀节目形式。开播六场后因汶川大地震中断,复播后已经难以延续之前的热度,收视率持续低迷,最后草草收场。

与此同时,电视真人秀市场冷却沉淀之后,版权意识薄弱的短板就更加明显地暴露出来。《超级女声》的节目创意源于《美国偶像》,但从未支付过版权费用。购买过英国BBC《与星共舞》版权的北京世熙传媒有限公司也状告东方卫视《舞林大会》抄袭侵权。实际上,中国真人秀的发展伴随着很多侵权的案例,甚至在很多媒体内部的策划会上,媒体制作人对大肆抄袭国外电视节目模式而不必支付费用持有理所应当的态度。

图1-7 2008年《舞林大会》获奖选手合影

三、真人秀节目发展的产业化趋势

产业,即社会生产行业,是指生产具有相同性质产品的生产单位所组成的生产群体,或是具有同类社会经济职能的社会经济单位所组成的群体。① 电视产业是政治属性和经济属性的载体,随着电视台的改制、市场的导向、企业化的管理、资源的重新配置等一系列的变化,电视产业发展也可以达到政治效应、社会效益和经济效益多赢的目的。纵观电视行业,电视娱乐产业更能成为实现产业化功能的切入口。

2006年制定的《中华人民共和国国民经济和社会发展第十一个五年规划纲要》明确了推进经营性文化事业转制,完善文化产业政策,引导非公有制经济进入文化产业,形成以公有制为主体,多种所有制共同

---

① 梁景丽. 从文化产业视角看电视选秀节目的产业化的发展[D]. 石家庄:河北大学,2007.

发展的文化产业格局和以民族文化为主体吸收外来先进文化的文化市场格局。① 在"十七大"报告、"十八大"报告中都明确指出了文化产业化发展的方向,各项战略规划和政策措施的推出实际上体现了国家顶层设计的智慧。具体落实到电视产业上面,就是要通过体制机制改革,打破电视产业的桎梏,拓展市场空间,建立完善的市场体系,解放电视文化产业的生产力。电视的产业化进程是伴随着中国的政治经济体制改革的,虽然从政策上看,国家有意于引导电视行业的产业化,但是依然无法解决深层次的结构性矛盾。例如电视播出市场利益复杂,难以打破主要电视机构的垄断局面,造成了电视节目播出质量的无法提升,人员流动缓慢,市场效应无法显现。对于境外节目的引进和联合制作,仍然存在较复杂的行政审批手续,对新节目的研发和引入有不利影响。同时,对于新媒体的发展,在宏观管理上,广电部门和网信办之间也存在职责不够分明的弊端。

  虽然深层次的矛盾在短时间内无法得到有效根治,但是电视行业产业化的步伐仍在迈进。2004年后,电视行业基本上摆脱了国家的财政拨款,实行自负盈亏的经营模式。电视商业广告就是一种很好的经济补充。在商业化、产业化的指引下,电视台开始将优质的电视节目剥离出来,进入资本市场以得到渠道的补偿。伴随着电视真人秀节目的发展,很多影视公司力图搭上顺风车,不断拓展电视产业的垂直链条。很多公司也做过一些另外的尝试,例如电视剧《红楼梦》在开播之前就高调与电视台合作,开办选秀类真人秀电视节目《红楼梦中人》以选拔戏中的主要角色。当然这种操作得到的是双赢化的结果,一方面挖掘演员,积累人气,提高知名度;另一方面使得电视节目本身得到关注,提高收视率。但是在产业化开发方面没有再投入成体系的资金和管理,所以也很难保证社会效益和经济效益的统一。

  真人秀节目尤其是季播类的真人秀节目制作和播出都有较强的时间性、阶段性。从多渠道的内容分发来看,只做内容不管渠道已经

---

① 人民网. 中华人民共和国国民经济和社会发展第十一个五年规划纲要. 第四十四章:加强社会主义文化建设[EB/OL]. http://finance.people.com.cn/GB/8215/53907/index.html.

无法满足其市场的要求。更多真人秀将节目的推广视为产品。而产品的诞生需要更多的工业化和商业化标准,这个标准就体现在产业化进程中。真人秀节目发展到这个时期,在制作上人员组织出现了不同职能并线工作的范式。制片人在节目创始时就建立了各个部门,分工协作。每个部门根据工作内容的不同,进行专业化程度较高的执行。在清晰的分工下,考核也相对标准化。这种标准化、工业化的协作模式摒弃了吃大锅饭、混日子、效率低下的模糊工作状态,在一定程度上减少了工作人员流动带给节目的影响,保证了节目的质量。

与此同时,随着国外模板节目的引进,国外真人秀节目标准化的工作体系也被借鉴过来。明确、清晰、可标准化、可量化的工作方式被国内的电视工作者逐渐接受。经过国外版权节目落地化的工作指导,真人秀的模板节目模仿的不光是节目内容,还有其制作理念和管理体系。将制作节目工业化的理念引入到真人秀的策划阶段也是这一时期电视产业化的改变之一。在电视真人秀节目策划的初期,就引入了项目管理的概念和执行。前期的策划调研可以有效地避免真人秀节目的投资失败。早期,电视节目的生产和制作更多的是凭借"经验",其中人为因素较多,这无疑影响了节目模式的研发。一个新的节目通常都会有很高的失败率,科学的机制分配和调研有助于节目的顺利生产。深圳卫视建立了"试播月"的机制,通过市场的反馈来决定节目的制作。真人秀节目《别对我说谎》就在经历了试播之后,效果和口碑不好而遭到了停播,及时止损。成功的真人秀节目就是通过不断的"试错"来建立起完善的制作流程的。

"电视湘军"在电视产业化发展的道路上可谓是排头兵。《超级女声》比较成功地开启了电视真人秀产业化模式的价值链条,为之后的电视产业化发展提供了有益的借鉴。2004年,湖南卫视调整战略,以"打造中国最具活力的电视娱乐品牌"为目标,利用真人秀《超级女声》的品牌效应夯实了广泛的观众基础。之后,湖南广电集团继续进行了市场化的运作,成立了上海天娱传媒有限公司,公司初期将《超级女声》进行包装推广,维护品牌,开放相关的商业演出。同时,也横向开发了玩具、服装、游戏等衍生产品，全力挖掘开发《超级女声》的产业价值。北京大学文化产业研究所副所长陈少峰在接受媒体采访时说："《超级女声》成功的最关键因素是它产业链经营的方式，它的经营方式是有几个收入来源，它们又形成一个链条。"中国社科院发布的"文化蓝皮书"追踪了《超级女声》的整个产业链条，并估算出这个节目各利益方直接总收益约 7.66 亿元。按照上、下游产业链间倍乘的经济规律分析，"超女"对社会经济的总贡献至少达几十亿元。①

《超级女声》产业化开发给了业界很多参考。除了相适宜的社会发展背景和政策的支持以外，我们可以看到成功的产业价值挖掘需要很多突破口。例如商家的捆绑销售，《超级女声》在商业冠名的基础上，实行了立体式的合作方式。蒙牛集团在线下投资了 8000 万元，用于公交车、广告牌等实体投放。借着《超级女声》冠军的人气，代言产品，先后总投入超过 1 亿元的蒙牛酸酸乳系列产品得到了数倍的市场回报。另外在制度上，企业化的管理更符合市场需要。俗话说"船小好调头"，上海天娱传媒有限公司虽然是湖南广电集团总控股，但是市场化的运作保证了"超女"品牌，以及后续开发的《快乐男声》等产业的运营和维护。与此同时，衍生产品的开发也给"超女"品牌带来了巨大的利润。如同湖南广电传媒，上海文广集团、北京歌华有线等也纷纷改组投入产业化、商业化、市场化的大潮中。

像《超级女声》这样具产业链挖掘潜力的节目就是众多真人秀节目的代表，这些具有强大影响力能达到"现象级"的真人秀节目拥有巨大的盈利空间。真人秀节目相对于传统的只有一次售卖和二次售卖的电视节目具有相当大的优势。真人秀节目在工业化、产业化的模式上更是具有开放性、流通性和多元性的特点。在策划、生产、营销、分发等多个环节都有产业价值和增量的可能性。虽然我国的真人秀节目在这一时期还未具有形成全产业链的能力，但在内容生产和制作分发、衍生品等环节已经产生了变革。

---

① 王长胜,张晓明.2006 年中国文化产业发展报告[M].北京:社会科学文献出版社,2006:53.

第四节　跨媒介资本与电视真人秀节目的融合

2012年真人秀节目进入调整期后,又相继出现了浙江卫视《中国好声音》、东方卫视《中国梦之声》、湖南卫视《爸爸去哪儿》、浙江卫视《王牌对王牌》,整个电视真人秀节目发展到了重视版权、重视节目品质、重视观众反馈的阶段,再次掀起了发展的热潮。同时,伴随着网络综艺的兴起和发展,真人秀节目充分地进行了跨资本、跨平台的资本运作。

一、电视真人秀节目的繁荣发展背景

随着通信技术、信息技术、互联网技术的发展,中国的电视真人秀节目得到了前所未有的发展机遇,电视和网络既合作又竞争的局面伴随着媒体融合的大浪潮。传统媒体和新媒体并不是互相打压的关系,而是一种可以借助彼此的优势相互补充的关系。电视节目的制作方可以提供优质的内容,依靠新媒体的便捷性、互动性、实时性共同产出和运营电视节目。对于传统电视媒体而言,这种竞争已经逐步从内容、形式、包装发展到品牌、渠道和营销的竞争。对于新媒体而言,媒介的形态、传播方式、受众类型都发生了翻天覆地的变化。这一时期的电视真人秀节目的特点是融合了多种媒介,进行跨平台的传播和跨资本的运作。

鉴于市场反馈的利好,越来越多的制作单位想涉足电视真人秀的摄制,但是播出的渠道是有限的,营销方式的落后也会影响到消费市场的低迷。传统的营销模式无非是靠电视广告、节目冠名或者植入等方式支撑。很多电视台、频道或者制作公司大都未有意识地寻找受众,进行精准营销。而传统的节目推广方式就是进行信息发布式的"广而告之",让观众对节目有所了解以形成期待,而这样的推广所带来的影响力是有限的。与此同时,这些传统的节目多半还是依靠硬性广告来维持其内容的制作和播出。电视真人秀节目的类型比较多样,受众面较广,受到广告商的青睐。这使电视真人秀节目具

有了某些商品的属性,电视作品已经不单单是观看那么简单了,它变成了一个具有消遣、欣赏、品味的精神产品。媒介的广泛融合推动了电视真人秀的市场推广和产品延伸。微博、微信及视频客户端以一种无限窗口和裂变的方式对受众用户进行了广泛的覆盖,同时还降低了节目推广的成本。代替以往电话、短信的方式,利用网络的"话题性""社区效应"吸进受众积极参与讨论和传播,实现了信息的双向流动。

传统的电视媒体受益于媒体融合下发展带来的繁荣,网络媒体随用户的增加、互动性的增强,开始进入了网站与网站之间的白热化竞争。2014年,中央全面深化改革领导小组第四次会议审议通过了《关于推动传统媒体和新兴媒体融合发展的指导意见》,标志着新媒体视听产业已经进入国家文化产业和信息发展产业的战略层面,五年之内随着4G网络的全面商用和互联网宽带的布局,基于移动互联网和宽带的视听业务迅速成为资本追逐的热点。2019年6月6日,工信部正式向中国电信、中国移动、中国联通、中国广电发放5G商用牌照,中国正式进入5G商用元年。

网络视频的逐渐放量,势必会带动视频内容的生产。同时广电总局对视频版权也有严格的控制,这就促使视频网站必然寻找正版的视频资源以及强硬的品牌合作,尤其对"现象级"节目资源抢夺最为激烈。但是高额的购买费用让很多网站望而却步,一些网站平台在无力购买或是节目内容不能满足播出需求时,更多地选择了真人秀节目作为自制内容的方向。视频网站试图通过优化的内容提升市场的竞争力。

媒介市场的开放,使得传统体制内的人员也在进行着快速流动。很多电视台的从业人员开始向网站、影视公司、私营制作公司发展。在人员技术层面,也保障了网站的电视节目质量。但不可否认的是,网站的真人秀节目质量还存在良莠不齐的情况。据相关披露,截至2018年12月底,中国网络视频(含短视频)用户规模达7.32亿,占全部网民的88.3%(如图1-8)。而中国互联网消费调研中心的一项调查显示,近半数调查者已经基本不看电视节目,让调查者在电视节目和网络视频中做选择时,有 76.3% 的调查者选择网络视频。① 在互联网的影响下,传统的电视台和新媒体都在选择并寻找彼此的优势,寻求合作发展。

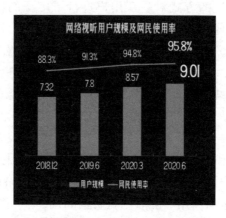

图 1-8　截至 2020 年 6 月,中国网络视频用户规模及使用率

二、电视真人秀节目发展的政策环境

2010 年,从婚恋类真人秀《非诚勿扰》开始,中国的电视真人秀就逐渐摆脱了平静期。到 2012 年《中国好声音》的火爆播出,真人秀市场又出现了繁荣的景象。伴随着市场的热度和广告商的追捧,各类真人秀节目又一次出现了低俗化、同质化的趋势。2011 年 10 月 24 日,广电总局再一次发出了《关于进一步加强电视上星综合频道节目管理的意见》,这被行业内广泛称作"限娱令"的意见是为了防止真人秀节目的低俗化和过度娱乐化的倾向。之后,广电总局又补发了《〈广播电视广告播出管理办法〉的补充规定》,该规定自 2012 年 1 月 1 号起实施。在"限娱令""限广令"下发之后,各大卫视对旗下的部分真人秀节目做出调整(如表 1-5)。

---

① 苗春. 网络制作元年:自制综艺激荡互联网[N]. 人民日报,2014-06-18.

表1-5 "限娱令""限广令"下发后部分电视台对节目的调整①

名　　称	平　台	调整情况
《我们约会吧》	湖南卫视	与《称心如意》合并,改至周末中午播出
《老公看你的》	江苏卫视	停止录制
《欢喜冤家》	江苏卫视	停止录制
《不见不散》	江苏卫视	停止录制
《我爱记歌词》	浙江卫视	增加公益励志色彩
《中国梦想秀》	浙江卫视	增加公益励志色彩

2013年,全国暑期档出现了13个歌唱类真人秀节目,广电总局为了调控节目形式,避免雷同,在7月24日发出了"限歌令",其中明确指出2013年不再投入制作歌唱类真人秀节目,未播出的延迟播出,已播出的合理安排错开播出。之后7月26日,又一次发出《关于进一步规范歌唱类选拔节目的通知》,其中提到了引入模式的现象,通知要求:"改变对引入模式的依赖心理,各播出机构要从资金、人员机制上扶持节目的研发创新工作,提高原创节目的比重,对于上星综合频道的原创节目,总局将予以优先备案、在各类评比评奖中给予倾斜,同时对引进境外节目模式将严格管理控制。"由此也引发了《梦想星搭档》《全能星战》节目的搁置或播出。② 2013年10月20日,广电总局再次发出了《关于做好2014年电视上星综合频道节目编排和备案工作的通知》,其中明确规定每年引进版权的真人秀节目不得超过一个,播出时间不可以在19:30—22:00。广电总局更是直接拿江苏卫视明星恋爱真人秀《我们相爱吧》开刀,以"技术原因"为由,勒令停播整顿。2015年7月22日,广电总局发出《关于加强真人秀节目管理的通知》,管控真人秀节目,要求一个季度一个卫视只能有一档真人秀,一档真人秀只能一年播一季,内容要贴近老百姓,不能浮夸,要有人文科学意义,凸显

---

① 宫承波,张君昌,王甫.真人秀在中国[M].北京:中国广播影视出版社,2015:99.
② 严三九.关于引进海外电视选秀节目模式的思考[J].中国广播电视学刊,2013(10):8.

普通人励志等元素,并且要求加长周间档和深夜档的播出时段。在这些政策的调控作用和电视节目制作者的严格自律影响下,电视真人秀节目市场正以正常的轨道和繁荣的景象向前发展。这在一定程度上规范了无序的电视真人秀市场,在政策的引导下,素人类的电视真人秀节目会是一个突破方向。2015年全年,素人类真人秀节目《中国好声音》《笑傲江湖》等节目在政策和市场的双重利好下取得了口碑和收视的双丰收(如图1-9)。2019年,广电总局发布《未成年人节目管理规定》,强调未成年人节目不得宣扬童星效应或者包装、炒作明星子女,不得渲染暴力、血腥、恐怖,教唆犯罪或者传授犯罪方法,不得肯定、赞许未成年人早恋,而且"网上网下统一标准"。随后,一大批亲子真人秀半路叫停,《爸爸去哪儿4》转成网络综艺,《爸爸回来了2》等节目停止制作。

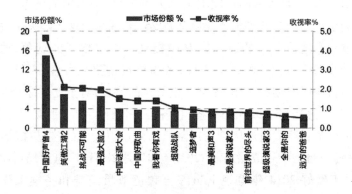

图1-9　2015年上星频道部分素人真人秀市场份额与收视率
（数据来源:CSM媒介研究）

三、真人秀节目与媒介资本的融合——模式化发展

在过去电视行业发展的几十年里,传统电视传媒的资源配置方式有双重的属性,电视节目内容既有商品属性,可以通过市场进行配置,同时又与意识形态密不可分。这就导致了一种矛盾,很多节目的产生和传播受到内部复杂的行政干预,节目的制作资源浪费比较严重,对于

民营化的电视制作单位比较排斥。当前电视业的发展已经和十几年前有较大的不同,电视行业已经开始表现出更多的经济属性和产业属性。商业运营的观念在管理层表现为"集团化的试点""项目制片人制",在社会层面也出现了越来越多的民营资本的身影。在巨大的商业植入和运营下,一档优秀的电视真人秀节目已经不再可以被完全复制粘贴,独特的文化商品性被电视台放大和强化,因此电视台之间的竞争也愈加白热化。电视栏目无论什么类型都是视听产品,这种视听产品结合互联网后,有助于增加数字化视听产品的经济附加值和产品的衍生价值与社会影响力。电视节目的生产和制作已经拥有了文化产业化的特征,随着标准化、流程化、规模化的发展,节目的模式生成和版权交易成为了发展的必然。

  2012年之后,中国电视真人秀节目最显著的发展特点就与媒介资本的融合形成的模式化发展。模式指经验经过抽象和升华而提炼出的体系,它是一种指导,其本质是解决某一类问题的方法。电视节目模式可理解为某一电视节目在长期的实践中所总结出的一种严密的制作体系,是可以"移植"到其他同类型节目中的一套成熟方案。其中包含节目运营流程、游戏规则、生产程式等核心要素。[①] 这一时期显著化的模式特征源于引进的模板节目。模板节目通常在国外已经获得了观众认可,并且节目形式逐渐成熟,引进国内降低了引入方风险;同时新颖的节目内容在短时期内可以吸引观众、提高收视率,带来良好的广告效应,因此各大卫视开始不断引入国外的模板节目。但每一次版权引入和渠道分发的运营费用,多则几千万元,少则几百万元,相比原来的电视台内部节目制作的费用可以说是"天文数字",因此版权模式的引入伴随着制播分离制度的成熟和跨媒介资本的流动。

  2012年,《中国好声音》引爆了夏天的电视荧屏。《中国好声音》引进了荷兰的模板节目《The Voice of Holland》版权。其播出时的火热

---

① 徐婷婷. 从《爸爸去哪儿》看当下电视娱乐节目模式引进的现状[J]. 传播与版权,2014(3):31.

程度引发了行业和学界对"现象级电视真人秀节目"的又一次广泛讨论和研究。甚至有学者认为,《中国好声音》是推动 2013 年中国电视真人秀井喷的助燃剂。

真人秀节目作为"舶来品",从最早的《生存大挑战》就开始借鉴了欧美的模式。之后,中国的电视真人秀节目几乎是在"借鉴、抄袭、模仿"日韩和欧美的节目中发展起来的。当然这也和中国媒体制作人版权意识淡薄有直接的关系。但海外引进版权的《中国好声音》所获得的空前成功,正式开启了电视真人秀模式化的时代。中国媒体制作人越来越重视市场的独创性,重视版权的保护(如表 6 - 1),甚至开始思考和实践版权的输出。"引入海外节目模式,不仅仅是简单的模式引进,更是一套娴熟的管理操作系统的引入,一个成熟的制作系统的引入,激发了本土原创的能力。"①笔者对灿星文化传播有限公司节目制作总监徐帆采访得知,《中国好声音》在向国外购买版权时,通常会配套一本几百页的制作手册,里面包括灯光、舞美、机位、剪辑、音效等数个细节,并且海外团队还会在节目开始拍摄前对国内的制作团队予以培训。有时候根据节目需要,国际的拍摄团队还会"空降"现场亲自参与节目制作和拍摄。这也满足了模板节目的模式化、流程化、细节化的要求。

表 1-6 2010—2015 年卫视主要电视真人秀节目海外版权统计表

时间	节目名称	播出平台	原版名称
2010 年	《中国达人秀》	东方卫视	英国《Britain's Got Talent》
	《非诚勿扰》	江苏卫视	荷兰《Take Me Out》
	《我们约会吧》	湖南卫视	荷兰《Take me Out》
2011 年	《激情唱响》	辽宁卫视	英国《X-Factor》
	《我心唱响》	东方卫视	荷兰 Talpa 公司《Sing It》
	《欢乐合唱团》	东南卫视	英国 BBC《Last Choir Standing》
	《年代秀》	深圳卫视	比利时《The Generation Show》

---

① 谢耘耕.2011 年中国电视综艺节目的特点和趋势[J].传媒,2012(2):42.

续表

时间	节目名称	播出平台	原版名称
2012年	《中国好声音》	浙江卫视	荷兰《The Voice of Holland》
	《梦想合唱团》	中央电视台	英国 Shine Group 公司《Clash of the Choirs》
	《妈妈咪呀》	东方卫视	韩国 CJ 公司《Super Diva》
	《芝麻开门》	江苏卫视	美国《Raid the Cage》
	《梦立方》	东方卫视	英国《The Cube》
	《势不可挡》	安徽卫视	英国《Don't Stop Me Now》
	《顶级厨师》	东方卫视	英国《Master Chef》
2013年	《中国最强音》	湖南卫视	英国《X-Factor》
	《我是歌手》	湖南卫视	韩国《MBC I am a Singer》
	《我为歌狂》	安徽卫视	荷兰 Palpa 公司《Mad for Music》
	《中国梦之声》	东方卫视	荷兰 FOX 公司《American Idol》
	《最美和声》	北京卫视	美国 ABC 公司《Duets》
	《舞动奇迹》	湖南卫视	英国 BBC 公司《Strictly Come Dancing》
	《舞林争霸》	东方卫视	美国 FOX 公司《So You Think You Can Dance》
	《中国星跳跃》	浙江卫视	荷兰《Celebrity Splash》
	《天籁之声》	山东卫视	韩国《Kpop Star》
	《王牌谍中谍》	浙江卫视	英国《Poker Pace》
	《全星全益》	安徽卫视	英国 ITV《Holding Out for a Hero》
	《爸爸去哪儿》	湖南卫视	韩国 MBC《爸爸！我们去哪儿?》
	《老爸老妈看我的》	陕西卫视	日本 NTV《第一次任务》
	《转身遇到 TA》	浙江卫视	美国 FOX《The Choice》
	《男左女右》	深圳卫视	荷兰《Battle of the Sexs》
	《完美邂逅》	贵州卫视	韩国 CJE&M《the Romantic》
	《第一超模》	旅游卫视	美国《全美超模大赛》
	《星跳水立方》	江苏卫视	德国《Stars in Ganger: High Diving》
	《两天一夜》	四川卫视	韩国 KBS《两天一夜》

续表

时间	节目名称	播出平台	原版名称
2014年	《花儿与少年》	湖南卫视	韩国tvN《花样姐姐》
	《爸爸回来了》	浙江卫视	韩国KBS《超人回来了》
	《最强大脑》	江苏卫视	德国《Super Brain》
	《花样爷爷》	东方卫视	韩国tvN《花样爷爷》
	《明星家族的2天1夜》	四川卫视	韩国KBS《两天一夜》
	《梦想改造家》	东方卫视	日本朝日《超级全能住宅改造王》
	《两天一夜》	东方卫视	韩国KBS《两天一夜》
	《奔跑吧兄弟》	浙江卫视	韩国SBS《Running Man》
	《Top Gear》	东方卫视	英国BBC《Top Gear》
	《极速前进》	深圳卫视	美国CBS《The Amazing Race》
	《真正男子汉》	湖南卫视	韩国MBC《真正的男人》
2015年	《爸爸去哪儿》	湖南卫视	韩国MBC《爸爸！我们去哪儿？》
	《奔跑吧兄弟》	浙江卫视	韩国SBS《Running Man》
	《两天一夜》	东方卫视	韩国KBS《两天一夜》
	《中国好声音》	浙江卫视	荷兰《The Voice of Holland》
	《花样爷爷》	东方卫视	韩国tvN《花样爷爷》

的确，购买版权，得到"宝典"（节目制作手册），在一定程度上保证了节目的质量，吸引了观众眼球，提高了收视率，增加了广告收入。于是各大电视台收紧裤腰也要纷纷进入购买版权的行列，在这样的行情下，媒体策划会里、版权交易会里出现了大批的日韩面孔和欧美面孔。一些韩国的模板节目甚至水涨船高，短短几个月价格就会翻倍上涨。当然，让各大电视台慷慨解囊的是目前大多数模式化的节目收视效果较好。面对微博、微信等新媒体强势冲击的中国电视媒体，仍能在2013年的前三季度保持较高的开机率和一定比例的广告增长，为电视媒体的转型赢得了时间和空间。① 但是2018年后，网络视频和短视频的爆发性增长，极大地压缩了电视节目的观看时间，导致电视媒体收视

---

① 杨文红.以包容的心态看待模式引进[J].中国广播电视学刊，2013（10）：9.

率断崖式的下跌。越来越多照搬"宝典"的真人秀模式,也引起观众观看态度的冷却和电视节目制作人的反思。如何增加原创性、新颖感、本土化,依然是放在真人秀节目制作发展面前的难题。

2013年,在电视综艺市场受到追捧的电视节目类型几乎都是真人秀节目,由此进入了大资本运作的时代,那些投入大、风险大的资本运作模式开始普遍出现。2013年开始,约有20家上星卫视购买和参与了民营制作单位的真人秀节目,这种跨平台的资本运作也开始占有一席之地(如表7-1)。

表1-7 部分电视真人秀节目投入与产出总额(个案)

投　　　入	产　　　出
湖南卫视《中国最强音》(2013年)投资约2亿元 东方卫视《中国梦之声》(2013年)投资约1.6亿元 浙江卫视《中国好声音》(2013年)投资约1.2亿元	浙江卫视《中国好声音》广告招标总额超13亿元 湖南卫视《爸爸去哪儿》和《我是歌手》广告招标总额超18亿元

"加强版限娱令"对上星频道海外模式化节目的引进有所限制,因而真人秀节目改变了以往的单纯引进模式,而是改为联合制作和原创节目。经过了多年国外团队"手把手"的技术指导和"宝典"(模式节目的脚本)操作经验的累积,中国的真人秀节目制作技术水平已经完全可以架构一档国际标准节目。2014年以后,制播分离制度日益成熟,直至今天,我们不难发现,真人秀类型的电视栏目占据了所有卫视的综艺黄金时间,但与此同时,电视综艺受到了巨大的网络综艺的冲击,电视真人秀节目和网络视频为了获得资本运作不断博弈,到底是竞争还是合作,成为电视产业资本布局要面对的主要挑战。

第二章　媒体融合视域下的电视业态发展

对已有的文献和著作解析时发现,无论是在学界还是业界,对媒体融合与媒介融合的界定都有混淆。这就有必要对两者就研究范围进行界定。媒体指的是开展传媒业务的机构和组织,表现为报社、电视台等媒体业态。媒介是信息或内容传播的载体,具有物质性和物体形式,表现为电视、广播等形态。①可以理解为媒体融合的研究界定在于对电视台、广播电台、网络公司等传播主体机构的研究,而媒介融合的研究界定在于对电视网、广播网、互联网等具有物理形态载体的研究。电视是一个内容和技术的混合体,同时技术的发展影响着内容的制作、播出与分发。就如同麦克卢汉所说,"媒介即信息",意指任何媒介的"内容"都是另一种媒介。新媒体的巨大魅力正是由于它使旧媒体成为了其内容,譬如小说、戏剧是电影、广播的内容,电影、广播是电视的内容,电视、电影是新媒体的内容。工具和内容的融合,形式和内容的统一是其融合思想的表现之一。②在《理解媒介》一书中,他认为,媒体间的补充、杂交都是产生真理的时刻,因此也会产生媒介的新形式,就像媒介重新捕捉了声觉,产生了广播。这种论断印证了当今的媒介发展,新媒介的技术正在改变人类本身以及存在的社会结构。例如,麦克卢汉在著作中从三个方面论述了新媒介给人类社会带来的改变。首先,媒介形式变化改变了人类感官在感知时的比例关系。麦克卢汉认为这种变化会对整个人类社会产生影响,就像语音文字的出现把文化转变为较为单一的模式。其次,通过提出"冷媒介""热媒介"概念,麦克卢汉指出媒介形式的变化改变了受众的民主参与程度。再次,媒介新形式从

---

① 崔保国.2013年中国传媒发展报告[M].北京:社会科学文献出版社,2013:2.
② 梁波.融合、延伸与自我截除——麦克卢汉的新媒体思想探析[J].传媒观察,2015(4):50.

根本上影响了人类的时空观,从而改变了整个社会的文化结构。① "新兴媒体"的产生是媒体技术不断发展的结果,从历史来看,新旧媒体(媒介)都会经历竞争、融合、共荣的阶段,如在18、19世纪,报刊在媒体中独领风骚。20世纪三四十年代,广播作为更加快捷的媒体掌握了媒介的主导权。到了20世纪五六十年代,电视的媒介主导权无可撼动。那么到了21世纪初,互联网的出现开始对电视出现冲击,电视也开始融合转型发展。整个传媒生态就是这样"新旧"交替,生生不息。

　　有种学界观点认为,不同的媒体形态实质上满足了人们不同的需求,本质上不存在新与旧的替代关系。例如,报纸、广播、电视和网络这些媒体需要不同技巧和不同方式的注意力,他们创造了不同方式的可能性。② 的确,在"新"媒体发展过程中,在某些领域或者时段占据媒体的主导地位时,并不代表旧有媒体就完全走向消亡。对旧媒体而言,有时只是生存空间被挤压,充当补充新媒体所不能的角色而继续生存和发展。当然这种补充、对立也会因时而动转变为融合和共荣。例如,广播的发展对当时的唱片业产生了很大的冲击,并最终导致唱片业在20世纪30年代的经济衰退中遭到灭顶之灾。作为反击,唱片公司甚至不允许广播电台播放其唱片。其实,广播电台播放唱片对广播和唱片业都是有利的,但在当下却不被理解。后来,广播和唱片开始从对立走向合作。③ 这种传媒生态总是在一个动态演变的过程中,通过竞争、融合、共荣等阶段找到新的平衡点或者产生一种新的媒体生态环境。同时我们回看电视的技术发展,也是从输出模拟信号到输出数字信号,播出方式也不局限于直播,现在录播、点播、回放也较为普遍;从收看方式上看,终端也越来越多样化,手机、平板电脑、笔记本电脑等都成为观看电视节目的载体。当然随着互联网视频的放量,电视的主导地位也发生了变化。这种种改变说明传统电视的概念正在发生演变,可以说,融合是技术发展、市场导向、受众需求、政策规制等各方面共同作用的结果。

---

① 纪莉.论麦克卢汉——传播观念的"技术的乌托邦"[J].新闻与传播研究,2014(1):42.
② [英]戴维·莫利.电视、受众与文化研究[M].史安斌,主译.北京:新华出版社,2005:240.
③ [美]约瑟夫·R.多米尼克,弗里茨·梅瑟,巴里·L.谢尔曼,等.电子媒体导论[M].上海:复旦大学出版社,2006:8.

第一节　电视媒体融合的概念厘定

以电视为代表的传统媒体与新兴媒体、互联网竞合发展的结果,就是催生了一个新生的传媒生态和市场格局,国内外诸多电视频道或者电视集团的经营理念和经营规模都发生了巨大的变化。例如在美国,一个尤为显著的案例是 HBO(美国家庭影院频道),这是一家传统的从事节目制作和内容播出的电视频道。2015 年美国家庭影院频道推出了名为"直播家庭影院"(HBO Now)的付费网络电视业务,每月自费 12 美元。同年 4 月,美国家庭影院频道将名为"直播家庭影院"(HBO Now)的付费电视网络业务打入中国香港市场。观众通过网络客户端即可登录,在智能手机、平板电脑、个人电脑等终端上观看 HBO 和 CLNEMAX 等频道的内容。为了拓展播出平台和营业收入,其实早在 2012 年,美国家庭影院频道就在北欧推出了网络电视的业务,另外还与多家运营商推出了"电视无处不在"(TV Everywhere)业务。如美国电话电报公司(AT&T)推出了一个以家庭影院频道"HBO GO"为主的融合业务,同时还包括18Mbps 宽带业务、高清录像功能、无线网络、基础电视频道套餐,每个月的资费为 39 美元。[①] 传统的电视频道的播出方式是有时间和空间的限制,而且其播出和传输成本都非常昂贵,资源使用率较低。

相对的互联网平台和移动终端等新兴媒体,都具有无限窗口、无限频道的物理存储优势,且具信号传输与接收成本较低的特点。对于电视的线性直播模式,新媒体的随走随看、任意点播是传统电视媒体的有效补充。2015 年歌唱类真人秀节目《我是歌手》在播出时就分别制作了电视版本和网络播出版本,依据节目的素材以及播出渠道的特性进行有效地编排和剪辑。笔者对比发现,在网络播出时,《我是歌手》在电视播出版本基础上,剪辑出了可以呈现每位歌手完整表演的若干个段落,还增加了短小的节目花絮、未播出的视频集锦等内容。这是为了

---

① 李宇.传统电视与新兴媒体:博弈与融合[M].北京:中国广播影视出版社,2015:8—9.

迎合网络播出平台的分众化、碎片化、移动化的特点,也达到了电视节目内容"因地制宜"和"物尽其用"的目的。从如上的案例可以看出,电视的制作(内容)到分发(渠道)以及接收(终端)都借助了媒体融合环境下的优势。所以在本研究界定的研究范围内媒体融合的核心就是电视内容有效整合和深度开发。①

第二节 媒体融合的驱动力研究

大众传媒成为数字化发展的最大受益者,平台的包容性使得各种媒体获得同一性。可以流畅地运用文字、视频、音频等形式形成组合的表达和传播。但媒体融合仅仅是依靠技术的发展吗,其他的驱动力又是什么呢?很多学者会宏观地界定为"政治和经济"因素,如我国学者蔡雯认为媒体融合最主要的动机就是在市场竞争中获得更多利益。②学者黄金认为,当媒体的利益集团以经济力驱动媒介融合时,政府会出于对公共利益的兼顾而加以管制;当政府以政治目的而进行融合时,媒体集团会从商业的角度对这一政策的实施提供必要的财力支持。③融合是技术发展、市场导向、受众需求、政策规制等各方面共同作用的结果。以下从技术裂变、产业链升级和政策规制三个方面予以阐述。

一、技术裂变

媒介形态的更替或者发展,与媒介技术的发展有直接的关系,媒介技术是媒体产业革命的关键动力,这如同生产力与生产关系一样。媒介形态的演进也有其内在的规律,主要体现在六个方面:一是共同演进与共同生存的规律,即一切形式的传播媒体都在一个不断扩大的、复杂的系统内共同相处和共同演进,当一种新形式出现和发展起来,它就会长年累月和程度不同地影响其他现存形式的发展。二是形态变化规

---

① 李宇.传统电视与新兴媒体:博弈与融合[M].北京:中国广播影视出版社,2015:112.
② 蔡雯.媒体融合与融合新闻[M].北京:人民出版社,2012:13.
③ 黄金.媒介融介的动因模式研究[D].北京:中国人民大学,2009:12.

律,即新媒体绝不会自发地和孤立地出现,它们都是从旧有媒体的形态变化中逐渐脱胎出来的,当较新的形式出现时,较旧的形式就会去适应并且继续进化而不是死亡。三是增殖规律,即新出现的传播媒体形式会增加原先各种形式的主要特点。四是生存规律,即一切形式的传播媒体以及媒体企业,为了在不断改变的环境中生存,都被迫去适应和进化。五是机遇和需求规律,即新媒体并不会仅仅因为技术上的优势而被广泛地采用,还要有刺激社会的、政治的或经济上的理由。六是延时应用规律,即新媒体技术要想取得商业成功,总是要花比预期更长的时间,从概念的证明发展到普遍采用往往至少需要一代人 20—30 年的时间。①

互联网技术的出现和发展打破了传统媒介对介质的依附性。从技术上打破版面对报纸的限制,频率波段对广播的限制,频道对电视的限制。如今通过数字化的技术,可以将任何文字、图片、声音、视频传译成任何媒介都可以传播的符号。媒介技术快速裂变似乎颠覆了媒体的演变规律,它包含了一切传播符号,形成了一种"超级载体"。2009 年,中国移动、中国联通和中国电信获得了国家颁发的 3G 牌照,2014 年 4G 牌发放使得无线带宽又一次跃升,这为网络的视频放量和通路提供了基础。2019 年 6 月 6 日,工信部向中国电信、中国移动、中国联通、中国广电发放 5G 商用牌照,中国正式进入 5G 商用元年。

云技术、流媒体技术、社交媒体技术、智能终端、媒体转码技术、网络虚拟化技术、第四代(4G)和第五代(5G)通信技术等新一代信息技术与媒介技术的融合,又激活了传统媒体的生命和活力。尼古拉斯·尼葛洛庞帝在《数字化生存》一书中曾描述过技术的进步带给人们生活的改变,而今我们也正在经历着技术融合的流变。

二、产业链升级

产业链一词来自经济学,指的是不同的合作方式和结构所形成的产业之间连接的形态。北京师范大学喻国明教授曾指出,我国传媒业

---

① [美]罗杰·菲德勒.媒介形态变化[M].明安香,译.北京:华夏出版社,2000:24.

发展面临一个巨大的经营重点的转型,从过去个别的点式经营重点进入规模化媒介集团的结构性经营重点。而这个转型过程必将以产业价值链为核心,以满足消费者某种需要为目的,围绕核心价值对具有关联衔接关系的资源进行优化配置和重新组合。[①] 传统电视行业,不光要面对新媒体快速发展的影响,更要面对这种冲击下对传媒生态系统的重构。传统的电视媒体在节目内容上和分发渠道上的垄断地位已经被打破,同时电视观众和媒介人才都在流失,传统的依靠流量(观众、节目)变现(资金)的模式受到了巨大冲击。

传统的电视内容经营主要考虑受众导向,运营依靠频道加载,收入以广告为主(如图2-1)。这种产业链的形成受到时间和空间的限制,内容资源与媒介资源得不到充分利用和开发。

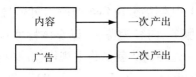

图2-1 传统电视行业的媒介经营

那么,在媒体融合的环境下,电视的产业化经营兼顾生产内容的跨媒介传播、衍生资源、品牌溢价,还要拓展广告之外的品牌植入、衍生品经营、服务经营等形成的产业收入,把内容资源和媒介资源充分延伸和升级。因此,电视媒体的产业链升级方式是把单一的媒体经营模式转变为传媒服务型产业经营模式(如图2-2)。

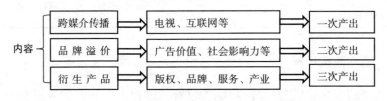

图2-2 媒体融合环境下的电视传媒服务型产业经营模式

---

① 喻国明.传媒经济学教程[M].北京:中国人民大学出版社,2009:7.

在融合的环境下,越来越多的传统媒体对新媒体的态度由挑战转变为迎接,很多广电媒体开始逐步探索传统媒体以外的多元化发展。凭借多年积累的公信力、影响力和资源的整合能力,都迈出了产业链升级的步伐。

在融合力推动下,为了提升电视传媒文化服务产业的运营能力,传统的广电系统引入了战略投资,延伸了项目子公司对其内容、品牌、资金的产业运营。在价值模式转型时期,管理机制和运营机制也需要同步加强。根据产业链升级的特点,制播分离、利益分享、节目经营等方面关系着电视传媒文化服务产业链的发展。这种链条下所形成的一种新的媒介生态,规则、个人、组织相互制衡,在个体发挥热点能量的同时,也造就机构的成熟,同时服务社会,这就是好的机制、好的管理。SMG(上海文广集团)从制播分离到企业改组再到"制片人"制的运行,就是着力在打造以服务、内容为源头,以媒体特色为渠道、互联网切入为端口的生态系统。这种优势就是将电视媒体的内容优势发挥到最大化,并挖掘各种 B2B(Business-to-Business)、B2C(Business-to-Customer)商业可能,融合新媒体的优势,形成产业链的循环,利益共享强化了产业链升级(如表 2-1)。

表 2-1 利益共享强化产业链升级

节目制作团队	节目经营团队	特点
从产业链角度参与策划节目内容	直接参与节目规划与策划	项目制 利益共享
参与项目规划与经营	规划与经营产业链项目	
分享项目收益	分享项目收益	

三、政策规制

当前在媒体融合和转型时期,政府的调控力度和监管政策会对市场格局的形成有特殊的意义。这种影响不管是主动还是被动,往往决定了未来电视、互联网、新兴媒体发展的方向。回顾媒介发展的历史,媒介的演变往往需要政府相关政策的支持。以美国为例,美国联邦通信委员会(FCC)在 20 世纪 70 年代曾对有线电视这种当时的"新兴媒介"制定了严格的限制制度,旨在保护传统电视网的利益,这招致了新兴有线电视业的反对,美国家庭影院(HBO)频道向法院起诉了联邦通信委员会。1977年,最高法院否定了联邦通信委员会对有线电视管理条例中最苛刻的条文,有线电视系统得以自由发展。随后几年有线电视变革中的主要参与者大多脱颖而出。① 当前,互联网媒体和新兴媒体正在发展,传统电视媒体也正在谋求转型发展,政府的角色定位与调控力度和监管政策必将影响整个电视行业的态势和格局。

一些学者曾提出,在技术融合、经济融合(市场融合、产业融合)、文化融合的基础上应更侧重规制融合。这是要求应媒介变革的需求而建立一套适应融合现状的政策规制框架。这个框架体系应包含融合的主体对象、规制的政策、准入制度和市场监管等方方面面。从媒介的发展来看,政策的制定往往晚于新技术的应用,但良好的政策环境可以促进技术的持续发展。融合并不是一个单向性的思维,而是一个立体多层次的思维模式(如图2-3)。

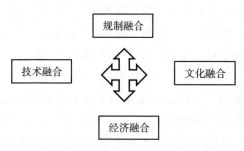

图2-3 媒体融合简图

2008年10月12日,国务院办公厅发布《关于文化体制改革中经营性文化事业单位转制为企业和支持文化企业发展两个规定的通知》(简称"国办114号文件"),这是一个对企业转制的利好信号。众多事业型的传媒机构开始向企业型的独立法人转变。次年5月,人民网、新华网等国有事业单位进入改制的试点。2012年,人民网在上海证交所

---

① [美]詹姆斯·沃克,道格拉斯·弗格森.美国广播电视产业[M].陆地,赵丽颖,译.北京:清华大学出版社,2005:34.

IPO。2014年2月,中央全面深化改革领导小组再次审议通过了《深化文化体制改革实施方案》,从中可以看出,政策的推动加速了资产的整合重组与媒体新结构的融合,为企业制度的改革提供了依据。

2013年8月14日,国务院办公厅发布《关于促进信息消费扩大内需的若干意见》(国发〔2013〕32号),提到2015年我国信息消费的目标规模超过3.2万亿元,其中基于互联网的新型消费规模将达到2.4万亿元。这对网络视听的发展是一个利好消息。同年8月17日,国务院发布实施《关于印发"宽带中国"战略及实施方案的通知》(国发〔2013〕31号),"宽带中国"计划从单一的部门行动正式上升为国家战略。① 2013年9月19日,中央网信办表示要积极推动媒体融合:第一,加强网络安全和信息化顶层设计与战略统筹;第二,大力支持重点网站建设;第三,推动传统媒体和新媒体互利共赢,鼓励传统媒体进行新媒体探索,利用微博、微信等平台,在互联网上全面扩大影响力;第四,制定重点网站人才发展战略,加强对网站从业人员的教育,完善行业准入、职称评定、晋级考核制度,激发创新活力。②

2014年,媒体融合已经提升到了国家战略的高度,业界称作媒体融合元年。习近平总书记在中央第四次全体会议上发表讲话,提出了媒体融合的五个方面,包括内容融合、渠道融合、平台融合、经营融合、管理融合。他提到"如果我们党过不了互联网和新兴媒体这一关,可能就过不了长期执政这一关"。③ 由此可见,推动媒体融合在宏观上是体现国家顶层设计的智慧,媒体融合在国家层面引起诸多思考。就目前而言,传统电视媒体和新媒体在内容与技术上,已经互相有了较深的开发与合作。但如何构建属于自己的渠道乃至平台,并获得规模的受众和黏性较高的活跃度,从而实现盈利的商业模式,是传统电视媒体所面对的巨大挑战。

在政策的保障和推动下,我国的互联网技术、网台融合技术、OTT

---

① 张君昌.媒体融合的政策背景及转型方略[J].中国广播,2014(12):9.
② 梅宁华,宋建武.中国媒体融合发展报告(2015年)[M].北京:社会科学文献出版社,2015:8.
③ 慎海雄.创新创新再创新,抢占融合制高点[J].新闻战线,2014(7):32.

业务、第五代通信网络(5G)技术等都得到长足发展。2018年3月,国家新闻出版广电总局对外公布了三项业务持证机构名单,这表明媒体融合取得了实质性的进展,也表明在政策管理上规制了传统电视媒体的互联网资质和进入互联网的准入制度。

国家广播电视总局印发了《关于进一步加快广播电视媒体与新兴媒体融合发展的意见》的通知,通知中强调了要树立深度融合发展的理念,要加快融合型节目体系、制播体系、传播体系、服务体系、技术体系、经营体系、运用机制和人才队伍的建设,力争在两年内,使得广播电视媒体与新兴媒体融合发展在局部区域取得突破性进展。①

表2-2 移动通信、IPTV服务及互联网电视服务持证名单②(2018年3月)

业务许可证	业务持证机构
移动通信网手机电视集成播控服务许可证机构	中央电视台、中央人民广播电台、杭州市广播电视台、上海广播电视台、辽宁广播电视台、中国国际广播电台
IPTV服务集成播控服务许可证机构	中央电视台、上海广播电视台
IPTV内容服务许可持证机构	中央电视台、上海广播电视台
互联网电视集成许可证持证机构	中国网络电视台、上海广播电视台、浙江电视台和杭州市广播电视台(联合开办)、广东广播电视台、湖南广播电视台、中国国际广播电台、中央人民广播电台
互联网电视内容许可证持证机构	中国网络电视台、上海广播电视台、浙江电视台和杭州市广播电视台(联合开办)、广东广播电视台、湖南广播电视台、中国国际广播电台、中央人民广播电台、江苏电视台、国家新闻出版广电总局电影卫星频道节目制作中心、湖北广播电视台、城市联合网络电视台、山东电视台、北京广播电视台、云南广播电视台、重庆网络广播电视台、贵州广播电视台

---

① 国家广播电视总局.《关于进一步加快广播电视媒体与新兴媒体融合发展的意见》的通知[EB/OL]. http://news.xinhuanet.com/zgjx/2016-07/19/c_135523775.htm.
② 国家广播电视总局. http://www.gapp.gov.cn/sapprft/govpublic/6955/373346.shtml.

第三节　文化融合下的价值浮现

麦克卢汉被称作研究媒体领域的先驱,他的理论中不光研究媒体内容,还要研究媒体系统中自身的逻辑方法,认为这种逻辑方法决定着媒体被如何使用,并且决定着这种媒体对社会的影响力。当然在麦克卢汉的诸多理论中,其更多所强调的是拥有技术的媒体正在使用绝大部分的权利,消费者的权利微乎其微。但是就另一个视角而言,媒体的融合恰恰是消费者权利的整合。当消费者、受众接纳了这些引入媒体的新技术的时候,媒介功能才得以发挥和扩张。很多关于讨论媒体融合的文章把笔触集中在媒介的承载技术上,而笔者更想以电视真人秀节目作为切入,研究媒体融合是如何在横跨媒体的信息渠道和流动的传播内容中浮现的。

一、新文化文本的建立

不可否认的是,媒介技术的惊人发展把各种信息都汇聚在了一起,很多新媒体都致力打造一个功能强大的平台,用来制作和传播内容产品。传统媒介和新媒体也在做全方位的嫁接,都设置了专门的网站和手机应用,设计和美化媒体终端的界面,以便让使用者可以轻松在媒介渠道中穿行,拥有良好的使用体验。对于越来越多的用户来说,媒介使用习惯也正在改变,人们根据环境的不同来选择媒介工具。技术上的不断融合带来了一个趋势,那就是文化上的融合。我们所谈到的媒体融合时代的到来,应该包括两个层面,一是技术上的融合,二是文化上的融合。互联网发展的今天,传统电视媒体和新媒体上所有内容的推送,无论是节目还是品牌甚至是对消费者的引导都是通过各种形式的媒体平台共同完成的。一张印有明星和代言产品的海报,从媒体制作者的电脑发布在网络上,出现在受众的手机、电脑中,印刷在户外广告墙上,播出在电视网络里,短时间就可以进行大范围的覆盖,体现了一种技术上的融合。新的媒介技术使得制作、分发的成本大大降低,以无限制窗口的方式夸大了内容承载的渠道,消费者更容易获取高质量的内容用于评论、加工、传播。有一些学者和媒体人担心传统电视媒体失去控制或者媒体产品被过度使用,更怕看到一个没有守门人的媒介入口,这些关注也值得我们继续探讨。

  媒体产品出现在不同的媒体终端,肯定不是传播的最佳效果,更重要的是一种流通,这种流通需要靠消费者或是受众的参与来完成。参与性是传统电视媒体中被动型观看行为和单向输出所相对照的最大区别。参与性影响了传统的消费习惯,重构了媒介平台经济利益的划分。例如当传统的电视媒体融合了新媒体,所产生的粉丝(FANS)效应是爆炸式、几何式的。粉丝对于电视节目的内容除了观看、传播,还会进一步产生和制作"自己的"文化文本和消费模式。不难发现,在网络的微博、论坛里有很多忠实的电视节目粉丝开设了专门的版块用于讨论他们感兴趣的节目话题,用软件来合成创意的海报,并出现了重新剪辑节目内容的片段,创作出属于自己的视频和他人分享,还有关注和购买相关产品。笔者把这种参与的方式看作融合文化的内容应用,当然这种参与的行为搭建了传统电视媒介和新媒介之间重要的价值观念分享桥梁,这个桥梁也是粉丝之间用来实现彼此沟通的共享资源。例如,在"现象级"电视真人秀节目2005年的《超级女声》中,人们形成了大量的讨论,做出了很多的共享评价。"这些作品构成了一个共享神话,我们可以利用它来探讨我们的价值观念、身份认同以及我们关于未来的期望。"[1]所以说,融合并不是只依靠媒体设备,而是要依靠受众,准确地说是消费者的互动来完成。这种互动、讨论、交流所产生的信息和效应正在被媒体和商家所重视,因为其正在改变媒介的技术、市场、产业、格局和生态。

  美国传播学者亨利·詹金斯把融合的文化定义为:"意义与知识的合作生产、问题解决共享,而这些全都是当人们参与网络社区时围绕共同兴趣自然而然地发生。"[2]融合自然会产生一些交织和碰撞以及消

---

[1] [美]亨利·詹金斯.融合文化——新媒体旧媒体的冲突地带[M].杜永明,译.北京:商务印书馆,2015:10.

[2] [美]亨利·詹金斯.融合文化——新媒体旧媒体的冲突地带[M].杜永明,译.北京:商务印书馆,2015:6.

费权利的相互作用,这些变化都在以无法预测的方式进行,所以说我们的媒介环境正在发生巨大的变化。

在网络上对电视节目进行加工用于个人目的的传播的这种行为,一定会引起电视传媒制作人对知识产权的关注和讨论。从电视节目影响力角度来看,传统的电视媒介仍然具有很大程度上议程设置的权利。在网络中,无论是粉丝爱好者还是草根制作人,对于电视节目的加工、制作、传播大都以创作性表达作为起点,他们利用节目的素材,制作带有个人喜好色彩的产品。针对这样的情况,越来越多的媒体制作人开始利用法律手段来保护电视节目的传播、控制言论的产生。当然,这种对知识产权的讨论和关注反映了媒体环境的变化。越来越多的人在获得内容产品和响应大众文化方面都逾越了法律界限。

电视产品内容受到知识文化和商业文化的双重影响,但知识文化可以在商品交易中起到潜移默化的作用。互联网的发展使得知识文化传递越来越碎片化、移动化,受众也随之呈现了麦克卢汉曾预言的"再部落化"特点。这种"再部落化"促使了新型社区的出现,这些场景社区是通过受众自发的、临时的联盟来划分的。他们利用知识的分享、集体讨论来紧紧相连。在电视真人秀节目中,观众渴望知道电视情节的发展,但真人秀节目的不可预料性让观众体验了乐趣。那么当观众开始聚集和挖掘节目相关的信息和动态时,知识社区就自然形成了,而基于互联网技术的知识社区类型正是我们常常体验的。在此过程中,文化知识的产生和使用愈发草根化和平民化,参与者在这样的社区空间里产生了一种新型的权利。

在电视节目的引进和输出方面,很多国家同中国似乎都有一样的担心,认为其他国家或是互联网会带来一种文化的帝国主义。当然这种相互的渗透和参照也可以是加强文化沟通的方式。我们最期待的当然是文化的反向流动传播,可以通过真人秀节目的输出让国外的观众和粉丝来了解中国。尤其是在数字媒介发达的今天,东西方的观众更加深入讨论彼此关注的热点。

二、网络文化对现实生活的代偿性满足

在电视真人秀发展的这15年,中国的主流价值观在快速发生变化,追求经济利益的最大已经逐渐弱化了传统的道德准则。标准的行为规范和价值观、审美观在受到挤压。以往掌握话语权的主流媒体一直奉行"喉舌式"传播,使得大部分受众无法参与到公共话语体系中。早期的真人秀节目,给广大受众提供了一个展示特长、表达思想,甚至"草根逆袭"的舞台。民众得到了情感的宣泄、放纵,满足了内心的幻想。21世纪10年代以后,随着巨大民间资本进入,真人秀节目已经不再局限于草根阶层,而是把集万千宠爱的明星拉下"神坛",以一种娱乐化的设计、生活化的语言展现明星并不为人所知的一面。当然,明星的这种"秀"依然混淆着拟态的真和现实的真,但这种真亦假来假亦真的表现满足了受众对他们的窥私心理。不同于中国的明星真人秀节目,欧美的真人秀节目参与者大都是素人,节目环境更加注重规则的设置,通过严格执行比赛的赛制来激发人性的某些方面,比赛的终点或以巨额奖金作为吸引。在比赛中时刻都在展现着人性的善恶,观众在观看之余也能体会竞争、合作、善恶,最终草根抱得百万大奖,完成人生的逆袭。这种公共话语权的抢夺、个人隐私的放大窥探也是一种网络文化的写照,人们在虚拟的空间中,模糊了真实的社会身份,缩小了社会地位的差距,利用键盘上的狂欢,满足了内心的幻想。所以,无论是拟态还是现实的真,这种对其他人的窥探,对生活的幻境在电视真人秀节目和网络世界里都表现得淋漓尽致。互联网是目前最为日常化的娱乐工业,公众上网大多是为了消遣和娱乐,娱乐意味着点头称是,文化工业使娱乐变成了信仰与目的,它的力量正是通过娱乐发挥的。互联网文化以大众文化为外衣,但本质上大众处于被支配、被奴役的从属地位,虽然文化工业本身必须去适应大众才能存在,但大众并非文化工业衡量自己的尺度,而是它的意识形态。① 其利用用户对自身的梦想以

---

① [德]西奥多·阿多诺.文化工业[J].赵勇,译.[美]曹雅学,校译.贵州社会科学,2011(6):42—46.

及体验上层社会生活的愿望,在虚拟的空间中实现对理想世界的拙劣模仿,①从而产生代偿性满足。

  现在的中国电视真人秀节目已经不同于早期阶段,处理手段越来越西方化。欧洲的电视真人秀节目由于文化背景的差异,把拟态环境的"真"通过电视语言的处理,恰到好处地模糊了"秀"的概念,打破了电视中的"拟"和生活中的"真"的界限。当然这是一种高超的电视制作技能,也是一种文化底蕴的体现,通过这种巧妙的分寸和灵感,电视节目制作者可以很自如地从电视屏幕中退出而不留痕迹。但是在移植来的电视真人秀节目中,有时由于生搬硬套"宝典"(模板)或者由节目开发方亲自手把手教授,制作人或者是"秀"的参与者很容易就把拟态的"真"混淆为真实的"真"。这种真假不分的生活恰好是网络生活的反映。网络的虚拟性就在于我们所看到的所有文字、图片、视频都是经过选择、加工、重新结构所呈现的。但人们却常常意识不到这种拟态环境,而是把其当作客观环境对待。沃尔特·李普曼指出:"我们必须特别注意到一个共同的因素,这就是人与他的环境之间插入了一个拟态环境,他的行为是对拟态环境的反应。但是正因为这种反应是实际的行为,所以它的结果并不作用于刺激引发了行为的拟态环境,而是作用于行为实际发生的现实环境。"②当网络与电视真人秀结合的时候,往往会产生巨大的化学反应。互联网的世界,绝大部分的人的身份都是虚拟的,性别、年龄、社会地位都可以被抹去或者加工,大家以一种潜在的人格在网络世界里对话。这种对话打破了社交距离的限制,甚至网友可以对任何他有兴趣的事情进行揣摩、观察、对话、否定……在明星参与的节目中,拟态环境下的表现会映射在网络社会里,无论真实与否都会得到大量网友的支持或者反对。这种力量又会投射到真实社会中,对真人秀节目的参与者带来生活或者工作的影响。

  电视媒介具有强大的娱乐消遣作用,同时也具有很强的文化导向

---

① [德]马克斯·霍克海默,西奥多·阿多诺.启蒙辩证法:哲学断片[M].渠敬东,曹卫东,译.上海:上海人民出版社,2006:142.

② 熊澄宇.传播学十大经典解读[J].清华大学学报:哲学社会科学版,2003(5):24.

作用。但经济思想的冲击在文化方面也形成了一种文化参照。这种民族化、本土化在文化参照方面已经显示出一种弱势。美国电视节目制作人在制作《幸存者》时,无时无刻不在用电视语言强化着"美国精神":自由、竞争、冒险、梦想。这是符合美国观众的欣赏心理和欣赏需要的,其实这就是一种本土化的改造。但是中国如果制作或者引进《幸存者》就不一定会获得成功,早年湖南经视模仿了同样在欧美大火的真人秀节目《老大哥》,很快遭遇停播,因为如同《幸存者》一样,中国观众很难接受这种比较露骨的展现人与人之间竞争、勾心斗角的情节。因此,中国的电视真人秀节目也必须以符合本土化的欣赏心理和欣赏需要为前提,并融合市场规律,这才会是一个良好的文化参照。

第四节 电视业态的融合之困

一、法制与管理困局

在电视行业旗帜鲜明地进行融合之时,其本质就是将电视行业投入到市场经济的大环境中,建立一种以市场为导向,以高品质节目为核心,以渠道为覆盖,以平台为服务的体系。当然完全脱离国情而去市场化、商业化、产业化的方式也很难使电视业得到健康发展。目前电视行业在法制建设上仍然存在三方面的困惑:一是许多法规规章条文过于笼统,制度不健全不完备,执行起来随意性很大,只有原则没有细则;二是许多法规规章在执行层面得不到落实,由于广电部门并没有执法权,因此实际遇到违法违规现象时,有法不依,有令不行,有禁不止,过多依靠行政手段而真正采用法律手段的很少,人治色彩浓厚;三是电视产业由于多头管理,既有广电部门又有党和政府的宣传部门,还有新闻出版部门,因此条块分割、九龙治水、政出多门,一些部门出台的规章制度互相打架的现象很严重,法律法规缺乏严肃性、统一性和权威性。[①] 目前

---

① 陆地.中国电视产业启示录[M].上海:上海交通大学出版社,2007:45.

的电视行业的发展基本靠规章制度进行约束,但管理部门不是执法的主体,法律监管没有渠道。大部分国家的传统媒体的管理方式都是以运营平台作为划分的,我国也不例外。1999年,国务院出台了《关于加强广播电视有线网络建设的意见》(国办发〔1999〕82号),其中明确划分了电信与广电业务隶属不同的管理机构,业务不可以交叉。报刊以及印刷出版由新闻出版总局管理,广播电视业务由国家新闻出版广电总局管理,互联网等相关业务由工业和信息化部门管理。[①] 随着技术发展的裂变,媒体功能、媒体平台都有交叉,各个平台的技术边界开始模糊,系统之间出现多层次立体式的交叉竞合。按照运营平台划分的行政管理体制在实际操作时出现了很多新问题。而部门之间的裂缝阻碍了融合的进程,部门利益上的争夺加剧了管理的复杂性,标准不统一也加大了媒体运营的内部消耗。

二、规避缺陷与风险的被动转型

传统电视媒体与新媒体进行融合尝试过程中,与互联网性质的公司进行合作成为一种初探的形式。这种在经营和内容方面的合作,一部分出于传统媒体主动转型的需要,另外一部分也是源于自身的缺陷和规避体制风险的被动转型的需求。

传统媒体的转型从未间断,然而在新媒体发展如此迅速的时代,它对传统媒体不光是冲击,更多的是在凭借影响重构市场。在理论层面,互联网思维的布局、由内容到服务的转变、注重用户的体验等含有互联网基因的策略已经渗透传统电视媒体的运营管理之中。但是在实际操作层面,传统电视媒体仍然缺乏实际操作能力,与之相关的人才也较为匮乏。从国内发展来看,有较大影响力的互联网公司,如新浪、腾讯、优酷、字节跳动其本质就是新技术公司。这些公司进入互联网时间较久,积累了丰富的网络运营经验,培养了核心的技术人才。这都是传统电视媒体转型中需要弥补的短板。和新媒体公司合作,如果只是简单地

---

① 陈映.规制变革:媒介融合研究的新定向——基于文献回顾与探讨[J].新闻界,2009(3):12.

嫁接内容,而没有达到运营和人才上的互通,必然会延长传统电视媒体的试错过程,减缓转型的速度。基于新媒体运营人才少和新媒体技术人才少的现状,传统电视媒体也加大了对新媒体人才的培养,但目前仍在通过和成熟技术型公司合作来积累一手的运营和技术经验。不过这的确是一种治标不治本的途径,因为传统电视媒体在理念、技术和配套等方面与新媒体的技术公司存在着较大的差距,利用外部技术支撑传统技术的途径不能够满足媒体融合的需要。

在传统媒体融合时,不可避免的就是政策和制度的规制。传统广电媒体的管理方式是以机构为单位的,在这个系统里,管理层具有绝对的话语权。固定的机构、工作流程,保证了庞大的系统的稳定与正常运作,虽然可以抵御风险,但同时也会造成故步自封。这也是一些传统电视媒体在成立了独立的新媒体平台之后,依然面临着管理、资金、理念甚至价值观重塑的问题。一些传统电视媒体想进行尝试时,会被动地去寻找一些互联网公司进行合作,来规避体制增改的困局。

三、传统电视媒体资金渠道单一

电视行业向来都是一个资金密集型和智力密集型的产业。电视节目的制作和创新需要大量资金的支持。而电视台的主要资金收入来自广告和有线电视业务,盈利模式十分单一。除中央电视台、湖南卫视等几家一线卫视具有明显的垄断地位以外,更多卫视的盈利模式更加单薄。对于新媒体业务的开发,基本都是高投入、高风险、收益较慢。如果依靠电视台以往的资金积累,投入开发新媒体业务往往难以取得成效。因此较多电视机构在转型融合时,由于资金的压力只好将内容和渠道资源予以置换,来取得业务拓展。

新媒体在资本市场中因体制较为灵活,可以取得不同渠道的资金支持,资金投入和技术力量上都有明显的优势。在媒体竞争中,传统电视媒体以电视内容为主体,对产业链开发不足,缺乏一个对衍生品开发、品牌维护、新媒体经营的稳定的资金供应体系。电视媒体与新媒体相比较,在源头上的差别就是资本的输入。互联网市场中,新浪、阿里巴巴、百度等都经历了风险投资的孵化,以充足的资本促使项目启动,占领市场份额最终盈利。资本运作为融合提供了血液,融资机制和合作模式提供了可持续发展的保障,内部整合和外部融合将打通一个更广的平台。

第五节 媒体融合语境下的电视实践

2014年,中央出台了《关于推动传统媒体和新兴媒体融合发展的指导意见》,标志着新媒体视听产业已经进入国家文化产业和信息发展产业的战略层面,随之带来的是4G网络的架构和5G网络的发展布局。基于移动互联网和宽带的视听业务迅速成为资本追逐的热点。随后,广电媒体动作频繁,快速地跨出了融合的步伐。

一、内容的融合——提供好的服务和内容,激活个人热点

以广播电视为代表的传统媒体在跨出融合道路之初是以表层的"合作"作为切入点的,我们常常看到传统电视媒体操作的基本逻辑就是原本通过杂志、报纸、电视传播的内容,现在拓展为通过在微博注册一个官微、经营一个公共服务号或者在网站投放一个专题,其本质还是把无限大的互联网资源当做一种传统的延伸。在缺乏专业的维护和经营的背景下,无法真正发挥互联网与新媒体的属性、体察用户的感受、重置传播中的编码。传统电视媒体要在新的传播终端制胜就应先做好服务,再提供内容。

隔行如隔山,传统电视媒体一向高举的"内容为王"的大旗,那是在资讯相对匮乏的年代,受众对内容的选择不多,缺少可选的途径。在很长的一段时间里,电视媒体的宣传功能被过分的强调,以至于电视媒体一直以以传播者为本位的心态生存,只按照自己的意志来制作和筛选信息传播。随着互联网及新媒体平台的搭建,市场的选择和淘汰作用开始显现,任何介质的传播都应由传播者本位向受众本位转向。一个缺乏渠道的内容,没有技术保障的内容,没有专业推广的内容,就无法建立一种良性的双向传播、活性的生态圈。一个活性的平台是动态的,无论个体还是机构都可以在这个平台或生态圈找到资源、架构通道

激发自己活力,这就是良性平台的基本特征。这个平台形成一种新的媒介生态,规则、个人、组织相互制衡,在个体发挥热点能量的同时,也造就机构的成熟,同时服务社会。这就是好的机制,好的管理。SMG(上海文广集团)从制播分离到企业改组再到"制片人"制的运行,就是着力在打造以服务、内容为源头,媒体特色为渠道,互联网切入为端口的生态系统。这种优势就是将电视媒体的内容优势发挥到最大化,并挖掘各种 B2B、B2C 商业可能,融合新媒体的优势,形成媒体生态系统的循环(如图 2-4)。

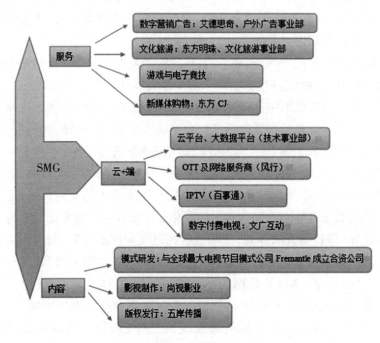

图 2-4 2019 年 SMG(上海文广集团)媒体生态布局

二、渠道的融合——立体架构,蓄积商业价值

从报纸、广播、杂志到电视,"新"媒体交替出现,生生不息,但是当互联网出现,这似乎颠覆了媒体的演变规律,它包含了声音、文字、图像

等一切传播符号,形成了一种"超级载体"。据此有学者提出,传统电视的王者地位会被互联网这种新媒体所取代,并提出了三阶段论:第一阶段,互联网新媒体不断吸引受众和广告主的注意力资源,导致传统电视受众流失、广告流失、话语权、影响力下降;第二阶段,随着视频网站的崛起,传统电视的内容版权开始向互联网转移,传统电视媒体的视频制作人才也开始向视频网站节目制作业务流失;第三阶段,传统电视的观众、广告、品牌、人才、内容等资源流失殆尽,电视台可能沦为网络视听新媒体的内容提供商。① 从实际情况来看,近年媒体的内容与人才的确存在流动,而且流动速度越来越快,虽然电视媒体有着几十年发展所积累的积淀,但是在渠道竞争上,比起新媒体却优势不大,甚至大多电视媒体的渠道发展是闭塞的、失灵的。

随着互联网的发展,出现了门户网站,如新浪、网易,这些网站实现了内容的互通,由点(内容个体)及线(超级链接)到面(专题报道)的二维传播。当二维的空间开始运动时,就产生了三维的空间。就像互联网随着体验方式的改变之后又出现了功能性的门户网站,如百度、阿里巴巴、腾讯(我们常称之为"BAT"),这些网站实现了内容需求和用户体验的对接,是一种动态的,编码和解码都是双向的。到目前,随着多屏的发展,互联网已经全面社交化,完成了人和人的交互传播,使人和人的沟通还有社会协同达到了最大化。之所以达到最大化就是将人的碎片化时间、闲置的体智、多余的资源最大限度地开发、调用和功能性配置。而多维度空间的出现就是激活这些资源,如维基百科,其利用每个人的"热点"通过互联网的平台,结成一个立体式的空间,里面的信息是交互流通的,可以穿越任何一个时间点和空间形成观察、揣摩等。互联网造就了一个全新的场域,它是"去中心化""去地域化"的,电视台、运营商、用户在这种多渠道、立体式的空间中进行时间、资金和信息的交换。

电视媒体向来不缺少优质的内容产品,但是缺少让受众选择优质

---

① 黎斌.电视融合变革:新媒体时代传统电视的转型之路[M].北京:中国国际广播出版社,2011:171.

产品的渠道,或者叫方式。在"酒香也怕巷子深"的年代,传播的内容如何跟人发生实际的关系,让受众体会内容产品的价值,这就是与新媒体渠道融合的意义。2014年6月29日,湖北卫视启动了"电视摇一摇"项目,这也是电视媒体与腾讯微信联手打造的"电视第一摇"。湖北卫视把这种与新媒体的合作形式植入到电视节目《如果·爱》中,通过微信的摇一摇功能就可以进入歌曲识别,同时还可以"摇"出各种页面,和观众产生丰富的互动,也会为广告商带来更多的线下购买的模式。通过这种与新媒体融合的方式,让电视的内容与受众发生了实际的关系。与此同时,腾讯微信也因为"摇电视"的开通,进一步增加了用户的数量和黏性,提升了用户的活跃度,在大量数据积累的背后也蓄积了巨大商业价值。根据移动互联网公司QuestMobile统计显示,截至2015年8月,用户平均每天使用微信的时间为32分钟,位列APP使用黏性的榜首,相对于一天的24小时,占比2.2%。而一个国内一线卫视,央视占比2.6%,湖南卫视占比3.3%,可见微信的用户黏性已经接近一个强势媒体。[1] 由此推广开来的,摇一摇场景已经连续五年(2015—2020年)植入春晚舞台,每一次都会获得百亿量的互动效果。微信作为新媒体和电视具有同样的路径链接功能、推广营销渠道和内容传播方式,因此打通电视与微信的链接无疑是对电视的跨屏传播提供了更多的可能。微信是一个典型的社交性平台,朋友圈的网状链接方式使得电视节目的讨论和分享更加具有爆炸性的效果。虽然新媒体的特性对传统电视形成一种挑战,但同时也在助力传统媒体转型升级。

  在整个电视生态当中,湖南卫视正在努力打造"芒果TV"媒介生态平台。通过自制节目、自制剧、网络剧等打造品牌节目,再搭建平台,通过网络电视台、手机电视平台、IPTV等将内容输送到终端(芒果派机顶盒、芒果游戏、呼啦等)。在源头保证了内容制作水准,在传播上尽可能提高信息的送达率,从而立体地打造了一个垂直的产业链,丰富和

---

[1] CSM 媒介研究 [EB/OL]. http://www.csm.com.cn/index.php/knowledge/showArticle/ktid/1/kaid/1322.html.

储蓄了巨大的商业价值,这种生态圈的建设是电视媒体与新媒体立体融合的一次有益探索(如图2-5)。

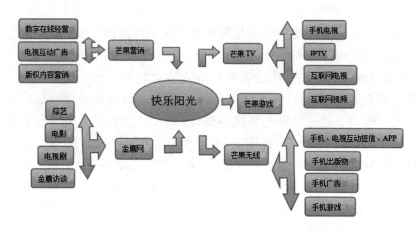

图2-5　2015年湖南广电的媒体产业布局

在电视大军中,"湘军"一直都是敢做"第一个吃螃蟹的人"。但在传统渠道的扩张中,湖南广电依然保持着自己的渠道特色。在制播分离的产业结构下,将全部的自主产权作品嵌入到芒果TV自主开发的渠道和平台中,不向其他互联网企业分销,维护了自主版权,开辟了"互联网+版权"的模式,避免了传统电视台只是互联网视频供应商这一尴尬角色。随着长时间的专业渠道开发和平台搭建,芒果系下的用户黏性以及活跃度都高,这为传统电视媒体提供了有效的市场反馈和大数据支持。同时,最大化地利用自身资源,也降低了传统电视媒体转型的风险。

三、营销的融合——多渠道分发,将终端入口转变为服务入口

在这样一个高度多元化的时代,圈地为王已经不能满足媒体自身的发展需要了,融合、嫁接、双赢才是王道,当然这种合作一定是深度的,开放资源,开放权利。未来媒体价值的增值必定是在互联互通中实现的。目前我们网络时代的四维空间运行,个人热点还没有完全被激活,在微博中活跃的V价值只是一个方向和雏形,个体的传媒价值还

有待开发。传统电视媒体在新媒体的利用开发上,不仅需要做内容更需要做推广,从传播学的语境下思考,媒介的价值包含使用价值、交换价值和符号价值三个层面。因此如果电视真人秀节目可以被定义为"现象级"的节目,起码应该符合这三个层面的价值考量:媒体融合的背景下,数据采集和量化分析更是可以说明电视节目的传播效果。从这个方面来定义,"现象级"的电视真人秀节目就是拥有超高的收视率、可观的经济回报并形成巨大的影响力的电视节目。根据广电总局的调控,如果一档真人秀节目可以获得4%以上的收视率就意味着有16%的市场份额。① 就目前多渠道、多卫视的竞争局面,这已经属于超高的收视率。一档"现象级"的电视真人秀节目的经济回报可以从内容营销、广告价值、产业链延伸和版权等多个方面获得。而节目的影响力则应该考量节目品牌跨媒介、跨屏幕的延伸能力和在互联网中的舆论热度以及传播程度。符合"现象级"的驱动标准会带来高收视率的评估,带来高回报率的预测,从而促成高营销比例的投入。当然"现象级"节目的产生也要归功于移动终端更广泛的落地,传统电视媒体得到了更好进入互联网、使用流媒体、利用社交媒介的机会。越来越多的电视节目制作公司开始重视受众调查、研究和分析,通过大数据的背景再有针对性地制作板块、安排节目制作时间、设计推广话题以引领舆论,从而求得版面和节目传播的有效信息送达率,这是一种"定制式"的营销方式。移动终端产生了用户终端,产生了用户体验,左右用户体验的就是互联网的服务,终端入口也变成了服务入口,用户需求也变成了价值需求。没有这个出发点,就不会产生点击率和流量,更不会有用户的响应度和影响力。

  当传统电视解决了渠道失灵的问题时,营销的局面也就自然而然打开了。2014年,中央电视台凭借《舌尖上的中国2》率先尝试了

---

① 2006年后,电视真人秀节目多被编排在晚档21:00—23:00的时段,该时段的总收视率约为25%。数据来源:CSM 媒介研究[EB/OL]. http://www.csm.com.cn/index.php/knowledge/showArticle/ktid/1/kaid/1300.html.

T2O(TV to Online)模式,形成了"电商+广电"的模式。通过广告平台与电商合作,为观众提供网络的线上订货服务。湖南卫视的《爸爸去哪儿3》也推出了芒果扫货APP和电视摇一摇的功能,实现了O2O(Online To Offline)的闭合。当渠道开始共享,金融服务开始互通,营销就产生了实际的效益。

四、平台的融合——基于用户体验,嫁接多维度的平台

互联网思维包含很多种理念,其中最核心的理念就是"基于用户需求的思维",这也是媒介融合下的一个大的语境。从传播学的角度出发就是受众本位。目前,新媒体的发展处于成长初期,电视媒体的优质节目内容和人才培养是具有其他媒介所不具备的,这是电视在内容生产上的优势。但是在渠道上竞争,是电视和其他媒介的博弈空间,那么渠道的竞争就意味着观众的分流。CSM(中国广视索福瑞媒介研究)自2000年开始,通过全国测量仪调查网对城乡电视观众进行收视测量。监测数据显示,2012年是调查启动迄今人均收看电视时长最高的年份,达到164分钟,之后则一路走低;至2019年人均收看电视时长仅有117分钟,有近50分钟的差距。2018年底,CNNIC发布互联网调查统计报告指出,包括网络视频、短视频和网络直播等在内的互联网视频消费行为共占去移动网民APP应用时长的26.5%,在几乎所有网民都是移动网民的前提下,换算成网民人均值,则约合每天打开在线视频应用63分钟。从当前的消费形态上来说,已经不在家庭消费而是个人消费剧增,互联网与新媒体"无处不在"的广告与传统的电视广告也正在逐步构建一个新的传媒广告市场生态。所以对受众的抢夺,除了对优质节目内容的制作生产,创新观众的观看体验也比较重要,也就是以受众为本位。[①]

受众本位的理念标志着互联网营销已经进入了受众消费的自助餐时代,面对餐餐都是"饕餮盛宴"的受众,"酒香不怕巷子深"的年代一去不复返。信息送达率、阅读率、点击率、转发率都成了衡量传播有效

---

① 李宇.传统电视与新兴媒体:博弈与融合[M].北京:中国广播影视出版社,2015:7—8.

率的指标。当信息不能够满足受众时,就会产生"众包"的内容产生方式,当传统电视媒体不能提供给受众需要的信息时,受众就会自己生产信息。这似乎让传统媒介到了不得不改变,甚至要重构组织机构以迎合未来新媒体平台发展的需要。手机客户端、访谈、视频、微博、微信等均被相继使用。4G 及 5G 通信技术的发展,使得新闻工作者和受众双重受益,记者可以通过网络无延时地调用素材进行现场编辑,受众也可以通过记者"秒拍"的新闻参与实时讨论。在做"两会"报道时,甚至独立出了新闻可视化小组这样的部门。电视媒体现在有了一些互联网思维的基因,由原来的单做内容到现在愿意把触角伸入全产业链或是全媒体的领域。电视屏幕的边界线已经被打破,原有的规模经济和垄断地位也受到了巨大的影响。电视与新媒体的融合媒体并不只是传统的延伸,还是一种重构。只有梳理了这种改革的观念,才能在这场传媒变革的海啸中再次创造自己的版图。

五、管理的融合——开放门户,实现社会资源的重置

在媒介融合和转型的时期,政府的调控力度和监管政策会对市场格局的形成有特殊的意义。这种影响不管是主动还是被动,都决定了未来电视、互联网、新媒体发展的方向。回顾媒介发展的历史,媒介的演变往往需要政府相关政策的支持。以美国为例,美国联邦通信委员会(FCC)在 20 世纪 70 年代曾对有线电视这种当时的"新兴媒介"制定了严格的限制制度,旨在保护传统电视网的利益,这招致了新兴有线电视业的反对,美国家庭影院(HBO)频道向法院起诉了联邦通信委员会。1977 年,最高法院否定了联邦通信委员会对有线电视管理条例中最苛刻的条文,有线电视系统得以自由发展。随后几年,有线电视变革中的主要参与者大多脱颖而出。当前,互联网媒体和新兴媒体正在发展,传统电视媒体也正在谋求转型发展,政府的角色定位与调控力度和监管政策必将影响整个电视行业的态势和格局。[1]

---

① [美]詹姆斯·沃克,道格拉斯·弗格森.美国广播电视产业[M].陆地,赵丽颖,译.北京:清华大学出版社,2005:34.

到目前为止,国内大多数电视媒介对互联网的嫁接是简单粗暴的,至多做到了"合",基本没有"融"。根据笔者的观察,电视媒介嫁接互联网和新媒体的另一个关键就是开放门户。开放的使用和管理模式就像宇宙间的"虫洞",具有强大的魔力。人们常常提到的互联网思维又是否可以运用到传统电视媒体的推广上呢?当然这种思维不光是一种逻辑,更是一种格局的视野和运作的方式。如果只把互联网当作报纸、杂志、电视媒体的延伸,欢喜于某个网站或是移动平台的产品推广,其格局仍然是狭隘的。传统电视媒体必须意识到,内容制作不再可能成为垄断,不同领域的内容和功能都可以交叉实现。当我们的传统电视媒体还在得意"试错空间"并迷恋自己的"垄断角色"时,美国的 HBO (美国纽约有线电视媒体公司)已经在 Apple TV 上内置革命性的"HBO Now"流媒体服务。该服务意味着 HBO 频道下的多个季播电视节目和电视剧将登陆 Apple TV、iPhone 和 iPad 等平台,而 HBO Now 和 Apple 的合作,无疑是一种借力打力,借此打开了全球市场。开放与流媒体合作的口径,在短期看来是壮士断腕,在长远看来却是有深远的格局意识。我们要理解互联网所要形成的不仅仅是一个平台,也不再只是具有简单的媒介属性,互联网是将人与人、人与物的链接全面社交化,将现有的社会资源重新配置,达到了整合建构的目的。

传统的电视媒体的管理方式可以说是以机构为单位的,在这个系统里,管理者具有绝对的话语权。但是在网络世界里,空间和时间被无限放大。虽然新闻采编权被严格把控,但是民众对新闻的猎取已经从深度地读取转变为广泛的符号信息。新闻客户端和移动终端的普及又让每一人可以成为一则消息的编写者和传播者,每一个人都具有内容生产的能力,我们常称作自媒体时代的到来。但目前有关部门对于网络管理多以传统的方式来应对,例如遇到一些敏感内容时可能会采用屏蔽、删帖的方式,这是以一种具象的机构组织来管理无限的空间,以一种低维度的逻辑思维来管理高维度的信息编码。那在高维度的空间里,如何去调用人们闲置的资源和管控呢?笔者认为其路径就是在开放的基础上激活每一个人的热点。维基百科或苹果的 APP STORE 似乎给了我们一个很好的方向。维基百科将个人的热点充分发挥,每一个人都可以对词条进行编辑,甚至都不需要登录,但从操作痕迹上会保留所有修改过的内容,采用中立观点,尽可能展现事物的全貌。利用热点自身的相互制衡,达到媒体生态结构内的力量平衡。媒体就是要利用互联网打造这样的平台,这种平台性的媒介不是单靠自己的力量做内容、传播,而是打造一个良性的平台,在这个平台上无论个体还是机构,都有内容变现和跨屏增值的能力,在自我价值提升的同时还服务于社会,体现核心的价值。

第三章 真人秀节目的受众研究

　　近些年来,很多学者在传者和受者的关系上做了很多积极的讨论。有些学者认为受众并非消极接受媒介传播的信息,而是积极寻求信息为自己所用的发起者、推动者,甚至成为传播的主体和主角。① 而有的学者认为在互联网时代,传者和受者的界限变得模糊了,在交互性的信息传递中,实现了受者、传者身份的平等。美国著名传播学家威尔伯·施拉姆在《传播学概论》中提出选择或然率公式,即"选择的或然率＝报偿的保证／费力的程度",或然率公式中的分子,即"报偿的保证","主要同内容以及它满足当时感到的需要的可能性有关",而公式的分母——"费力的程度",主要同可得性以及使用传播途径的难易程度有关。也就是说,如果受众对媒介节目所传递信息的预期需求量越大,而获取信息的费力程度越低,则受众对其选择的几率越高;相反,如果预期需求量越小,而获取信息的费力程度却很高,则受众对其选择的几率就会越低。……观众和参与者在真人秀节目中均获得了从物质上到心理上所需要的报偿,两者之间形成一种相互影响、相互融合的特殊关系,这种良性互动关系正是以往的电视节目形态所不具备的,同时,也是真人秀节目受到广大观众关注、参与、追捧的主要原因。②

　　人们认为传统大众媒介是传播者传播信息的工具和进行传播活动的一种社会组织。"传播信息的工具"主要是从媒介技术层面出发,突出强调了媒介的物理形式。而作为社会组织的媒介,主要是从"决定着信息内容的生产和传播"层面看的,这确定了它的社会组织属性。③但是在互联网快速发展、媒体融合加快的环境下,媒介的属性也在发生

---

① 眺盼,任大鹏,喻敏.网络时代对"主动受众"的认识[J].新闻前哨,2011(10):23.
② 刘利群,傅宁.美国电视节目形态[M].北京:中国传媒大学出版社,2008:140—141.
③ 郭庆光.传播学教程[M].北京:中国人民大学出版社,2000:119.

巨大的变化,其工具性作用越发明显,媒介不再是某个组织的独有的工具,而是每个人都可以使用、发出、共享的工具,这就是媒介属性的一种迁移。早在20世纪80年代,斯图亚特·霍尔就提出受众不是文本意义上的接受者,而是解码者。而美国威斯康星大学教授约翰·费斯克的"生产型的受众观理论"也对笔者有较大的启发。我们在解读媒体和受众的关系上,不难看出,很多学者都将视角放在了"互动"上,但是在新媒体渠道还未搭建的时候,传统电视媒体很难做到与受众真正地互动。随着网台矩阵的建立,受众成为电视节目的参与者、再传播者、分享者……对于受众的研究似乎包罗了心理学、政治学、社会学等多个维度。其实,众多研究在早期都是从传播者的角度出发,以传播效果的研究居多。直到第二次世界大战前后,受众在传播活动中的地位和作用才真正引起人们的注意。[①]在以受众为中心的理论中,影响较大的理论观点有使用与满足研究、议程设置等理论。本章节主要研究框架,是根据1994年丹尼斯·麦奎尔提出的将受众研究划分为三个方面,即结构性、行为性和社会文化性来进行的。

第一节 真人秀节目受众的流变

在媒体融合时代,电视融合了技术的变迁,整合了行业的优势,将电视节目通过多种平台、多种渠道和多个终端呈现在广大观众面前。在优势互补和相互借力的前提下,电视媒体激活了立体输出的架构。利用了IPTV、手机、平板、电脑等终端,满足了电视观看的时移(time - shift)和位移(space - shift)需求。未来随着三网(广播电视网、电信网、互联网)或四网(广播电视网、电信网、互联网、物联网)的发展,传统电视媒体与互联网环境下的新媒体在内容、渠道、理念以及管理上的进一步融合会促成一种全新的生态环境,未来电视节目的播出方式、观众的收视方式、社会文化影响、传媒产业结构、媒体生态格局也会不断演变。

---

① [美]E·M. 罗杰斯. 传播学史——一种传记式的方法[M]. 殷晓蓉,译. 上海:上海译文出版社,2002:208.

美国学者巴里·韦尔曼（Barry Wellman）曾说,媒体研究早期会热衷于传媒环境的变化,后面则会更加关注用户的行为改变和传媒产业的变迁。

一、媒体融合环境下电视节目播出模式的变化

电视产业发展的动力是通过技术的变迁,拓展电视的概念,从节目内容的制作到分发播出都带来了深刻的影响。传统的电视传播语境中,电视指的是通过电子信号在电视机终端上呈现的图像。[①] 它是一种线性的播出方式。而现在,在 IPTV、智慧电视、网络以及新媒体平台中,已经打破了直播的线性播出方式,任意点播、互动、回放、再编辑等形式普遍存在(如表 3–1、表 3–2、表 3–3)。

表 3–1　传统电视媒体与网络及新媒体终端在播出方式上的改变

	传统电视媒体	新媒体终端
播出方式	线性	非线性
播出特点	直播、录播	点播、互动、回放、再编辑等

表 3–2　网络视频的观看方式的比例

网络视频的观看方式	比例
看点播	83%
看直播	17%

数据来源:iCTR 四世同堂,2019 年 1 月。

表 3–3　用户点播网络视频节目方式的比重

用户点播网络视频节目的方式	比重
观看电视节目	51%
等完结后上线再看	55%
看以前的内容	56%

数据来源:iCTR 四世同堂,2019 年 1 月。

---

① 李宇.传统电视与新兴媒体:博弈与融合[M].北京:中国广播影视出版社,2015:143.

由如上的数据统计可以看出,在网络上点播视频的比例高达83%,其中观看电视节目的用户比例达到了51%,而等完结后上线再看与看以前的内容的形式,是由用户自己自由决定的。在线的视频运营商正在利用网络渠道的便捷性、包容性,强势地抢夺受众的收视时间。

电视播出方式从开播之日起就以频道的方式播出,频道的定位、受众,直接影响频道的品牌塑造。而在互联网和新媒体移动终端看电视节目时,观众可以通过网络电视、网站、APP 等方式直接链接电视节目,而电视节目正在被"视频"一词所代替。观看网络上电视节目的视频成为电视节目传播的重要补充形式。随着电视开机率的下降,在网络观看视频的人数和手机数据量都呈现上升的趋势,由此带来的产业价值在媒介平台中呈现了明显的区分(如图 3 – 1)。观众在网上进行电视节目点播时,频道(电视节目源)已经被模糊,甚至播出网站是什么对于观看者来说也不是很重要。互联网属性已经影响到电视节目从制作到分发的所有阶段,换言之,传统的电视媒体要想适应媒体技术和媒体格局的变化,其运营和播出方式都要随之变化。

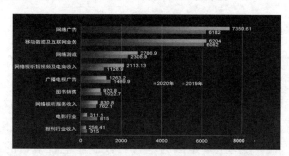

图 3 – 1 2019—2020 年中国传媒产业主要细分市场收入 ①

在电视节目的播出方式上,非线性的点播具有突出的优势,它符合时移和位移的受众需要。媒体融合的时代,传统的电视媒体在播出平台和播出终端还不进行改革的话,传统的电视媒体必将置身于风暴之中。但是我们也可以看到很多电视台具有前瞻性的跨媒体融合的思路,整合了多渠道的播出平台与播出终端,因此形成了优势的互补。所

---

① 2019 年中国传媒产业发展报告[EB/OL]. https://www.sohu.com/a/336322248_197694.

以,传统电视媒体构建出的线性播出模式已经被彻底革新(如图3-2)。电视节目播出模式的改变意味着要从管理、组织结构、媒体机制等方面进行改革以保障新结构的运行。随着媒体融合的全局化和纵深化,传统媒体也正在全方位进行资源盘活。融合既有传统媒体向互联网媒体的融合,也有后者向主流媒体靠拢方向的融合。大融合背景下,媒体之间的资源互换、数据流通、圈层互动将更为深入和广泛,国内大循环与国际大循环相互配合、互为依托的发展大格局也将为传媒资源的统筹、产品流通、消费提升起到重要的保障作用。

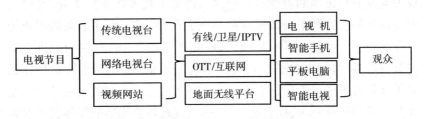

图3-2 媒体融合环境下电视节目播出模式

二、媒体融合环境下电视节目受众的变化

电视节目的观看行为发生变化后,就会影响电视的媒介功能、使用方式和互动方式。当我们数十年形成的观看电视节目的行为发生变化,受众的社会心理和社会活动也会发生变化,最后转变为社会文化的变迁。传统的对电视观众的研究中,被动性和信息的单向传播是传统受众的主要特征。这主要是因为电视台控制着电视节目的制作、编排和运营,而互联网与新媒体终端的出现响应了电视节目观看者的需求,补充了线性媒体的不足。电视受众的身份更加接近于"用户",他们主动使用网络平台或移动终端。据TNS公司对全球5.5万名互联网用户的调查显示,25%的受调查者每天都会在计算机、笔记本、平板电脑或者手机终端上观看电视节目的视频内容。① 当然这里的电视指的是电视节目的内容而不是电视机。受众收视习惯上的变化加速了视听行

---

① http://www.broadbandtvnews.com/20140711/Rise of digital devices news viewing habits.

为和消费方式的转型,由过去媒体主导的时间段安排开始向用户/消费者主导的时段转移。用户/消费者的个性化、共享化、移动化和参与性得到了提高。[①]

1. 受众收视方式变化

电视媒介是一种典型的家庭型媒介,而媒体融合环境下带来的更多的是互动性和个性化的媒介渠道。从传统来看,电视是家居当中不可缺少的一个设计,即便现在家庭环境中有多个屏幕存在,电视机的设置还是大多数家庭的首选,但更多人还要面临着到底是安装电视网还是互联网的选择,这实际上就决定了家庭媒体格局的分布。在之前的很长一段时间,电视机是放置在具有"仪式感"的客厅的中央,"家"的概念一定是有电视机参与的,家居设计、家庭休闲都是围绕电视展开的。在电视机前观看电视节目互相讨论成为家庭情感的一种纽带。但是今天媒体融合时代的到来,很大程度上改变了家庭成员的收视方式,即便观看电视节目,也由具有"仪式感"的客厅转换到了各种移动终端,如电脑、手机、平板电脑、IPTV、智慧电视等,不同年龄段构成的家庭成员结构对于收视方式的选择也不同(如表3-4)。

表3-4 不同年龄段对电视节目观看的收视方式

观看终端 \ 年龄段	"90后"(%)	"80后"(%)	"70后"(%)	"60后"(%)
电视机	45.06	43.85	58.70	71.66
个人电脑(台式机、笔记本电脑)	65.87	62.08	52.44	49.08
手机	35.31	35.00	21.89	6.38
平板电脑	14.23	13.78	16.03	3.18
其他移动终端(PSP/MP4等)	0.00	1.53	0.69	0.00
车载电视、楼宇电视、户外大屏等	0.00	0.00	3.19	0.00

数据来源:CSM媒介调查2019年。

---

① 崔保国,徐立军,丁迈,等.中国传媒产业发展报告(2019)[M].北京:社会科学文献出版社,2019:43.

越来越多的观众通过社交网站或网络的互动平台交流感受、参与互动和评价节目。很多网站和移动终端为了迎合观众需求,营造良好的用户体验,向用户提供了多集点播、屏蔽广告、弹幕互动等多项服务。观众更是可以随时、随地观看,这也体现了收视方式的个性化特征。网络成了建立家庭电视观看行为的轴心,营造出了一个无形的、互动的、无接缝的观看环境。

2. 受众的收视行为变化

媒体融合时代,电视受众观看电视节目的总时长被分散到各种媒介终端,收视的专注度也大大降低(如图3-3)。一组来自CSM媒介调查2018年上海家庭的调研数据显示,只有35%的家庭是全家人一起观看电视节目,另外65%的家庭成员都是分散收视。同时即便是家庭型观看,有87.1%的家庭成员在观看时都有伴随行为。这种行为对电视节目的观看以及在观看时与家庭成员的互动都有明显的影响。

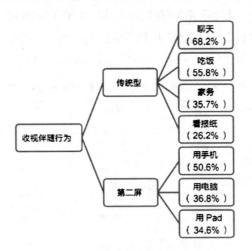

图3-3 家庭收视的伴随行为特征

电视与传统观看行为的关系正在发生演变,电视在家庭收视行为的过程中是冲突性的一个载体。家庭成员之间认可一同观看电视节目对家庭需求和家庭情感的维系,但同时又有个性化的需求,新媒体对传统电视媒体的受众分流十分明显。例如一组来自CSM71城和央视市场研究 CTR①的调查数据显示,2015 年观众日平均收视 173 分钟。其中,综艺类的播出比重是 12%,资源使用率最佳,观看综艺节目的时长是 19.8 分钟,而且在移动收视段的比例高达 48%。这一数据到了 2019 年时,时移观众的比例更高,其中 25—34 岁和大学及以上学历的观众的收视贡献尤为明显。部分观众还会重复地多次点播、回看。直播观众和时移观众形成互补,除了节目中植入的广告以外,直播中插广告和点播、回看中的广告完全可以触达两个不同人群,从而为节目的内容价值多重赋能。

3. 受众需求的媒介选择变化

电视与互联网在传播时面对的共同问题是如何满足受众的需求。通常在选择媒介时没有"噪音"干扰(如广告)的平台会吸引受众的持续使用。在可以提供海量内容选择的互联网世界里,受众将越来越依赖有品质保证的品牌作为重要的选择过滤器(如图 3-4)。②

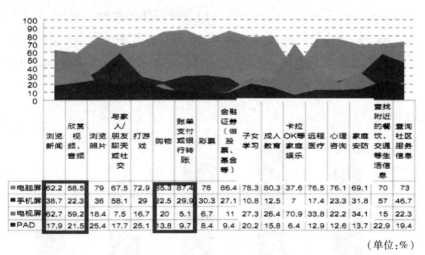

(单位:%)

图 3-4 电视屏幕与受众需求的实现(2018 年数据)

---

① CSM 是 CTR 市场研究与 TNS 集团共同建立的合资公司,致力于专业的电视收视和广播收听市场研究。CSM 拥有世界上最大的受众调查网络,推及全中国的视听人口。
② [美]约翰·亨德里克斯.探索好奇:探索传播公司和我的故事[M].杜然,译.北京:中信出版社,2014:195.

从图 3-4 可以看出,互联网技术承载下的电子屏幕对需求的实现,意味着受众在面对不同需求时对不同终端的选择。同时,电视受众的身份也具有融合性,在电视观众和互联网用户的身份之外还被认定为消费者,因为他们代表着具有消费行为的特征。消费者的需求对于媒介的选择依靠的是一种消费体验。当他们在网络或是移动终端选择电视节目时,所产生的消费意义对于节目播出平台来说已经超出了节目内容传播本身。同时,消费者往往会选择能够提供准确信息和更多相关内容的平台。

4. 受众互动方式的变化

传统电视媒体的信息传播是单向的传播,但在媒体融合的时代,互动有了更多的通路和渠道。这里所指向的互动有两个维度的关系,一种互动是指受众可以通过网络平台与电视节目的制作者、参与者进行直接的交流;另外一种互动是指电视节目通过新媒体平台,搭建起观众与观众交流的渠道。互动的产生伴随着跨媒体的接触行为,这是数字技术的发展使得媒体的种类不断丰富的结果。许多受众会通过电视网或互联网观看电视节目,然后产生话题和讨论,其中也伴随着传播和分享的行为(如图 3-5)。

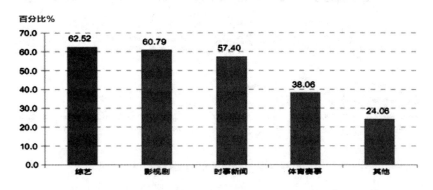

图 3-5 受众形成互动讨论的主要节目类型[1]

---

[1] CSM 媒介研究[EB/OL]. http://www.csm.com.cn/index.php/knowledge/showArticle/ktid/1/kaid/1300.html.

将媒体与观众、观众与观众之间的互动以及联系延伸成为电视节目的影响力,利用社群的力量增强电视节目的传播效果。其中,通过BBS、论坛、微博、微信、抖音短视频等网络化终端,进行基于受众关系和分享传播上的受众数据挖掘与品牌产业价值的延伸具有更强的可操作性。

三、媒体融合环境下受众接触媒介的流动与互补

受众的分化与媒体融合是研究受众接触媒介行为的两个维度,其中包含渠道和终端的基础性的融合、受众身份以及接触媒介行为等方面的融合。在互联网的平台观看电视节目视频时,电视观众就被称为视频用户,这也归属于互联网用户的范畴。而视频用户区别于电视观众的特点首先是无论时移还是位移都具有对电视节目的点播权;其次互动的表达功能是互联网用户的最大特性;最后受众跳过了电视广告中介的屏障,建立消费行为的路径,用户在互联网中的消费是直线链接的。

1. 受众媒介身份的融合

受众分化是媒体资源多渠道分发的结果。依据媒体的属性对受众进行区分,如电视观众、网民、听众等。在媒体融合的环境下,对于受众的研究已经不能局限于受众对媒体的选择是否流入或者流出的问题了,而是应该关注受众的需求以及注意力如何分配。

互联网的发展到底是对传统电视媒体的巨大挑战,还是助力于传统电视媒体的转型升级? CNNIC 发布的《2020 年互联网网络发展状况统计报告》显示,截至 2020 年 12 月,我国网民规模达 9.89 亿人,互联网普及率达 70.4%(如图 3-6)。2020 年,互联网覆盖范围进一步扩大,贫困地区网络基础设施"最后一公里"逐步被打通,"数字鸿沟"加快弥合;移动流量资费大幅下降,跨省"漫游"成为历史,居民入网门槛进一步降低,信息交流效率得到提升。疫情期间的居家防疫状态促成大众远程互联的"新常态",互联网和社交媒体在疫情常态化防控中发挥了积极作用。

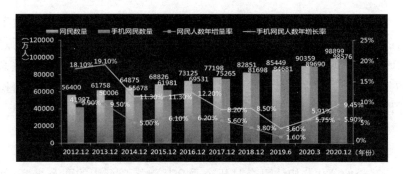

图 3-6 截至 2020 年 12 月中国网民规模①

互联网和电视媒体都有庞大的基数人群,这些受众形成了一个分流、回流到融合的态势。一档电视节目的播出会受到网络受众分流的影响,具有互联网基因和传播特性的电视节目在电视平台和网络平台播出时,其收视率和点击率都会放量增长。而不具有互联网偏好的电视节目在网台互动时,视频用户就会对受众整体造成分流。当然通过电视与互联网的互动营销推广,加强电视节目的影响,选择合适的场景制造话题,也可以使视频用户回流成电视观众,这在季播的电视真人秀节目中尤为明显。通过网台互动,从而完成用户对电视节目内容的预期,让用户回流到电视荧屏前,增加实际收看行为。讨论受众身份的重要意义还在于消费价值是如何实现的。互联网的特点就是可以通过数据精准地定位到消费的用户,而视频用户与消费用户的身份是重合的。互联网传播的视频,其价值早已超越了视频内容本身,它所带来的是受众消费价值的放大。电视节目的观众通过新技术的嫁接也可以直接链接到广告,来实现消费价值,但是电视节目中广告的回报才是主要的收入。如果实现受众媒介身份的融合,将消费规模置于整个媒介接触的全过程,势必扩大媒体融合背景下的传统媒体与新媒体的嫁接空间。

由 CSM 媒介研究提供的一份受众媒介接触性行为显示,受众在选

---

① 2020 年中国传媒产业发展报告 [EB/OL]. https://mp.weixin.qq.com/s/l1ijx77adGeOMCkZTiW_4Q.

择媒介的流入时,并不是简单的是与否,而是在融合使用,从而满足自我需求。因此,互联网和新媒体带来的是受众时间和注意力的重新分配。传统媒体和新媒体的受众身份是融合的,不是简单的身份转移,受众的媒介身份更具有多样性与融合性。

2. 媒介的融合性使用

媒介的融合性使用是指受众通过分散在媒体平台和渠道的媒介内容进行逻辑链接,生成立体认知和新的意义。当然面对多元化的传播媒介,信息的获取、整合与认知受限于受众的媒介素养。根据中央电视台 2019 年的一份调查报告显示,会有 12%—14% 的电视节目观众通过电视台的官网、微博、微信公众号、论坛、短视频平台等获取电视节目的实时信息,其中更多的人会在看完电视节目后选择在社交网站与家人或朋友进行分享或者评论。网络平台的互动性和参与性丰富了电视节目传播的效果。

因为受众的融合性身份和融合性使用的影响,所以传统媒体并不会因新媒体或者网络媒体的出现而消失,只是媒体的格局和生态会发生变化。从媒介发展的历史来看,从纸质媒体介质到数字媒体介质,早期的媒介并没有消失,而是随着新的媒体介质的介入其使用地位和方式改变了,当然这是一种媒介发展之下的动态平衡。不同的媒介有着不同的社会功能分工,这表现在支持媒介技术的载体不同、管理方式不同、运营方式不同而带来的外化的媒介服务和内容的差异。所以当受众进行融合使用时,基于的是对媒介相对稳定的认知。如当发生重大的社会事件时,49.57% 的受众会选择网络作为方便快捷的信息入口来了解事件进展,这比电视要高出 15.56%;而在内容权威性上来看,13.8% 的观众更认可电视媒体,这比网络高出 8%(如表3–5)。[①]

[①] CSM 媒介研究[EB/OL]. http://www.csm.com.cn/index.php/knowledge/showArticle/kaid/914.html.

表 3-5 通过电视或互联网的观众选择情况

原因	电视(%)	互联网(%)
方便快捷	33.99	49.57
报道全面	23.71	22.58
习惯了,没有特别原因	17.70	5.06
权威可信	13.80	5.35
内容详实	5.07	7.96
有深度	1.70	2.29
有多种意见	0.86	3.38
有特色	1.59	1.38
中立客观	1.30	1.53
可保存,多次查看	0.28	0.91

由受众的使用情况来看,互联网被更多界定为传播媒体,而电视被认为是一种认证媒体。受众在长期的媒介使用中,针对媒体的核心功能形成了不自觉的潜意识或是个性化的认识。在信息的整合过程中,受众可以通过媒介的分工或者融合来获取所需。根据 Zenith 2018 年 6 月公布的一项数据,2019 年全球人均每天花费在互联网上的时间(170.6 分钟)将超越看电视的时间(170.3 分钟)。无独有偶,eMarketer 公司对于移动媒体花费时长的一项预测也表明,2019 年美国智能手机的使用时长(3 小时 43 分钟)也将首次超过电视观看时长(3 小时 42 分钟)。在中国,根据 Kantar Media 中国区资深数据科学家郑维东在《一个有关收视率的"双 12"问题》一文中的数据分析:"2017 年电视观众上网时间首次超过看电视时间(人均超出 5 分钟),互联网从而成为名副其实的第一媒介。"2018 年,根据 CNNIC 和 CSM 媒介研究的网民及观众调查数据,电视直播收视时长进一步萎缩,网民规模和上网时长稳中有升,可以预见,2019 年传统直播电视在整体媒介竞争中进一步式微,互联网驱动的节目跨平台多渠道碎片化的传播正在加速电视低收视率竞争时代的到来。

3. 受众接触媒介习惯的流动与互补

受众媒介身份的融合与媒介使用的融合导致了接触性媒介的习惯上多种融合。媒介的接触性行为虽然具有多样性和个性化的特征,但是基于大众传播的普遍性和受到社会实践的影响,受众还是会拥有较为稳定的媒体功能认知和媒介接触习惯。

当媒介提供的内容和操作相似时,受众就会在跨媒介的使用中产生流动。如果是传统的电视媒体受众,会随着媒介的融合变成另一种媒介的使用者,其媒介使用习惯也会被延续。从另一个角度来看,电视观看时的家庭集体感被认为是电视节目传播时的重要标志之一,而相比较的个性化选择则是新媒体视频的特点。但是随着技术的不断发展,在电视上通过电视连接线、机顶盒等设备观看网络视频也成了一种收视行为。网络上视频的家庭化、电视化收看行为和网络个性化收看的行为同等重要。

传统的电视媒体向来不缺少优质的节目内容,当受众从电视流向网络时,原来接触电视时的收看行为常会影响网络视频的观看。根据CSM媒介研究,一项基于2019年受众接触媒介的习惯调查显示,53%的融合性受众在网络上观看电视台制作的节目视频,20%的网络受众观看非电视台制作的视频。在对受众进行观看习惯的流动调查时发现,年龄越大的受众越会在网络平台延续传统媒体的媒介使用习惯。对于电视节目或者视频的选择,超过30%的融合性受众会在网络观看电视平台中自己喜欢的节目,或是重复收看或是点播收看。对于电视节目的内容,包含电视真人秀在内的综艺类节目是电视收看和网络收看的热点内容。通常在电视平台热播的节目,在网络平台的点播也会巨幅放量。

反之,当媒介提供的内容和操作有较大不同时,互补性媒介接触和使用就是融合型受众的特点。电视媒介单向性与新媒体互动性不同,会影响受众信息选取以及形成立体认知等各个方面。融合型受众之所以选择互联网进行收看电视节目,主要由于随看随播、广告影响少、喜欢的可以多看几遍等原因(如表3-6)。在电视媒介收看电视节目时,受众认为受到干扰的噪音较多、广告和节目流程具有强制性,节目的传播环境是硬性的。融合型受众可以选择具有互补优势的新媒体平台。当然媒体融合趋势更依靠的是技术的不断发展以及运营机制和管理机制的保障。

表 3-6　网上收看电视节目的观众选择原因①

原　　因	选择比例(%)
广告影响少	41.04
想什么时候看,就什么时候看	36.51
连着看好几集节目	24.82
习惯上网看东西,包括看电视	22.25
电视台没有好看的节目	21.46
喜欢的节目想多看一遍	19.85
可随时控制进度	15.99
错过了电视播放	15.92
喜欢的节目家里电视收不到	8.63
不习惯普通话的配音	1.86
家里没有电视	0.92

　　电视媒体的建立已经有几十年的历史,而新媒体的出现及发展融合了传统媒体的诸多特性。从现在的发展来看,电视媒体也正在融合很多互联网的服务和功能。从历史发展的语境下看,电视是更早出现的,互联网是新媒体。但是从媒体的互动性来看,基于网络的新媒体发展使受众养成了互动性的媒介接触习惯,而电视媒介对于互动性的接触习惯反倒是一种新的渠道。受众的身份融合以及媒介使用上的融合导致了在不同媒介接触上的流动与互补,这是电视传播中受众本位的一种思考,也是互联网传播中"用户为中心"的一种思考。对于受众的分化,电视媒体更要利用优质内容来调动跨屏跨界分发的优势,减少受众分流的不利因素。同时要利用互联网的互动性平台,加强优质内容的传播与影响,促使观众回流到电视,产生实际观看行为。最后以平台的优势,融合更多的视频用户,完成其传统观众经营方式的升级。

---

① 2019 年中央电视台全国电视观众抽样调查[EB/OL]. http://www.csm.com.cn/index.php/knowledge/showArticle/kaid/914.html.

第二节　麦奎尔理论下的真人秀节目受众分析

互联网术语中,流量思维是值得我们探讨的一种思维方式。流量意味着体量,体量意味着分量——"目光聚集之处,金钱必将追随,流量即金钱,流量即入口"。也有研究者这样定义:"流量的本质就是互联网用户的时间。所以流量其实就等于用户数与用户使用时间相乘。"前者说出流量的价值,后者说出流量的计量方法。① 这种思考的方式与我们常说的收视率的考量有些相似,收视率就是节目的到达率与收视时间的乘积。当观众在电视和电视外之间流动互补时,我们则分别计算其收视时间;当进行跨屏收视时,则计算其叠加的收视率与流量。看似简单的收视行为,却有着复杂的采集和计算方式。笔者尝试分析收视监测的数据,但发现其中变量较多,包含了实际观看时间、宽带网速、时间成本、宽带成本等因素以及其他的附加值,发现凭借个人的能力无法运算出某个节目的跨屏收视率。但从CSM媒体研究的数据披露可以看出,收视率和流量无疑都会转化成入口价值和广告价值。除了传统的广告买卖之外,节目的流量还可以导入广告而进行分账模式。当然对于多渠道投放节目不久的真人秀节目来说,这种分账模式在业界做得还远远不够。那些动辄点击上亿次的流量背后到底是怎么样一些用户呢?可以通过对电视真人秀受众的特点进行分析。

在媒体融合环境下,真人秀的受众是在一种文化多元化、融合化的氛围中逐渐培养出来的。网络文化在传播过程中具有高度个性化的特点。② 网络的用户会参与内容制作产生出自己的文化文本,这种生产者、生产关系和生产方式在表达上都是多元的。但是在渠道资源异常丰富以及用户思维普遍认同的市场环境下,注意力经济、体验经济和长尾经济就成为吸引受众的理论之道。注意力经济最早的提出者是赫伯

---

① 郑维东.收视率与流量思维[J].视听中国,2019(8):24.
② 郑锟,赫穆寰.从马克思艺术生产理论看网络文化的存在与发展[J].齐齐哈尔大学学报:哲学社会科学版,2012(4):135—136.

特·亚历山大·西蒙(Herbert Alexander Simon),他指出信息的充足带来了注意力的匮乏,这就要求人们要把注意力有效地分配到占用注意力的过于丰富的信息上。① 而注意力经济的核心就是如何去吸引受众,在媒体融合的时代,信息的爆炸和过剩是导致注意力经济形成的主要原因,过度的 UCG 内容的产生,使得信息过于碎片化并使质量退化。到底要提供怎样的文化文本和内在需求给受众才是在媒体融合环境下注意力经济的研究核心。另一方面对体验经济的解读为"一种以服务为舞台,以商品为道具,以消费者为中心,创造能够使消费者参与、值得消费者回忆的活动的经济形态"。② 传统媒体对受众的解读是为其提供内容,而体验经济是提供者向受众提供服务,受众在利益让渡的同时留下被服务的感受。根据麦克卢汉所说的受众"再部落化"的发展趋势,体验经济就是将规模化的市场服务转向个性化分众服务。有了这样的认识,对受众的结构性和行为性的研究才会更有意义。随着互联网的普及和应用,长尾市场也越来越受到重视,众多小市场的传播效应可以带来巨大的传播效果。在融媒时代,受众身份的流变和媒介的融合性使用,使得对受众的研究更加必要。

1994 年,丹尼斯·麦奎尔提出了将受众的研究划分为三个方面:即结构性、行为性和社会文化性。结构性研究是以社会人口统计数据、受众接触媒介的方式和使用时间为主要参数,通过调查和统计分析的方法,最终对受众的构成成分和社会关系进行研究。行为性研究的主要目的是为了解释并预测受众对媒介的选择、反应以及效果。主要数据参数则分别是受众对媒介的接触动机、选择行为和反应。主要研究方法为调查法、实验法和心理测试。文化性研究将受众置于一定的社会和文化语境当中,对受众接触的媒介文本或者媒介信息的符号意义进行研究。其中,麦奎尔认为"行为性受众研究重在改进和强化媒介

---

① Herbert Simon. Designing Organizations for an Information-rich World, Computers. Communications and the Public Interest [M]. Martin Greenberg ed. Baltimore: The Johns Hopkins Press, 1971: 40—41.

② 向勇,刘静.文化产业应用理论[M].北京:金城出版社,2011:44.

传播效果,主要将传统理论用于受众及相关问题的探讨中"。① 根据这一理论,笔者试着从这三个方面分析电视真人秀节目在融媒环境下的受众特点。

一、真人秀节目受众的结构性特点

过去几十年,随着中国互联网技术的诞生,有一批年纪相仿的人每天都在伴随着多样的网络化信息。国际电信联盟(国际电信联盟,2013)把诞生于数字时代、每天伴随着信息通信技术成长起来的年轻人称为"数字原生代(Digital Natives)",并将这一人群界定为在15—24岁之间、具有5年或更多上网经验的网络化青年(networked youth)。在行业当中,我们会把这类受众群体称作网生的一代。在中国,随着多媒体终端和智能手机的普及,这些网络化青年便具有了数字功能使用的载体,也并行数字化的生活方式。同时作为电视节目的收视群体,其收视行为也具有独特的特征。

中国互联网络信息中心(CNNIC)2020 年发布的最新统计指出,截至 2020 年 3 月,20—29 岁、30—39 岁网民占比分别为 21.5%、20.8%,高于其他年龄群体;40—49 岁网民群体占比为 17.6%;50 岁及以上网民群体占比为 16.9%,互联网持续向中高龄人群渗透(如图 3-7)。

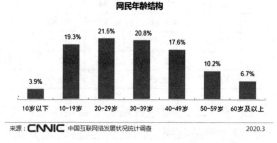

图 3-7 2020 年 3 月中国网民的年龄构成②

---

① [英]丹尼斯·麦奎尔.受众分析[M].刘燕南,等译.北京:中国人民大学出版社,2006:23.
② 中国互联网络信息中心. CNNIC 发布第 43 次中国互联网络发展状况统计报告[EB/OL]. http://www.cnnic.net.cn/hlwfzyj/hlwxzbg/hlwtjbg/201908/t20190830_70800.htm.

凭借互联网发展,网民对于沟通和娱乐的需求越发强烈。同时,新媒体借势发力风生水起。这预示着伴随网络运用普及的49岁以下中青年人更容易脱离传统媒体流向新媒体。

CSM媒介研究机构的数据报告指出,2020年全国人均电视收视分钟数是近几年来首次回升达到132分钟,相比2019年增长了6.4%,同时电视业首次出现了观众年轻化趋势,4—24岁观众数量同比增幅超过了10%,特别是15—24岁观众数量增幅高达18%。在疫情背景下,居家隔离期间人们观看电视的时间比以往普遍增加了10%,在未来5年中,全球付费电视收入预计将降至1520亿美元。

所有热门的真人秀节目都有不同的特点,但也有共同的特征,那就是引爆过多个渠道的收视。无论是传统的电视平台、还是新媒体渠道或是移动终端,从真人秀节目的观众构成来看,尽管各个平台的放量不同,直播和时移收视情况不同,但是观众的年龄构成大致相同(如表3-7)。

表3-7 2018年,不同年龄段观看综艺节目集中度比较[①]

目标观众	中央级频道(%)		省级上星频道(%)		地面频道(%)	
	2017年	2018年	2017年	2018年	2017年	2018年
4-14岁	54.31	49.99	102.06	90.33	39.59	38.91
15-24岁	45.23	43.89	80.7	73.61	42.38	40.87
25-34岁	45.78	41.74	80.34	69.11	59.13	47.99
35-44岁	70.47	65.44	96.41	91.68	59.1	52.33
45-54岁	118.77	118.14	122.39	129.40	140.36	139.86
55-64岁	201.57	201.24	127.55	142.44	221.77	230.10
65岁及以上	275.97	299.48	110.7	139.56	213.85	245.59

从年龄结构上来看,无论是电视端还是新媒体平台其受众构成中,25—34岁的年龄群体均是收视比例最高的群体,而其次高的是25岁以下的收视观众。针对这些"80后""90后"甚至是"00后"的真人秀节目收视主体,我们还要研究的是他们的收视特征或者内容偏好有什么样的特点。

---

① CSM媒介研究[EB/OL]. https://www.sohu.com/a/309485660_99958508.

二、真人秀节目受众的行为性特点

真人秀节目选择和观看的收视动因,就是一个闲暇时光的消遣和娱乐的消费过程。作为主要真人秀节目的收视主体"80 后""90 后"和"00 后"正处在一个特殊的阶段。这个阶段主要以家庭、学校和较为亲密的强链接的朋友圈构成。从童年时期以家庭的休闲观看为主要内容,再到青年时期变换场景以社交和娱乐为主。青少年时期的收视行为无论是在家庭还是在学校、社会或者工作环境,都是基于自身喜好的一种主动选择。

1. 网生代受众的内容偏好

15 岁以下的儿童,收视平台主要是基于家庭收视的选择,这一时期的触网行为多受到家长的控制,主要收视在以年轻人为定位的卫视频道。湖南卫视和浙江卫视具有明显的优势,而卡通频道例如湖南卫视的金鹰卡通、中央电视台少儿频道等也是次要选择。15—24 岁年龄的收视群体随着交际的拓展和社会交往的加强,对于收视平台的选择开始趋于稳定。对于年轻定位的电视台,如湖南卫视、浙江卫视这些平台的收视黏性和深度开始加强(如表 3 - 8)。而 25—35 岁的受众对于平台的选择则是与之前基本相同,但是对于平台的品牌栏目、专业程度、年轻化导向都有更深的认同,对平台和节目的忠诚度更高。在具体的内容偏好上,网生代的观众对于综艺节目的选择,主要是看内容。

表 3 - 8　2016 年 3 月 7 - 24 岁受众收视较高的综艺节目概览(71 城)[1]

年龄	内容(栏目)	平台	类型
7—12 岁	《王牌对王牌》	浙江卫视	季播真人秀
	《快乐大本营》	湖南卫视	综艺节目
	《我是歌手》	湖南卫视	季播真人秀
	《天天向上》	湖南卫视	综艺节目

---

[1] CSM71 城收视数据数[EB/OL]. http://www.csm.com.cn/Content/2016/11 - 11/1054070155. html.

续表

年龄	内容（栏目）	平台	类型
13—18 岁	《欢乐喜剧人》	东方卫视	季播真人秀
	《快乐大本营》	湖南卫视	综艺节目
	《王牌对王牌》	浙江卫视	季播真人秀
	《天天向上》	湖南卫视	综艺节目
	《旋风孝子》	湖南卫视	季播真人秀
19—24 岁	《王牌对王牌》	浙江卫视	季播真人秀
	《我是歌手》	湖南卫视	季播真人秀
	《快乐大本营》	湖南卫视	综艺节目
	《天天向上》	湖南卫视	综艺节目
	《欢乐喜剧人》	东方卫视	季播真人秀
	《一路有你》	浙江卫视	季播真人秀
	《花样姐姐》	东方卫视	季播真人秀

  针对网生代的受众群体，电视真人秀节目的生产制作应该更加注重受众的清晰定位，根据不同年龄受众的心理发展和需求，进行节目内容对象化定制。如湖南金鹰卡通频道的《爱上幼儿园》、北京卡酷频道的《童心不停机》、上海炫动卡通卫视《炫酷牧场》都是立足于低幼龄孩子的受众群体，这也是对真人秀节目市场的有力补充和差异化竞争，占有一定的市场份额。而对于青少年主体，中央电视台的《极速少年》、中央电视台第二频道的《青春季》、上海炫动卡通的《超级高中生》、安徽卫视的《星动亚洲》也都取得了不俗的收视成绩。而《我是歌手》《花样姐姐》《欢乐喜剧人》等针对中青年为收视群体的真人秀节目，经过社交化分享和多渠道的推广，收视成绩傲人。

  作为与网络发展相伴的一代人，对文化的接触更加多元，对新鲜事物的接受程度也更高。他们对综艺节目中的真人秀类别情有独钟，喜欢在网络平台上重复观看节目并在社交网站予以分享和传播。针对这种主流的真人秀节目收视用户，电视媒体更应该注意在节目中注入互联网的基因，突破媒介平台之间的壁垒，推动网台互动和合作，利用电视和网络平台的共振效应锁定这部分网生一代的受众群体。

当然,电视媒体也意识到了网生一代年轻观众的重要性,在网台联合中频频试水。例如东方卫视和腾讯视频推出的《我们15个》就是一个具有里程碑意义的真人秀节目,这是首次使用24小时全封闭记录,而且开辟了手机、APP、端腾讯视频、东方卫视(日播和周播精华)等多个观看渠道。在腾讯视频2015年6月23日开播后,进行24小时多角度直播,在6月29日东方卫视首播精华版。在腾讯联合播出的平台,播放总量突破10亿、月均用户达5000万,单日直播人均观看时长129分钟,用户黏性增强。除了黏度和用户群,节目也表现出了极强的互动性——弹幕总量突破1000万。① 作为一种多渠道立体分发节目内容的真人秀,虽然并没有造成"现象级"的收看规模,但是这种基于24小时直播、多渠道分发的模式已经受到市场的肯定。不仅如此,北京卫视和优酷一同打造的《歌手是谁》、安徽卫视和乐视网一同制作的《十周嫁出去》都是具有互联网基因的真人秀节目。其中几档制作精良、反响较好的网络真人秀节目,如《偶滴歌神啊》《流行之王》等还实现了网络对电视的反向输出,也证明了电视平台对这种去精英化、去中心化,具有互联网思维和语言模式的真人秀节目的认可,这也是将网生一代的受众重新拉回电视荧屏的新尝试。

　　2. 网生代的跨屏使用行为

　　网络视频作为大数据视频时代的重要组成部分,流通在平台和渠道的各个部分。通过对视频的再处理,使之符合网络化传播的要求,网络视频满足人们碎片化、位动化、时移化的生活需求。国内的网络视频用户正在逐年增长,其中增长较快的是手机视频的使用用户。根据2016年CNNIC的数据显示,除了网络视频用户的总量在增长之外,触网的频率也在增加。2015年轻度触网的比例是44.6%,中度触网的比例是36.3%,重度触网的比例是19.1%。而到了2016年重度触网的比例上升到了22.8%。网络视频对电视观众的吸引力在逐年上升。

---

① 张广彦.且融且变[J].视听中国,2016;4(15).

接触网络视频较多的用户中,34 岁以下的人群比例超过 6 成,而大专、大学以上学历的更集中占据 4 成,这部分的用户与电视真人秀节目的受众特征重合(如图 3 – 8)。

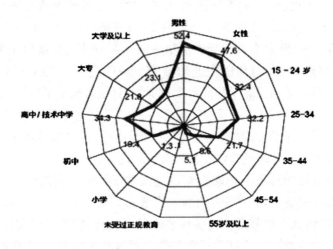

图 3 – 8　2019 年接触网络视频的受众特征①

上海东方卫视的真人秀节目《极限挑战(第二季)》在播出后广受好评,平均收视超过 2%(如图 3 – 9)。在 2016 年播出的一季中,电视端和 PC 端的收视均放量增长。电视端在 2016 年 4 月 25 日至 5 月 1 日期间收视最高,而同样的一期节目在视频网站平台上的收视则延后到 5 月 9 日至 5 月 15 日,体现了网络视频用户的延后回看点播行为。比较《极限挑战》和独家网络播放的优酷土豆网观众,发现其年龄特征、男女比例均呈现出一致性。15—24 岁的观众收视比例最高,24—34 岁其次,这均是网生一代的年龄特征,这部分电视端的观众伴随跨屏收视的行为。

---

① 黄鑫.“网”视回首[J].视听中国,2016(10):6.

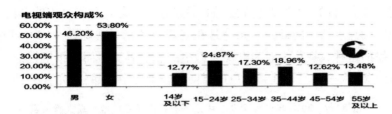

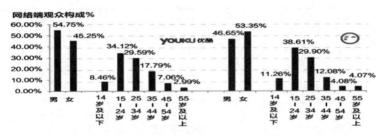

图3-9 《极限挑战(第二季)》电视端与网络视频端的观众构成比较①

34岁以下的网生代视频用户对于视频平台的选择也多集中在几大主流视频网站,如优酷土豆、爱奇艺、腾讯视频等,所占比例分别为48.6%、39.4%和29.7%。其他的视频网站,视频用户也有所涉猎。因而视频的流量也相对集中在几个大型视频网站,也为网台互动和网台联合指明了一个方向。

电视综艺节目的观众在跨屏收看视频的行为上,其动因大致可以分为6种。其中比例较高的是因要观看在电视上错过的电视节目,这部分受众高达46%,第二是同步观看电视台正在播出的节目(39.3%),第三是看纯网络综艺节目(31.6%)②,第四是只观看网上节目不观看电视台是否播出(31.5%),第五是观看电视台以往播出过的节目(30.3%),第六是提前收看电视上还没播出的部分(24.1%)。值得我们关注的是,在网生一代的用户带动下,观看纯网络制作节目的用户比例高达31.6%,这意味着纯网络视频正在被观众所接受和喜爱。

---

① 数据来源为 CSM 媒介研究、Comscore,数据范围为 2016 年 6 月 13 日—19 日。
② 所谓纯网综艺,是"爱奇艺"在 2015 年上海电视节上提出的概念。按字面意思理解,"纯网综艺"是指完全依据互联网生态特性研发、制作的综艺节目,区别于台网联动或网台联动的节目样态。

同时,电视台的王牌综艺节目,如"现象级"的真人秀节目依然是网络视频用户点播中的最爱。无论是在线观看还是下载观看,补看、回看、点播的这种收视行为成为电视节目中的收看补充。而省级卫视的"现象级"真人秀节目是视频用户点播回看较为集中的部分(如表3-9)。

表3-9 2018年电视观众在线或下载频次较高的电视真人秀节目

节目名称	所属频道	选择比例(%)
《奔跑吧兄弟》	浙江卫视	19.8
《快乐大本营》	湖南卫视	17.9
《中国好声音》	浙江卫视	8.9
《星光大道》	中央电视台综艺频道	5.2
《天天向上》	湖南卫视	5.1
《我是歌手》	湖南卫视	5.1

随着智能终端的普及,受众观看电视真人秀节目已经不再是单单通过电视网来观看,移动网、互联网都成为连接观众的渠道,网络视频网站一方面在积极开展与电视台的优质节目的输入,一方面也在努力自制节目。电视台也一方面通过和网络的联合锁定年轻的受众群体,另一面也不断地在节目中加入互联网基因。电视媒体和新媒体正在通过一种竞合,来共同打造新的媒体生态,而受众也是坐享视觉盛宴。当然随着媒体场景的更多搭建,受众的收视行为也会更加活跃,网络活跃用户的年龄跨度也会增加。

三、真人秀节目受众的社会性特点

随着媒体融合程度不断加深,网台的互动和联合也更加频繁。对于电视平台而言,新媒体不仅仅是节目内容的分发渠道。因为植根于互联网生态下的新媒体平台具有天然的优势——双向的强交互性,而这一点正是传统电视平台所缺乏的,也是渴望的。这种强交互性的基础来源于媒体融合语境下传授关系的新特点。互联网等新媒体的发展,"传统的受众角色——被动的信息接受者、消费者、目标对象将终止,取而代之的是搜寻者、咨询者、浏览者、反馈者、对话者、交谈者等诸多角色中的任何一个"。① 在互联网中,受众的交互性表达是多样的,是主动的、引导性的沟通,具有较强的"受众生产力"。这种主动性的表达以及参与,使得受众已经脱离了传统意义上的被动型受众,而成为一种生产型的受众。但这里的生产型受众不同于约翰·费斯克所说的"传者编码,受者解码"里面的"生产型受众"。因为在融媒环境下,传受双方都具有符码能力,受众更会以传播的内容来编辑出属于自己的文化文本。而具有互联网身份的受众对于解码再编码的行为更加活跃,对于交互性的需求也更加强烈,这也是对费斯克理论在互联网的语境下的新解读和拓展。

1. 强交互性需求

传统的真人秀在制作时,受到场地、时间、经费等条件的制约,只能实现部分现场录制观众的实时参与与互动。以前的众多综艺节目就是这样完成的,但是在节目播出时以及播出之后的互动则是寥寥无几或是相对滞后,基本只能完成向受众的单向传播。而以"80 后""90 后""00 后"为主的网生一代,他们具有实时分享、主动表达意愿、渴望互动的特性。

1959 年伊莱休·卡茨(Elihu Katz)最先提出了"使用和满足"的研究,后又提出了以下观点:"人们接触传媒的目的是为了满足他们的特定需求,这些需求具有一定的社会和个人心理起源。"② 而对于这些伴随着互联网发展而生的真人秀节目的受众,娱乐性、社交性、互动性都是他们观看节目的心理诉求。真人秀节目刚刚出现在荧屏上时,用真实的记录手法呈现成为最大的看点,也满足了观众观看真实的渴望,尤其是明星类真人秀节目,极大地拉近了明星和观众的距离,增加了亲切感。同时,对别人真实生活的观看,也满足了真人秀观众的好奇心和窥私欲。李普曼认为:"人类为适应环境作出的所谓调整往往是通过虚

---

① [英]丹尼斯·麦奎尔.受众分析[M].刘燕南,等译.北京:中国人民大学出版社,2006:2.
② 郭庆光.传播学概论[M].北京:中国人民大学出版社,2000:180—184.

拟中介而发生的,人们对环境作出反应所依据的世界观,这些观点往往受到拟态环境的刺激。"①而对于电视节目的观看就是在找寻一种模拟的"亲身体验"。如《奔跑吧兄弟》中的"撕名牌"环节得到很多观众的喜欢,在这个激烈对抗的环节中,观众的代入感十足,既观看到了很多明星的真实反映和形象,又期望可以亲身感受。在节目热播之后,"撕名牌"游戏成为了大众户外休闲的游戏之一。

如果说媒介技术的发展刺激了受众参与性和主观能动性的话,那么真人秀节目在媒体融合的环境下恰当地迎合了这种趋势。传统电视媒体的传播随着技术的发展,由单向传播逐渐发展到双向传播,而互联网生态下强交互性的传播使得受众得到了前所未有的话语权和参与感。通过新媒体渠道的数字化处理,每一个真人秀节目的观众都会被描摹出画像,大数据处理之后甚至会产生立体化的消费轨迹。对真人秀节目的新型消费包含了文化消费和产品化消费等多个维度。

2. 强交互性在节目产品内容上的体现

交互性的体现是要通过渠道连接的,而媒体融合的大环境就为这种连接提供了途径。对真人秀节目的观看,受众大部分都会存在多屏的伴随行为,或跨屏收视或时移位移的观看,无论是社交网站(微博、微信)还是智能终端(PAD、PC)抑或是移动终端(手机),都成为观众进行点播、回看、评论、分享的渠道。而这种层面的互动不同于书信、电话、邮箱等互动方式,其具有分享性和社交性、强化性的特点。

通过受众对媒介使用的融合和受众身份的流变,我们总结出了真人秀节目中大多数观众的特点——网生一代。网生代的观众在收视习惯、收视行为、节目偏好上都有其特点,他们对真人秀节目内容呈现出多样化的喜好,对节目的内容尺度也有较大的接受度,在互动和分享方面更喜欢以"吐槽"的方式来展示自己的个性和趣味,这一点在纯网络真人秀节目体现较为突出。例如《爱上超模》中有全裸镜头的拍摄,尽管画面经过了处理,但是还是引起了节目观众的关注;《奇葩说》也常常以年轻人热议的话题作为主题,其中不乏有很多开放的言论,这种新

---

① [美]沃尔特·李普曼.公众舆论[M].阎克文,等译.上海:上海人民出版社,2006:34.

鲜感和大尺度锁定了很多年轻受众的观看。而独树一帜的风格和大胆的话题就是网络真人秀节目所标榜的,当然因为节目的多级审核,这种风格无法在电视平台出现。但是很多电视真人秀为了锁定网生一代的受众,不断提高互动性,不但在节目中纷纷加入互动元素,也纷纷在网络平台开设了网台联动的节目模块。浙江卫视除了和腾讯视频独家播出《奔跑吧兄弟》以外,还做了一档《大牌蜜聊》的衍生类节目。将电视上播出的节目内容作为核心,加强网台顺势关系,布局节目带影响力的整体建构,越来越为电视媒体重视。

强交互性除了体现在产品内容上,还体现在用户对视频内容的再编辑再传播上。UCG,这种用户产生内容的行为使得互动性增强,而在互动中消费感也会增强。电视真人秀在视频网站进行播放时常常会加入弹幕、点赞、分享等互动程序。这种多样化的渠道刺激,激发了网生代受众的参与度与积极性。同时,发弹幕的受众在观看节目时与之的互动,对某个画面或者情节的"吐槽",除了表达自我的观点外,更多的是希望得到一些共鸣,从而建构出一些共时性的受众关系(如图3-10)。正是这种共鸣使得观众找到了群体感和认同感,而趣味性在这个过程中也体现得淋漓尽致。很多观众的弹幕"吐槽"充满了幽默感和智慧,弹幕配合画面内容是一个再创作再编辑的过程,赋予了内容新的意义。在整个过程中,受众都是主动参与进来的,他们的积极性和主观性得到了更好的开发。同时,喜欢这种互动方式的受众也有大致的

图3-10 真人秀《奔跑吧兄弟》腾讯视频播出时的弹幕

年龄结构或者偏好,他们极易组成属性相似的社群,而在社群的互动和共鸣也会产生社交属性,满足电视节目观看时的社交心理的需求。

爱奇艺视频网站的副总裁马东指出,随时娱乐、随时表达、随时生产是年轻用户的行为习惯。很多真人秀节目在策划中和节目中,都是将随时可能产生的互动需求和表达贯穿其中的。纯网络真人秀节目《你正常吗?》《奇葩说》在进行每期内容策划时就将相关的话题投放在新媒体平台中。将最热的话题和观点在节目中呈现,同时通过现场环节的设置,将场内观众的态度予以呈现,而对个性化的满足和趣味性的体验式交互最受关注。

在观看真人秀节目过程中,受众的娱乐性需求是首先要被认同的。随着不同类型节目的丰富和差异化的定位,同质化和低俗化的节目在逐渐减少。音乐、冒险、家庭、亲子等各类真人秀节目都有涵盖,这在一定程度上切合了受众的真实生活。受众通过微博、微信、弹幕、留言等环节,分享了自己的观感,得到了共鸣,产生了较强存在感和互动感。

3. 强交互性在消费场景建立中的体现

报纸、广播通过渠道的建立逐渐靠近用户,手机会通过终端的建立联系用户,电视则通过有线网络的建立连接用户,而新媒体则是通过网络的建立联通用户。我们在传播学的范畴中,会引入受众的概念来描述传者、媒介、受众这一传播链条。而用户更多的是市场营销上的概念。何为受众?"传播学鼻祖""传播学之父"的威尔伯·施拉姆在他的《传播学概论》中打了一个形象的比方:受众好比在自助餐厅里的就餐者,媒介是自助餐厅,而传播者则是厨师。厨师提供尽可能让受众满意的饭菜(信息),至于受众吃什么,吃多少,吃还是不吃,全在于受众自身的意愿和喜好,媒介是无能为力的。[①] 在行业中,以前每一档电视节目在策划前都会做受众的分析,将节目观众群予以大致的定位。随着互联网的发展,借助数据化的分析,受众的精准定位成为可能,甚至逐渐可以描摹出受众的画像。同时,随着受众有了更多的渠道去接触

---

① 姜圣瑜.从"受众时代"走向"用户时代"[J].传媒观察,2011(4):24.

媒介，并产生对信息的再分析再传播的能力，完全由传者主宰信息传播的形式已经被这个互联网的时代所抛弃，因为用户在整个营销中的角色是主动的，甚至商家要在营销链条中主动去建立渠道连接用户，要为用户所想，搭建更好的体验场景。

电视作为传统媒体的代表，以节目内容作为产品销售时，通常可以完成一次销售和二次销售，然而对于更多衍生品或者营销链条的开发却十分困难，原因是需要建立从内容产品到消费场景的搭建，再到用户消费行为的路径。而互联网生态下的视频内容的平台即消费场景，用户可以随时通过链接，产生消费行为，用户的所有消费轨迹都是具有交互性的。而在电视上的广告行为在新媒体中也转变为"窄告"，通过更多的细分化受众和社群得到更精准化的目标用户。当然这也是电视节目在传播中所希望达到的，以真人秀节目为代表的传统媒体也在试图多渠道地搭建这种与用户产生交互性的消费场景。

（1）电视与用户消费模式的初步建立

电视作为普及性最高的媒介，是很多观众的首选，而观看综艺类的电视节目也是观众观看的主要类型。电视如何直接连接用户使之产生消费行为，就是要研究电视与电商如何跨界融合产生一种媒介生态效应。

目前，电视媒体与用户的联通基本上要先通过电视媒体与电商一同搭建的渠道，在行业中，我们将其称作"T2O"（TV to Online）的跨界合作。从电视端到电商端是融媒体环境下的一种新的媒介合作方式，将内容即产品和边看边买有效地结合起来。这种方式里包含了多个方面，电视媒体、电商平台、广告商、视频平台、APP和广大的用户。同时技术的发展，如移动支付等快捷支付方式，也极大地保障了T2O模式的消费场景的建立。

2012年，一部《舌尖上的中国》引爆了电视和电商的跨界组合。每期《舌尖上的中国》播出之后，在电商平台就会使得相关商品的搜索和购买量剧增。之后，节目制作方与阿里巴巴旗下的天猫达成合作，建立了"舌尖直通车"这样一个消费场景和渠道，采用了购买分账的模式。这是一种"Focus to Online（F2O）"合作，就是将媒体焦点事件与电商结合,通过这种渠道的搭建也让电视媒体看到了内容即产品的产业价值。之后,真人秀节目《爸爸去哪儿》《花样姐姐》等都尝试着与电商合作,开辟节目的衍生品,如同名玩具、服装、旅游景点等,都是一种线上和线下分开的模式即 F2O,这种与用户的连接是一种拓展而不是一种颠覆。

(2) 强交互性消费模式的探索

2014 年后,越来越多的具有交互性的电视与电商的合作模式开始出现。旅游卫视和淘宝网经过前期的共同策划招商,推出了《鲁豫的礼物》和《超级代言人》两档真人秀节目,这两档真人秀节目就是将产品和企业形象直接植入到节目中,然后在相关的电商平台同步发售。真人秀节目《女神的新衣》更是较为成功地实现了"边买边看"的模式。首先,节目本身嫁接了渠道,将嘉宾设计的衣服同步在天猫上售卖;其次,天猫提供了用户体验和销售场景,最后还结合了《明星的衣橱》的 APP 来进行垂直销售,通过电视、电商和移动终端建立起了交互性的消费模式,最大化地将受众观看转化为用户体验,又将用户体验转化为消费行为。同时这种消费行为也可以增加用户对电视节目本身的黏性和认同感。

"扫一扫"和"摇一摇"的模式,早在 2015 年的中央电视台春节联欢晚会中就已经出现,当时也引起热议。在 2019 年的央视春晚中,"摇一摇"更是吸引了百亿次的互动人次。随着这种模式的成熟,很多节目中都有了更好地运用。《惊喜连连》是中央电视台与中外名人文化集团联合制作的一档益智类的真人秀节目,观众在观看时可以通过"摇一摇"等互动手段来实现消费场景的链接。观众通过"摇一摇"端口进入网台互动的技术平台,进而获得商品的折扣券,通过选择电视节目中的选手并支持他们,从而获得最终的商品。在 12 期的节目中,观众不光可以通过端口获得奖品,还可以通过网络平台实现实时的互动。在第一季中,实现消费 1600 万人次,第二季中又实现消费 1700 万人次;这种消费轨迹还带动了商业的转化,在第三季节目中每一期的平均商业转化率都超过 40%(如表 3-10)。因为网台互动技术的成熟,使得观众身份可以迅速地转化为用户体验以及消费。

表3-10 《惊喜连连》节目的互动人次及商业转化图例

期数	互动				资讯			商业转化	
	争分夺秒	每日一战	摇一摇		阅读量	点赞量	分享量	发放	转化
			人数	次数					
1	1587	2968	3682	95369	7189	3516	5835	0	0
2	9521	15380	27406	426175	27159	9736	9526	3835	1827
3	13831	18418	31760	728604	29415	18608	8136	5214	2169

来源:中外名人文化集团。

电视媒体借助媒体融合的发展趋势,将自身的优势与互联网、新媒体、移动终端相融合,通过和电商搭建的消费场景,将观众的消费和节目内容捆绑;通过让利以拉动一些节目的收视,增加了观众对节目的认可。同时利用多屏和跨屏的收视习惯和消费习惯的改变,无缝地将受众身份和用户体验转化,并经过精准定位,实现了电视广告的新价值,找到了更多将收视率转化为实际效益的渠道。

但是这种交互性的消费场景的搭建模式还在探索当中,消费习惯的改变还在积累中,像"摇一摇""扫一扫"这样的数字化媒介通道首先要调动起观众的主动性,使观众自觉地接受营销,并愿意成为消费者;同时在消费场景中,初期还要完成扫码、注册、激活等各个步骤,所以消费的转化率还是大打折扣的。而电商的电视化是对节目质量的一种考验,过度电商化的电视节目也难免会影响节目的质量和观感。当然这种种不足之处会随着技术的发展和消费习惯的培养而逐渐完善,从受众到用户的身份流变也会随之加速,电视的产业生态也会加快升级。

4. 强交互性在社交平台中的体现

在互联网技术的依托下,人和人的关系变得紧密起来,很多社会化的网站都会提供社会化的服务。"第三次浪潮就这样开启了一个真正的新时代——非群体化传播工具时代,一个新的信息领域与新的技术领域一起出现了,而且这将对所有领域中最重要的领域——人类的思想,发生非常深远的影响。总之,所有这一切变化,变革了我们对世界的看法,也改变了我们连接世界的能力"。① 我们接触到了互联网嫁接新媒体的渠道,才意识到现在这个时代不仅是用人际传播来补充媒介传播,而且用媒介来辅助人际传播。② 正如施拉姆所言,大众传播效果受到很多因素的影响,包括媒介因素、传播本身因素或传播情景因素,例如媒介文本结构、信息源和媒介性质、公共舆论氛围等。③ 电视媒体如何去选择渠道,调整怎样的内容,运用什么样的语态,能造成多大的影响力,这才是我们去考虑如何和互联网技术的新媒体合作的出发点。在看似某个点状网络应用的背后,其实是一张社交化的关系网,是一种人际关系的延伸。

  微博、微信、抖音等社交平台的功能性已经改变了受众的阅读和观看方式(如表3-11)。面对这种强势的渠道和社交场景的搭建,真人秀节目倒是很快地找到了切合点,成为相互助力发展的共赢关系。真人秀节目在营销时,通常都是先建立微博(个人或官方)和微信两个渠道。在明星参与的真人秀节目中,往往粉丝效果明显。通过微博的话题引入,带动原有粉丝和新粉丝的整合,带动互动和参与。微博是一种基于陌生人之间的"弱关系"连接,在分享和评论中逐渐形成社群化的行为特征;而微信之间是基于认识人之间的"强关系"连接;门户网站不光呈现内容还有搜索功能,是一种整体化的营销方式。这三种营销手段在交互性上表现一致,都是以节目内容作为核心,以交互性作为手段,以图片、视频、文字作为呈现方式,随着节目的播出和热议而流量走高,随着节目播出结束而关注度也随之下降。笔者长期跟踪《奔跑吧兄弟》《全员加速中》等真人秀节目的微博、微信和官方网站,得出了在社交平台中三种途径的传播内容侧重有所不同的结论。

---

① [美]阿尔文·托夫勒.第三次浪潮[M],朱志森,等译.北京:生活·读书·新知三联书店,1983:225.
② [美]威尔伯·施拉姆,威廉·波特.传播学概论:第2版[M].何道宽,译.北京:中国人民大学出版社,2010:181.
③ [美]威尔伯·施拉姆,威廉·波特.传播学概论:第2版[M].何道宽,译.北京:中国人民大学出版社,2010:194.

表3-11 微博、微信、官网传播内容异同

相同之处	不同之处
(1)核心传播内容依托节目内容	(1)门户网站呈现完整内容
(2)运用图片、视频、文字等方式	(2)微博、微信呈现片段化内容
(3)互动的流量与节目开始结束正相关	(3)微博、微信呈现方式多样,语言更网络化

现在的真人秀节目频繁地利用"两微一官"的互动功能制造话题,营造口碑,其实就是营销策略。美国营销学专家伊曼纽尔·罗森(Emanuel Rosen)认为"口碑是关于某品牌的所有评述,是任何给定时间里关于某个特定产品、服务或公司的人与人之间所有交流的总和"。① 而社交平台成为了有意识的内容议程设置的渠道,同时结合微博中"意见领袖"、微信中熟人传播吸引粉丝的关注和互动。关注受众体验和感受的营销才能是有效的营销。像《奔跑吧兄弟》会积极建立渠道,了解受众的想法、喜好和意见,促进节目的创新(如图3-11、图3-12)。

图3-11 《奔跑吧兄弟》第九季官方微博

---

① [美]伊曼纽尔·罗森.营销全凭一张嘴[M].曹彦博,蒋其宝,译.北京:中信出版社,2002:16.

图 3-12 《奔跑吧兄弟》第三季微信公众号截图

在互动中,社交平台中的语言也与网友们无缝对接。《极限挑战》的官微自称自己是"极限君",《奔跑吧兄弟》的官微自称自己是"奔奔",还会为明星嘉宾制作卡通形象并配上网络化的语言,同时加之视觉化的图片、视频进行传播,用一种"拟人化"的语态,打造一种亲民的视角,迎合了网络受众的多元化的思维和语言风格(如图 3-13)。

社交平台已经形成天然的交互式场景,微博平台的"弱连接"更能形成话题的造势和粉丝效应,形成高效高频的互动。微信则是基于"强连接"的熟人圈传播,对互动性的信任度和情感认同度更高。而官方网站或微博则是可以形成更整体地观看,同时嫁接弹幕、留言等程序,使得受众得到情感共鸣和社交属性。伴随着短视频平台的建设,电视节目的营销与分发有了更多的空间,真人秀节目《奔跑吧兄弟》就是抓住这一机会,充分利用新媒体,提升节目宣传的效益。短时间内积累了一千多万的粉丝及话题热度,充分利用"电视+互联网+移动终端"的全媒体营销推广方式,借用自媒体特性,加强电视节目的互动效果,使受众与节目之间的联系更为紧密。

图 3-13 《奔跑吧兄弟》抖音推广平台

第四章　真人秀节目的创制

　　当前在媒体融合和转型的时期,政府的调控力度和监管政策会对市场格局的形成有特殊的意义。这种影响不管是主动还是被动,往往决定了未来电视、互联网、新兴媒体发展的方向。一些学者曾提出,在技术融合、经济融合(市场融合、产业融合)、文化融合的基础上应更侧重规制的融合。这是要求应媒介变革的需求而建立一套适应融合现状的政策规制的框架。在这个框架体系里应包含融合的主体对象、规制的政策、准入制度和市场监管等方方面面。从媒介的发展来看,政策的制定往往晚于新技术的应用,但良好的政策环境往往可以促进技术的持续发展。融合之间并不是一个单向性的思维,而是一个立体多层次的思维模式。

　　在新政的不断出台及引流下,各类电视节目的收视比重出现了浮动。其中包含真人秀节目在内的综艺类电视节目的收视比重有所上升,而且成为拉动疲软收视的重要杠杆。纵观"一剧两星""一晚两集"之后的电视市场,新政在持续发酵,"限娱令""限真令"也在多重管控,对于真人秀节目集中的"920"播出带造成了较大的影响。从总的收视量上来看,与以往同期有明显减少。但政策的规制与引流,也促使各大卫视的节目编排产生了很大的变化,同时也促使各大卫视加强节目的创新生产。真人秀节目的类型、编播、参与主题等各个方面受到了政策的巨大影响,由此也带来了明显竞争格局和收视格局的变化。

第一节　真人秀节目的类型创制

一、演播室类与户外类真人秀节目的创新

　　近几年室内的真人秀可圈可点,如《我是歌手》《中国好声音》《欢

乐喜剧人》《乘风破浪的姐姐》等都展开一轮又一轮的季播。笔者对比了 2019 年来几档收视较高的演播室真人秀节目和户外真人秀节目来总结其类型特点(如表 4-1、图 4-1)。

表 4-1 2019—2020 年收视较高的真人秀节目选样

类　型	名　　称	播出平台
季播演播室真人秀节目	《演员请就位》	湖南卫视
季播演播室真人秀节目	《乘风破浪的姐姐》	湖南卫视
季播演播室真人秀节目	《王牌对王牌》	浙江卫视
季播户外真人秀节目	《奔跑吧兄弟》	浙江卫视
季播演播室真人秀节目	《中国好歌曲》	中央三套
季播户外真人秀节目	《向往的生活》	湖南卫视
季播户外真人秀节目	《我在颐和园等你》	北京卫视

1. 观众结构不同维度上的突破

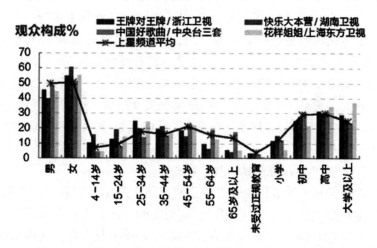

图 4-1　2019 年上星卫视几档真人秀节目的 CSM 观众数据调查①

根据媒介研究 CSM 的几档数据调查可以看出,女性观众超过男性

---

① CSM 媒介研究[EB/OL]. http://www.csm.com.cn/Content/2016/11-11/1054081314.html.

观众成为真人秀节目的观看主体。从年龄层面上看,《王牌对王牌》《花样姐姐》《中国好歌曲》在15—44岁的中青年主体中占有较为明显的收视优势,形成引领性的影响。而《中国好歌曲》在45岁以上的年龄段有较大的吸引力,中老年观众的比例较为突出。在观众的学历结构上,大学以上学历成为东方卫视《花样姐姐》的收视主体。由此可见,真人秀节目的观众结构无论在性别、年龄、学历中都有不同维度的突破,各大卫视也利用其王牌节目以及节目带的表现吸引着不同结构特点的观众。

2. 演播室类真人秀节目的创新特点

演播室类真人秀受到场地及编排的局限,在户外真人秀大行其道的几年里,其市场份额受到了挤压。2019年开始,许多演播室类真人秀节目借助节目模式和表现手法的纯熟,也在逐渐地扩大其节目类型的影响力。明星的加盟无疑是助力节目收视的条件之一,而现在演播室真人秀节目在明星的参与度上也正在缩小与室外真人秀的差距。2019年的创新类季播真人秀节目《王牌对王牌》就利用了"热门IP",请炙手可热的明星进行演播室对决,在借助IP的热度和明星效应之后,突出户外真人秀的包围,逆袭成功。超龄喜剧战队VS最接地气战队,《王牌对王牌》几期高收视的节目如《奔跑吧兄弟》VS《挑战者联盟》,模范夫妻队VS荧屏情侣队,豪爽派美女战队VS婉约派美女战队等,都涵盖了当下最有热度的荧幕CP、话题人物,这几期节目收视均超过1%。

3. 户外类真人秀节目的创新特点

户外类真人秀节目在表现手法和思路上都十分创新。从2015年东方卫视推出的《极限挑战》开始,剧情类的户外真人秀节目便发扬光大。此后《24小时》等真人秀节目在剧情化和IP化方面都有很多继承和坚守。

比起传统的真人秀节目,《中国好声音》《快乐男声》都是歌唱选秀类的模式,很少有剧情化的设置,演唱会或者出专辑是这类真人秀参与者的出口。这个渠道无法在短时期把节目的IP效应放大。但是像《爸爸去哪儿》《奔跑吧兄弟》《极限挑战》都是具有丰富剧情化设置的真人秀节目,可以使得大电影的剧本创作得以延续。《爸爸去哪儿》大电影严格意义上说不能算是真正的电影化制作,更像是综艺节目走上了电影荧幕。但是基于庞大粉丝基础和趣味化的表达手法,在院线电影上也取得不俗的成绩。浙江卫视的《奔跑吧兄弟》每一期都有一个情景的设置,根据主题来完成嘉宾之间的竞技,而非单纯的演技比赛。增加这种戏剧化的内容可以为以后的 IP 和衍生品的开发提供内容上的保障。东方卫视的《极限挑战》在剧情化的架构上,将社会热点或是完整的剧情模板嫁接进来,每一个参与的嘉宾就是烧脑完成挑战的过程。而湖南卫视播出的真人秀节目《全员加速中》中,将剧情时空分为三个,即现在、过去和未来。将未来时空作为节目制作方的一个化身,代替主持人的功能,对节目的剧情和模块进行把控;另一个是过去时空,是真人秀故事的发生地方,有完整的环节设置;最后一个是现在时空,参与者要通过这个时空回到过去完成竞技。三个时空同时存在又相互交叉,每一个环节都有精心的设计,是一种全剧情化的模式。

二、素人类和明星类真人秀节目的创新

真人秀节目的类型划分可以有多种,根据参与主体的不同可以划分为明星真人秀和素人真人秀两种类型。欧美素人类的真人秀节目一直未退热,只是侧重不同,对体力和智力的考验难度也在不断提高。我国素人真人秀节目经过一个高潮和没落的过程,现在随着广电总局相关政策的引导,又开始进入一个上升期。

1. 素人类真人秀节目的创新

素人类真人秀自出现以来,就凭借原生态的人物形象受到广大观众的喜爱。曾经的《超级女声》《快乐男声》都是素人真人秀节目的代表,这些素人以草根的身份登上舞台,经过数月的蜕变,破茧成蝶成为平民偶像。之后随着各大卫视版权节目的引进,明星真人秀空前繁荣,而素人真人秀开始没落。2012 年,随着《中国好声音》的开播,素人真人秀又进入了一个发展期,但这一时期的素人真人秀已经退去了草根的标签。我们会发现出现在舞台上的参与者一开唱就是惊艳的,几乎用一种"准明星"的身份在舞台展示,观众似乎只看到参与的主体是素

人,但是完全找不到自我的映射。到了《最强大脑》的播出,观众更是看到了"超级人类"的存在,观众多半是观看和见证这个过程。因而素人真人秀的草根逆袭已经过去,现在的电视真人秀中更多的是"准明星"的素人成为参与主体。

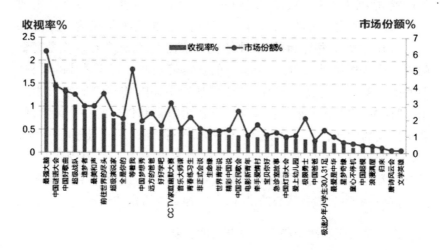

图 4-2 2019 年上半年主要素人真人秀节目收视率
(数据来源:CSM 媒介研究)

素人真人秀节目的收视率整体表现平稳,不同内容的素人真人秀锁定不同需求的受众(如图 4-2)。素人真人秀最重要的看点是代表着普罗大众话语权的展示,无论是选秀还是投票,大众在参与互动和分享的同时,成为了这些素人走向"民星"的制造者,这不同于粉丝对明星的仰视。当然每个年龄段的收视心理各有不同,而电视荧屏上丰富的素人真人秀节目也为受众提供了更多的选择。

在真人秀节目发展之初,"星素"是有明显的界限的。在我国当前的媒介管理制度下,行政政策引导对整个节目制作的选择过程起着决定性作用。正是在看到明星真人秀泛滥产生的种种问题和人民群众的多样化需求的基础上,国家新闻出版广电总局果断采取措施,于 2015 年 7 月 22 日出台了《关于加强真人秀节目管理的通知》,意在对真人秀节目进行宏观调控,遏制畸形发展的现状,为真人秀的未来发展指路,网民则称其为"限真令"。该文件第四条要求:坚持以人民为中心的创作导向,关注普通群众,避免过度明星化。要依据节目内容确定参与节目的嘉宾人选,提高普通群众参与真人秀节目的人数比例。①随后,明星真人秀和素人真人秀开始相互融合,出现了《中国好声音》中的明星导师、《前往世界尽头》里的明星队友、《远方的爸爸》中的明星老爸、《向往的生活》里的明星朋友。在利用明星身上的话题和热度的同时,也在挖掘素人身上的闪光点,这也成为素人真人秀拓展类型的方向之一。

2. 明星类真人秀节目的创新

2004年和2005年的《超级女声》获得空前成功之后,真人秀节目就进入了爆发式的增长期,各大卫视也开始大规模引入国外模板节目。其中《舞动奇迹》《我是歌手》等多种类型的明星真人秀节目都获得了较好的收视。而获得较高关注的明星类真人秀节目主要是呈现了明星形象的反差化,将明星不为人知的"后台"形象予以呈现。在明星走下"神坛"去明星化的过程中,完成了明星平民化的过程。

伴随着新媒体技术的创新发展,媒体节目的传播载体发生了变化,行业个性化差异增大,大数据的长尾效应越发明显。明星类的真人秀节目在网络容易产生讨论及传播效果。在当前电视网络化的环境中,视频平台和电视节目都在不断增长,观众能够找到属于自己的理想收视渠道。例如,《演员请就位》节目就是以网络平台为聚焦,拓宽了节目播放的渠道,突破了腾讯视频的单一平台,实现了平台之间的综合利用,达到了优势互补的作用。在拥有了广泛的受众基础和成熟的节目制作之后,应该把眼光放得更加长远,在传播渠道上坚持"引进来""走出去"相结合的模式,从中国市场走向世界市场。

对于明星类真人秀节目收视而言,受到媒介融合的影响,出现了受众碎片化的情况,因此,构建全方位的营销模式,能够对受众的碎片化进行有效的整合。一方面,要对标节目预热,让观众具有期待。在很多真人秀节目开播之前,要在各大门户网站上对节目的基本情况、花絮、

---

① 王永连.素人真人秀如何打造现象级节目[J].视听界,2015(5):52—57.

参与演员和导演进行预告,从而引发观众对节目的兴趣,提高未来节目收视的预期。另一方面,要形成观众热议的话题。在具体的热议话题涉及方面,《乘风破浪的姐姐》《演员请就位》就是把节目中人物的普通交流在文字上进行了强化,制作视觉上的矛盾冲突,从而能够更好地提高受众的关注度。在之后的节目制作和播出中,非常注重媒体宣传和媒介融合,通过新媒体粉丝的互动性、裂变性和黏合性,让节目继续升温。

不可否认的是,明星真人秀节目的娱乐性和可视性是综艺节目最重要的引吸受众的因素与特征。观众通过观看得到身心上的愉悦和情绪的释放。而明星在节目中展现的亲子关系或是家庭生活抑或是"笨拙、羞涩、迟钝"等都是观众以往不可能看到的,这也满足了观众的窥私欲望,成为消费的符号。

3. 拟剧理论下的星素真人秀的发展

拟剧理论是加拿大社会学家欧文·戈夫曼(Erving Goffman)根据观察戏剧表演获得的灵感而提出的一种社会理论。戈夫曼以人际交往中的传播行为为研究对象,将人们在社会生活中的交往比作舞台上的一种"戏剧表演",他认为社会就像一个大舞台,每个社会个体就像舞台上的演员,他们在不同的生命阶段扮演着不同的社会角色。表演框架、区域与区域行为、前台与后台、剧班、表演以及印象管理艺术是拟剧理论的六大核心构成要素。[①] 这个理论应用到电视真人秀节目的研究中,可以对应得出电视节目本身就是一个承载的"舞台",节目参与者之间的人物关系形成一个"社群"。明星在舞台上的表演更具有号召力和影响力,对于受众而言更是满足了其窥私欲的心理。素人参与者在舞台上是有劣势的,镜头感差、话题感弱,但是对于以真实性为特点的真人秀节目,明星"秀"的成分更多,而素人则更多是"真"。

前台与后台也是拟剧理论的核心要素之一。前台是个体在表演期间有意无意使用的、标准的表达性装备,是在不同的社会互动场合,个体按照标准展示自己的区域。后台是在前台表演间歇时进行准备和休

---

① 朱燕丹. 拟剧理论视角下电视真人秀的特点及策略研究[J]. 今传媒,2015(4):34.

息的场所,在这个区域中有着许多被掩盖的事实,表演者在这里可以放松一下,放下道具,不说台词,甚至可以暂时忘掉自己扮演的角色。①明星真人秀正是利用了这种前台和后台的位移,将明星的家庭、生活、亲子关系等本应该属于后台的行为呈现在前台,打破了社会框架,让受众在观看的同时得到了一种冲破社会规范约束的快感,因而明星真人秀的收视也因此而话题十足。但素人真人秀节目中的素人在后台的行为对受众的吸引点不高,因此和前台的行为相比较也没有过多的冲击力,这与明星真人秀相比明显处于劣势。因此素人真人秀节目要想提升看点,一定要在"秀"上看点十足,像欧美的素人真人秀,参与者都是十分具有特色的,无论是体力还是智力,抑或是拥有超凡的能力。

三、网络自制真人秀节目的创新以及电视真人秀节目的应对

2016年以来,我国的综艺节目市场呈现出白热化的竞争态势,电视媒体凭借多年的制作经验和受众基础,频频推出具有巨大影响力的真人秀节目。而与互联网共荣的视频网站也制作出更加精良的真人秀节目。借助行业态势的大发展,网络真人秀节目的品牌影响力和热度大幅提升。各大视频网站和电视媒体在真人秀节目的制作上呈现出"诸侯争霸"的态势。根据播出和制作平台来分类,真人秀节目又可以分为网络自制真人秀节目和电视真人秀节目。

1. 网络自制真人秀节目渐成态势

仅从各大互联网站平台自制网络综艺数量上来看,网络综艺已经从2014年的三五档自制节目,猛增到如今的各家视频平台皆拥有10档以上。2018年后,网络自制综艺节目呈现蓬勃发展的态势,网络自制综艺节目无论在制作水准和投资成本上都有了质的突破,摆脱了观众已有的刻板印象。在2018年第一季度中,爱奇艺独播的《偶像练习生》拔得头筹,截至3月31日,前台播放量达24.27亿,占整体市场的17.8%。《偶像练习生》从"宣传本位"到"受众本位"的转变,其互动模式有了新的变化,激活了网络自制综艺节目的互动空间。到了2020

---

① [美]欧文.戈夫曼.日常生活中的自我呈现[M].冯刚,译.北京:北京大学出版社,2008:18.

年,受到关注度最高的的竞演类真人秀非《乘风破浪的姐姐》第一季莫属。据艺恩数据统计,《乘风破浪的姐姐》第一季的播映指数为78.6,排在全国网综的第一名。其中微博贡献的话题讨论度也非常高。

中国网络视听节目服务协会节目部副主任龚禹霖在年度的视听报告里曾经谈到,网络综艺节目是从节目类型单一到节目类型丰富,从经费少到经费多的趋势发展。包含网络真人秀在内的综艺节目在发展之初,与制作精良的电视台节目有着较大的差距,在经历斥巨资向电视台购买内容版权的阵痛期后,视频网站开始向自制的纯网络综艺节目发展。目前,出现了很多大资金、大明星、大体量的综艺节目。如腾讯视频网站每年光自制节目的研发就投入10亿元,而开发成熟的《奇葩说》仅一个节目的招商就超过3亿元。这种级别的网综节目也越来越多,高投入、高产出、精良化的模式让网络综艺的水平越来越向电视播出级的综艺节目靠拢。这种种改变背后的核心就是高级节目制作人才的行业流动,曾经制作出"现象级"真人秀节目《爸爸去哪儿》的谢涤葵、《奔跑吧兄弟》的俞杭英等都纷纷离开传统电视体制,流向新媒体行业。而一些知名的主持人、明星也纷纷加入网络综艺节目。在模式上,视频网站也和制作公司有更深度的合作,分发渠道也非常多元化。

在用户体验方面,新媒体更是凸显了自己的优势。2016年与2015年相比,对于电视媒体来说,收视时长下降最为明显的是4—14岁和25—44岁的群体,人均收视分钟数较上一年降幅均超过15%。反观视频网站,根据艺恩智库数据显示,仅7月份视频网站TOP20总播放量较2015年同时期增长42.64%。在7—8月总播放量TOP20各家版权剧数量排名中,腾讯视频拥有其中的15部。而腾讯视频为了满足年轻用户"一切皆可玩"的观剧需求,从产品功能、个性化体验、用户福利等方面均做足了功课。① 很多视频网站,利用技术优势将年轻人经常使用的直播、弹幕、跨屏等功能嫁接到节目互动中,把用户的互动和体验放在首位,努力迎合年轻人的群体。这种节目改变不仅仅是互动环节,在节目内容上也更加注重年轻人的心理需求和收视习惯。爱奇艺视频

---

① 周欣欣. 从原版到原创——广电新政下的市场表现思考[J]. 视听中国,2019(10):31.

推出的《偶像练习生》是一档由粉丝决定节目内容的全新形式的真人秀节目(如图4-3)。总导演陈刚阐述了节目的立意,是将偶像的拉动作用和粉丝效应结合在一起。整个节目录制都有明星的粉丝全程参加并进行网络直播,与嘉宾实时互动以传播出节目录制的亮点。最终由全民票选出优胜9人,组成全新偶像男团线下线上多重互动,提升了节目的可看性。

图4-3 爱奇艺打造的网络真人秀节目《偶像练习生》官方海报

2. 电视真人秀节目的应对

除了技术上的差异,网络真人秀节目和电视真人秀节目在监管力度上还有很多的不同,这使得网络综艺节目内容和形式更为多样,像在网络综艺节目中的两性话题、悬疑话题等敏感话题,在电视节目中是很少涉及的。对于节目的传播,网络综艺节目更利于通过社交平台、网站等渠道传播,分享性和互动性都很流畅。对于广告商的植入和冠名,网络综艺节目的处理方式也很灵活,甚至很"好玩",受众接受度高。

面对网络真人秀节目如此激烈的竞争,电视真人秀节目应该如何应对呢?虽然网络真人秀节目蓬勃发展的同时还是要面对打擦边球、缺少高质量内容、缺少高端电视人才的困境,但电视传统行业如再不重视其转型和融合,将面临更大的冲击。

(1) 加强跨屏互动性

强交互性是网络真人秀节目的亮点之一,而这个技术手段的使用吸引了更多的年轻群体。怎么样才可以把年轻观众拉回到电视荧屏前呢,电视媒体也做过一些尝试。例如湖南卫视的真人秀节目《我想和你唱》就利用 APP,通过芒果 TV、唱吧等终端,由素人和明星一起合唱,投票后获得点赞数最高的素人将参与节目录制。这种方式就是结合了跨屏的优势,将明星和粉丝的互动放在了一个互相欣赏、配合的层面,随后通过粉丝的再传播将节目影响扩大(如图4-4)。

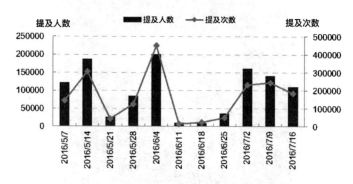

图4-4 真人秀节目《我想和你唱》微博提及人数和次数
(数据来源:CSM 媒介研究)

(2) 加强网台的共生关系

电视真人秀节目和网络真人秀节目在目前来看呈现非常明显的不是此消彼长的情况,而更多的是共生的深度交融的关系。腾讯视频中的最高搜索播放量仍然是电视媒体的节目,如《极限挑战》《奔跑吧兄弟》《王牌对王牌》等。电视真人秀节目依然是各大视频网的资源内容,但是网络的真人秀节目也会反哺电视平台。

例如,《偶滴歌神啊》是一档纯网络真人秀节目,主要针对的是"90后"和"00后"的受众群体,在节目内容的设置上也是网络感、年轻感十足(如图4-5)。该节目由谢娜主持,将"90后"喜闻乐见的话题和热点植入,在网络播出时收视的群体就锁定年轻人,之后节目反哺输出到深圳卫视,带动了整个深圳卫视平台的结构变化。

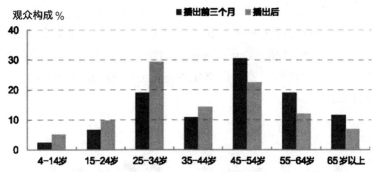

图 4-5　真人秀节目《偶滴歌神啊》在深圳卫视播出前后观众构成的变化
（数据来源：CSM 媒介研究）

不光是这种具有网络基因的节目在电视平台的收视放量,传统媒体人才也加入了激烈的战局中。真人秀节目《放开我北鼻》就是由东方卫视在制播分离后与腾讯视频合作推出的节目,其特点也是更加注重节目的互动性和娱乐性。新的播出平台兴旺和充分表达市场诉求之后,在一定时期内,电视综艺和网络自制综艺会长期共存和深度交融合作,达到一个新的平衡。因此电视平台需要不断修炼内功,探索传统播出平台上的新路。①

（3）利用主流价值观引领节目增值

很长时间以来,电视媒体购买模板节目更多的是依赖其成功的模式和市场反馈,认为这是保证节目成功的要素。对于电视台来说,时间成本和资本控制都不允许有太大的试错空间,而真正"现象级"和品牌化的电视节目是需要一个节目的导入期和成长期的。但网络上的真人秀节目传播,因政策的监管边际模糊和资金、人员相对灵活的流动,就产生了一定的试错空间;在价值观的传播上,也多以更大尺度的窥私来满足受众的需要。传统制作精良的真人秀节目的优势不言而喻,但如何利用网络节目取其精华为己所用正是其需要努力的方向。传统电视媒体完全可以利用更加深入的网台联动,用主流价值观来引领节目的增值。例如湖南卫视推出的《旋风孝子》就是利用了真人秀节目的纪

---

① 马超.互联网背景下网络综艺发展及电视综艺的应对[J].视听中国,2018:9(17).

实手法,将黄晓明等6位明星和父母在一起的6天5夜进行24小时记录,力求真实,满足观众的窥私欲。同时由于主题和价值观的升华,引起了观众在亲情、孝道、父母等话题的思考。在微博平台的话题多以爱、父母等为关键词,引领了网络中的正能量传播,节目也获得了不错的收视(如图4-6)。

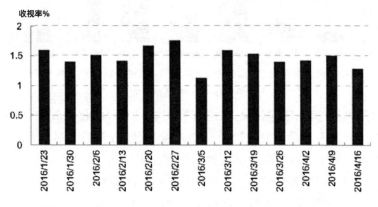

图4-6 湖南卫视真人秀节目《旋风孝子》的第一季收视率

四、国外真人秀节目的创新

纵观近三年来的国际真人秀节目制作市场,其节目核心一直围绕着"社会关系"来展开。尤其是面对社会复杂的分层、收入、心理以及秩序,很多国外的真人秀节目均将实验性的元素嫁接进去,以体现对社会的映射。其中几档热播的真人秀节目对于政治主体、情感裂痕、社会歧视都有涉猎,利用其话题性和敏感度成为近年真人秀节目的焦点。

1. 利用"社会关系"带动敏感话题

这是一种具有实验元素的真人秀节目,以不同的人物生活方式嫁接起来,建构在不同的场景当中,将年龄、立场、种族不同的人聚集在节目里,通过不同元素的碰撞,产生丰富的节目效果。例如丹麦推出的真人秀节目《老妈要恋爱》(《En Kareste Til Mor》)就是由"关系"这个话题入手,一开始就将妈妈们的约会对象和孩子组合在一起,由孩子选出5个候选人之中的一个与他们的家庭共同生活3天。这个节目立足于家庭关系,将单亲妈妈、孩子和未来夫妻等元素呈现出来。在第一季播出时的市场份额达到33%,远远超过同时段节目。德国也推出了改善关系和减少分歧的真人秀节目《看着我的眼睛》(《Look Me in the Eye》),节目将分歧双方请到节目中,在特定时间里不能用语言阐述分歧而是通过眼神来交流,希望有分歧的人可以解决问题。该模式推出之后即被法国 TF1 等频道购买。这种从社会关系入手的节目,很多时候会引起观众的共鸣,而纯熟的制作方式也是真人秀节目大行其道的原因。

2. 女性形象下的群体权利

在国外的电视荧屏形象中,女性角色一直都是举足轻重的。挑战自我、非凡自信、追求成功的女性形象都在吸引着观众的注意力,而女性的群体权利更是一个热门的社会话题。德国推出了一档以色列的模板节目《大码超模》(《Curvy Supermodel》),引起社会对审美标准的讨论。无独有偶,日本也推出一档聚焦女性的真人秀节目《裸体之夜》(《Naked Eye》),其节目的宗旨是希望女性群体可以以更加舒适的方式找寻自我,获得更多的自尊感。除了女性自身的归属问题的探讨,对于文化在女性群体的映射,丹麦的纪实类真人秀《ASGER OG DE NYE DANSKERE》将创作视角聚焦在移民问题上,其中大篇幅包含女性、宗教、移民等群像符号的交织,在德国 DR2 频道播出时,其市场份额接近 14%。女性观众无论在国外还是国内,其收视行为的持久性都远超过男性,对于女性群体形象的关注是引起真人秀节目共鸣的条件之一。

3. 名人效应的引爆

近些年,名人本身或者其涉及事件都是吸引观众收看的元素,政治敏感和社会事件也必然会引发热议。而观众的猎奇心理和窥探欲恰恰为电视创作所利用。电视节目所呈现出来的名人生活写照或引起共鸣或引发兴趣。西班牙真人秀节目《LA COMIDA RECONFORTANTE DE JAMIE(JAMIE'S COMFORT FOOD)》,就是以明星厨师 JAMIE 的名字命名,将他的家作为拍摄地点,同时利用其本土的影响力,邀约名人、政客、演员等作为嘉宾。在节目中,利用美食作为切入点,展现 JAMIE 本人和嘉宾的生活状态,将观众生活中常用的食材制作成为可口的美食,满足观众的饕餮享受。该节目从推出就占领了市场同时段的首位。

名人参与的纪实类真人秀节目《Sven Het Laatste Jaar》也是如此,该片记录了自行车运动员 Sven Nys 退役前的最后一年,以及之后他的变化。利用观众对名人的观看欲望,向受众展现名人的私密生活,得到了青年观众的高度认可,收视比重比同时段其他节目高 2 倍。

4. 穿越时空的呈现

在国外非常火爆的一种真人秀节目形式是对未来时间和过去时间的呈现。丹麦的真人秀节目《Skru Tiden Tilbage-Til 1950'erne》是给观众呈现 20 世纪 50 年代的生活状态,在 DR1 公共频道播出,以 6 组家庭为参与对象,在模拟没有互联网和手机的年代如何生存,带领观众回归原始的生活轨迹,引发对往昔的回忆。英国真人秀节目《10,000 B.C.》更是将节目的视角放在了原始的石器条件下的社会,利用巨大的反差,揭示当下社会关系的脆弱。荷兰 Talpa 公司还推出了《The Story of My Life》的真人秀节目,将明星化装成老年人的模样,对自己的人生故事娓娓道来。该节目在本国试播时收视份额就远远高于同时段的其他电视节目,其版权也先后被巴西、俄罗斯等国购买。在中国,即将推出的《时空摆渡人》也是融入了时间的概念,通过节目嘉宾选择过去和未来,从而呈现出时空之旅。

5. 利用非常规电视元素增加话题性

由荷兰 Fremantle Media International 公司发行的真人秀节目《滚出我家》(《Get The Fuck Out of My House》)就是将选手安排在只能容纳 4 人的小房间里,利用比赛规则和高额的奖金刺激,在食物和用品都十分紧缺的条件下,制造出疯狂的效果。同样,韩国也推出了一档社会实验类的真人秀节目《社会游戏》(《Society Game》),这个节目为选手模拟出两种不同环境,但都包含卧室、烹饪等常规生活区域。而最大的不同是在于一个队设立了"反抗室",而另外一个队设立了"投票室",意在模拟社会的两种政治形式——专制和民主,最终在全天 24 小时记录播出,最终获胜的队伍可获得 100 万韩元的奖励。

国外真人秀节目的创新形式越加多样,体现了现实主义的多个层次。无论是对社会关系还是群体权利都有关切和写照,更有制作人大开"脑洞"用全新的甚至荒诞的手法为观众呈现出远离生活的场景,给人们以观察的机会。当然,国内的制作人也可多多借鉴国外在真人秀节目方面的尝试和创新,为国内的荧屏提供更多的具有社会态度的真人秀节目。

第二节 电视真人秀节目的季播创作模式

影响电视真人秀受众收视行为的因素有诸多,其中包括年龄、性别、职业等主观因素,同时也包括地域、季节等客观因素。因此,基于受众的收视行为变化,就产生了电视真人秀节目的编排策略——季播。

季播的概念由美国电视网多年以来对电视节目编排所产生。Season一词不同于季节的概念而是指播出的季节,而业界会常常简称为季播。所谓季播就是电视播出机构根据收视市场、观众习惯呈现出的季节性变化,对频道节目的配置、播出安排进行应对性调整。① 近年来,中国的商业电视通过对收视规律、观众的收视行为、消费轨迹及受众心理等方面的研究,将季播运用到多档电视节目中,形成了熟练的编播手法。

在我国,季播不但应对四个季节,还与春节、寒假、暑假等具有中国特色的国情相融合。很多真人秀节目在编排播出时,更注重与观众的关联,将短时的季播向长期性的、连续性的季播发展。例如东方卫视的《中国达人秀》以年度作为一季,截至2019年底已播出六季;湖南卫视的《爸爸去哪儿》也更新至第五季;浙江卫视的《中国梦想秀》一年两季。季播的概念可以说在真人秀节目中运用最为广泛和成熟,这不仅表现在对节目的编排组合上,同时也表现在节目的制作与生产环节。在一季一季的积累下,不但增加了观众对节目的黏性,而且会通过新媒体端口的互动在播出季时形成关注度的爆炸效果。

季播的模式主要是为了培养观众约会意识的养成,在固定时间的

---

① 葛进平.受众调查与收视分析[M].杭州:浙江大学出版社,2015:343.

播出使得观众可以根据自己的兴趣定位到电视节目。一到播映"季",观众就会产生自觉、自动的注意力转移。随着多渠道、多平台的实时互动,节目效果和观众意见可以及时反馈到节目制作过程中,之后对节目调整、受众需要、广告植入等都可以迅速地做出反应。例如,剧情类真人秀《极限挑战》中,很多网友看到了孙红雷、张艺兴和王迅在节目中的表现,在官网中留言调侃他们是"极限三傻"。这种来自网络的留言通过孙红雷本人在后面一期节目中自嘲,最后形成了"极限三傻"和"极限三精"这一组CP,并在节目中反复使用,甚至该话题还登上了微博的热搜,形成了很好的宣传作用(如图4-7)。同时,观众在观看时还会自发地产生属于自我意识的文本,用于再编辑、再传播。

图4-7 微博热搜中加V账号对节目的再编辑和再传播

同时季播也会在某个固定时段,聚拢更多的观众流量,产生品牌效应,从而带动频道、时段的广告价位。广告商的不断追资也可以延长节目的收视季,使得节目品牌的知名度和广告收入形成良性循环。

季播的节目在收视季有良好口碑,并在收视反馈的基础上往往会获得下一季拍摄的资金支持和播出机会。如《中国好声音》《超级女声》《我型我秀》等选秀类真人秀节目开播伊始就有不俗的表现,后逐渐形成了一个选秀节目的长线收视季。当然如果首播效果不及预期也会及时止损,遭遇停播,这种阶段性的收视行为对培养观众的约会意识有巨大影响作用。季播的电视真人秀节目会对电视播出环节予以固化,建立起观众对其节目的收视习惯,便于之后的电视真人秀节目品牌营销和广告植入进行精准调整和投放。

一、季播真人秀节目的发展

随着电视进入普通家庭,丰富多彩的电视节目也层出不穷。在国外热播的《老大哥》《幸存者》等真人秀节目家喻户晓,中国也随之掀开了真人秀节目的收视热潮。从2003年至今,上星频道累计播出的真人秀节目已经多达500多档。① 从数量到质量也完成了从无到有,从模仿到原创,从粗糙到精致的阶梯式变化。

2003年8月我国最早的真人秀节目《生存大挑战》开播伊始,标志着我国最早季播真人秀节目的出现。随之2004年东方卫视的《我型我秀》和湖南卫视的《超级女声》将电视真人秀节目带入了广大观众的视野。当时的真人秀节目模仿了国外的季播模式,在节目制作层面上在不断尝试;在编播层面上,还无自主的编播意识;节目数量很少,都安排在非黄金档播出。

2005年以后,湖南卫视的第二季《超级女声》获得了万人空巷的播出效果。之后各大电视台加大了电视真人秀节目的引进、投入和研发。上星卫视,如中央电视台、东方卫视、湖南卫视等都产出了一批探索阶段的真人秀节目。到2011年这几年间,电视台的真人秀节目还处于低产阶段,大都以素人类的选秀歌舞为主,在季播的概念和编排上有明显的自主意识。

经过多年的市场积累和观众培养,2012年灿星公司引入的荷兰模板节目《The Voice of...》即《中国好声音》,在制作上达到了精良的水准,将模式化的引入和季播的概念转化为常态。2012—2013年两年的时间里,季播真人秀节目如雨后春笋般爆发,其数量不断攀升,播出频

---

① TVPRISRS有关历年真人秀节目数量调查[EB/OL]. http://www.csm.com.cn/Content/2016/11-11/1054092431.html.

道在扩展,模式的引进也呈现出规模化,而内容类别也更加丰富多彩。

2014年以后,季播的真人秀节目已经从每年的100多档增加到每年仅上星频道就播出400多档的规模。同时"现象级"真人秀节目也在增速爆发。《极限挑战》《奔跑吧兄弟》《最强大脑》等节目从首播就成为"爆款"。而这阶段的节目编播更加纯熟,季播的形式成为常态。

2014—2016年的爆发期过后,电视台季播综艺进入平稳增长阶段,高收视节目开始减少。据CSM媒介研究统计数据显示,2018年季播真人秀节目共播出203档,首播收视率超过1%的只有16档,收视率超过2%的仅有《奔跑吧兄弟》一档。从内容上看,2019—2020年头部综艺节目几乎是清一色的真人秀,当然在此基础上还会增加其他要素丰富节目内容,以此区别于其他节目。含有游戏、竞技、歌舞等元素的节目比较受欢迎,一则是这些也是人们日常娱乐活动项目,二则是有冲突才有看点,无论是游戏、歌舞、运动等都会产生比较,自然可以形成话题。

但是与此同时,互联网真人秀综艺节目从2013年开始快速发展,2017年横空出世的《中国有嘻哈》开启了"超级网综"时代。对于受众而言,最直观的差别感受便是网络综艺和电视综艺时长的不同。电视综艺节目时长通常被限制在1.5小时以内。网络综艺在早期发展阶段,也是参照电视节目的标准制作,大部分网络综艺单期时长保持在70分钟左右。即便是看似体量巨大的《中国有嘻哈》,前中段也保持在1.5小时以内,直到欧阳靖离开的12强淘汰赛,时长才超过100分钟。之后时长不断增长,半决赛和总决赛分别达到了132分钟和144分钟,网络综艺进入以2小时为基准的阶段。2018年的《偶像练习生》,把网络综艺时长拉到了新的高度。在"让每个练习生都拥有镜头"的粉丝需求驱使下,"偶练"第四期达到了3小时26分钟,成为业界和用户热议的话题。至于季播综艺12期过长的问题,视频网站也已经开始做出了一些调整,其中腾讯视频已经推出了多档一季只有6、7、8、10期的节目,还推出了"尝鲜季",如《高能玩家》和《女儿们的男朋友》便是属于腾讯视频"尝鲜季"的内容,分别只有3期和6期(如表4-2)。浙江卫视制作推出的《演员的诞生》第一季共12期正片,节目组还加了两期特别节目,在CSM52城收视率最高达1.187,最低收视率不低于0.7。

纵观季播真人秀节目的发展,这种由电视平台的热播情况已经延伸到了视频新媒体的终端,各家卫视和各个媒体对优质节目资源的抢夺也越发激烈。很多收视较好的节目在网台互动方面均有不俗的成绩,但从数据来看,很多节目的收视数据浮动较大,季播形式对节目来说有的是优势,有的也是挑战。

表4-2 腾讯视频平台中少于12季的真人秀节目

节目名称	节目类型	期数
《高能玩家》	心理行为实验类游戏真人秀	3
《女儿们的男朋友》	代际恋爱观察真人秀	6
《超越吧英雄》	电竞体育真人秀	6
《终极高手》	职业电竞真人秀	7
《王者出击》	实景真人对抗赛	7
《横冲直撞20岁》	青春探险真人秀	8
《我和我的经纪人》	职场真人秀	10
《创造营2019》	男团青春成长节目	10
《拜托了冰箱》	明星美食脱口秀	10

二、季播电视真人秀节目的典型收视

中国的电视真人秀节目经历了十几年的发展之后,节目类型更加多样,节目质量也得到了大幅度提升。平均收视率超过1%的季播真人秀节目在2015年时就多达30多档,可谓占据了电视综艺节目的半壁江山。但这一数据在2018年时,超过1%的真人秀节目已减少至13档。在快速发展的过程中,不能否认的是很多真人秀节目同质化严重,很多典型真人秀节目一开播就会成为各个卫视的效仿对象。但正是由于典型节目在各个方向上的探索,才会形成当下百花齐放的真人秀节目类型(如表4-3)。

表4-3 2003—2019年典型电视真人秀节目以及类型筛选

典型节目	典型收视
《生存大挑战》	季播真人秀节目的开始
《我型我秀》	模式引进类选秀节目的开始
《超级女声》	全民选秀节目,偶像养成类节目,素人真人秀节目
《舞林大会》	明星真人秀节目的开始
《变形记》	记录纪实类真人秀节目的开始
《挑战麦克风》	全民K歌类节目,素人类真人秀
《智勇大冲关》	游戏闯关类真人秀节目的开始
《中国达人秀》	才艺表演真人秀节目的开始
《年代秀》	代际关系类节目的典型
《中国好声音》	版权模式引进的成功典型
《爸爸去哪儿》	明星亲子类真人秀节目的开始
《汉字英雄》	文化类真人秀节目的典型
《顶级厨师》	美食类真人秀节目的开始
《笑傲江湖》	喜剧类真人秀节目的爆发
《奔跑吧兄弟》	明星游戏竞技类节目的典型
《女神的新装》	TV+电商模式节目的典型

正是由于这些节目在不同类型上的尝试和努力,才会有电视真人秀节目在综艺市场上的份额。近几年,不断新开播的真人秀节目收视平均超过1%的已经由几挡增加至30多档。2009年在CSM71城市组收视超过1%的季播真人秀栏目共有8季,分布在3个卫视频道,收视最高的节目是湖南卫视播出的《快乐女声》。2010—2012年,收视较好的季播真人秀节目数量和卫视频道数量略有增长,均在10季节目以内,涉及三四家卫视,年度收视冠军也都是表演选秀类节目,如《中国达人秀》《中国好声音》。2013年收视超过1%的节目数量翻了1倍,达到21季,涉及卫视频道也扩大到5个。2014年无论节目数量还是卫视频道数量继续扩大,季播真人秀节目也进入了爆发期,年度收视冠军是《中国好声音》。2015年,收视超过1%的季播真人秀节目首次超过了30个,同时《奔跑吧兄弟》摘得年度收视冠军,垄断多年的表演选

秀类节目被游戏竞技类节目打破。① 2016 年,真人秀节目的收视冠军依然被《奔跑吧兄弟》摘得。2017 年,东方卫视的《极限挑战》为电视媒体创造了每期 2% 以上的收视率,而网络真人秀节目《中国有嘻哈》创造了大量年度热词。2018 年,《奔跑吧兄弟》依然成为季播真人秀节目的收视冠军。2019 年,电视真人秀节目《王牌对王牌》和网络众多真人秀节目分流市场,产生了高频的网台互通的流量数据。2020 年,《中国好声音》依然创造出了人均 50 分钟的观看时长。

三、季播电视真人秀节目的趋势

2019 年的索福瑞收视调查显示,真人秀为主的综艺类电视节目的播出比重仅占 5.9%,而收视比重超过 13%,在媒体融合的环境下是媒体资源最有效的分发类型。从参与主体上来看,早期的季播真人秀是素人为主,近些年明星真人秀成为主流,其明星的号召力会引领市场上的消费。但随着广电总局新政的实施,素人真人秀节目也将成为节目创作的重点。同时,资本的进入使得真人秀节目的制作进入了"大片"时代。观众的注意力随时会被多渠道的伴随式媒体所吸引,这使得节目制作方要花更多的资金取得更好的视觉效果和内容效果,明星的加入也增加了节目的投入。为了挖掘更好的节目潜力以扩大品牌影响力,更多的节目都采用了灵活的季播编排形式。

1. 从单纯购买模板到联合制作与原创节目

从 2003 年《生存大挑战》开始,中国的季播真人秀节目就无法避免地谈到"模仿""剽窃"。虽然在引入国外真人秀节目模式的开始时期出现了很多"痕迹",但是从东方卫视《中国达人秀》正式购买国外节目版权开始,中国的真人秀市场进入了"模板阶段"。到 2011 年季播的真人秀节目的版权购买达到了高潮,有 37.5% 的季播节目来自国外版权;这一情况延续到了 2012 年,国外版权节目也超过 35%。② 但在

---

① 峰翔. 用收视数据,讲述季播真人秀的故事[J]. 视听中国,2016(5):30.
② CSM 媒介研究[EB/OL]. http://www.csm.com.cn/Content/2017/02-08/1645350323.html.

2016年后,购买版权的情况大幅度下降,逐渐转变到以IP孵化为主的创作模式。

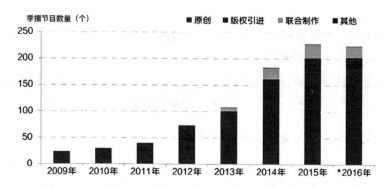

图4-8 2009—2016年真人秀节目版权形式的变化

在2012年,中国新闻出版总署广电总局发布了《关于做好2014年电视上星综合频道节目编排和备案工作的通知》后,引进版权的节目总量有所减少,但是也超过40档。中国的季播真人秀节目在最初以引进英国版权为主,东方卫视的《中国达人秀》、青海卫视的《一百万梦想秀》、浙江卫视的《中国梦想秀》等节目均购买自英国。之后随着模板节目的成熟甚至泛滥,多个国家的模板都成为了中国引进的目标。如引进了美国版权的中央财经频道真人秀《超级减肥王》,引进了韩国版权的湖南卫视真人秀《爸爸去哪儿》,引进了荷兰版权的浙江卫视真人秀《中国的星跳跃》,引进了美国版权的北京卫视真人秀《最美和声》,引进了西班牙版权的陕西卫视真人秀《家有陌生人》。

从2014年开始,联合制作的方式出现在了各大卫视的节目制作计划里。经过了四五年购买海外版权的经验积累之后,通过制作技术的提升和制作理念的融合,2014年至今,单纯购买国外版权的节目正在缩减,到2016年仅剩9档节目,联合制作以及原创节目在数量上有了明显的增加。如东方卫视和韩国CJ联合制作了《妈妈咪呀》、江苏卫视与韩国MBC联合制作了《我们结婚吧》等。同时,国内的制作机构也展开了横向的联合制作,灿星与中央电视台制作了《舞出我人生》、东方卫视与欢乐嘉娱、华录百纳制作的《欢乐喜剧人》都是联合制作的季播真人秀节目。

2017年伊始到2020年,节目制作公司的联合制作形式也出现了一些新的类型,在版权引进、联合制作、原创基础上融合了影视剧IP的主题,如湖南卫视就联合了南派三叔共同开发了以《盗墓笔记》为内容的《72层奇楼》季播真人秀节目。同时围绕影视剧的IP主题,东方卫视、浙江卫视、湖南卫视都与导演或者作者共同以影视剧为创作源泉,开发了一系列的季播真人秀节目。当然这种形式到底是一种巧妙的嫁接还是生搬硬套,是否能够带动粉丝效应,其策划和效果目前还在探索尝试中。

2. 季播的真人秀节目发展类型较为综合

根据笔者总结跟踪记录的2003—2020年上星卫视播出的季播真人秀节目的数据来看,在2013年第四季度前,活跃在电视荧屏的真人秀节目以表演选秀和游戏竞技为主,如湖南卫视的《超级女声》、东方卫视的《我型我秀》、江苏卫视的《名师高徒》、天津卫视的《声震八方》等。在2013年末到2019年,纪实类的真人秀节目开始兴起,湖南卫视的《爸爸去哪儿》、东方卫视的《花样爷爷》都掀起了一时的热议。2020年《乘风破浪的姐姐》更是将竞演类真人秀推向"头部",成为年度的收视冠军。随着媒体形态的融合,为了吸引更多的电视观众留在屏幕前,真人秀节目的类型和内容有了更丰富的表现,也无法把某个节目单纯地归类在哪种类型里。

根据CSM媒介研究对2009—2019年季播真人秀节目的不同标签整理后发现,2009—2010年期间,季播真人秀节目以东方卫视的《舞林大会》、湖南卫视的《挑战麦克风》、浙江卫视的《越跳越美》等为代表的舞蹈、闯关、时尚类为主。2011年歌唱选秀类节目兴起后,2011—2013年期间天津卫视的《王者归来》、东方卫视的《中国达人秀》、辽宁卫视的《天才童声》等以歌唱、盲选、竞赛、才艺、模仿为主要形式和内容的节目开始集中出现。2014年开始,节目逐渐复杂,陕西卫视的《好爸爸坏爸爸》、湖南卫视的《爸爸去哪儿》、青海卫视的《老爸老妈》等聚焦亲子、婆媳、夫妻关系的节目开始集中出现;中央台三套的《大魔术师》、广东卫视的《技行天下》、河北卫视的《中华好诗》、辽宁卫视的《冲上云霄》等以魔术、航空、汽车、科学、教育为核心内容的小众类型也开始涌向屏幕;此外节目形式也开始从游戏、竞赛转向观察、答题、访谈、实验等类型。2019年季播节目的类型关系开始偏向综合型,公益和众筹新形式开始增多,东方卫视的《欢乐喜剧人》、北京卫视的《幸福的味道》、湖南卫视的《全员加速中》、深圳卫视的《为梦想加速》等喜剧、美食、创业、生存、装修、养生、医疗内容成为新的拓展方向。①

随着宏观政策的引导,市场下的季播真人秀节目的制播也越来越明朗化,联合制作和原创类节目的比例有所上升。国内市场对真人秀节目的认可,成为制作公司在资本运作时的选择和平台。

3. 季播的真人秀节目的横向编排播出

收视较好的季播真人秀节目在各大卫视都是周末集中播出的重点。而近些年,各大卫视在节目编排中,向频道内部横向发展,推出了"周末播品牌,周间倾娱乐"的叠播等混搭方式,寻求差异化的发展。

季播的真人秀节目在频道的垂直竞争中都是"兵家必争之地",但是一线卫视,如中央电视台、湖南卫视、浙江卫视、江苏卫视等都开始拓展横向的播出时段。中央电视台综合频道推出了《朗读者》《出彩中国人》《挑战不可能》等,主打人文理念。浙江卫视在延续周末品牌季播真人秀节目之后,又拉伸了周间的联播纵深度,特别突出周四的节目安排,将《我去上学啦》《脑洞实验室》等节目进行叠播。东方卫视更是建立了节目群的概念,将《欢乐喜剧人》《笑星撞地球》《笑傲江湖》《喜剧大师班》等节目组成节目群,以"喜剧"为中心起到了群聚效应。江苏卫视立足自身特色,将周三、周四的22点打造成一个周间的节目带,并与周末的周五、周六、周日形成一个一周联播5天的"BEST"生态矩阵。湖南卫视也立足年轻人的定位,对周间的真人秀节目锁定年轻女性,在周末的节目编排上主打年轻,将之前的4+3模式转变为3+4模式,并增加了23:50—0:30的季播节目重播时段。北京卫视更加以"跨界"为主题先后推出了《跨界歌王》《跨界大咖秀》《跨界戏王》《跨界骑士

---

① 王钦.近年来我国季播节目的发展特征[J].视听中国,2016(12):8.

团》《跨界喜剧王》等主题的季播真人秀节目。打造节目带、季播+叠播、周末双叠播、周末双季播的形式都是周末加强播出并横向拓展的有效方式。

除了周末的播出组合拳以外,很多卫视都加大了周间的播出力度和宣传效果。江苏卫视和浙江卫视在周间形成了节目带,拉动了周间的收视突破。北京卫视和湖南卫视也将4+3的编播调整为3+4的编排,周四就开始增加播出的内容,来抢占市场份额。

在一线卫视利用平台重拳出击之时,竞争力稍显不足的其他卫视也在"抱团取暖"。例如陕西卫视利用地缘优势,结合甘肃、宁夏、青海、广西、新疆以及东南卫视,打造以丝绸之路为主题的生态文化圈。天津卫视则坚守着职场、情感等话题进行差异化的定位。黑龙江、南京等地面频道更凸显与老百姓生活息息相关的话题,定位于生活服务。很多卫视都在季播节目的大环境中寻找小情怀,在突破的同时找到差异化竞争的优势。

上星频道和地面频道在垂直和横向层面都产生了激烈的竞争,而作为构成市场收视份额主力的真人秀节目的制播更是竞争焦灼。在这种大环境下,节目编排从周末的单播、单档调整到周间周末形成播出带,周末也会叠播或是双季播。频道的合作深度也横向加强,形成了多维度发展,找到了联合的契机,创造了更多的制作空间。

第三节 新政下电视真人秀节目的编排制作

自2010年《中国达人秀》取得较大成功之后,中国的电视真人秀市场迎来了巨大的发展。但自2015年1月1日起,广电总局发布的"一剧两星"政策开始正式实施,这意味着同一个电视剧不能超过两个电视频道播出并且每晚只能播出两集。在黄金时段晚8点至晚9点20分播出完电视剧之后,催生出了一个"920"的播出带。而早在2011年时,广电总局就发布了"限娱令",要求包括电视真人秀节目在内的综艺娱乐类电视节目控制总量和提高质量。2016年6月,国家新闻出版广电总局下发《关于大力推动广播电视节目自主创新工作的通知》,

针对当前广电机构过于依赖境外节目模式、原创节目比例较小、精品不多等问题,要求从 2016 年 7 月 1 日起,各电视上星综合频道每年在黄金档播出的引进模式节目不得超过两档;每年新播出的引进模式节目不得超过一档,第一年不得在黄金档播出。各电视上星综合频道要加大"920"时段节目自主创新力度,开发多样态、差异化的节目。《通知》的发布在业内引起广泛的关注,这不仅意味着国家层面上对盲目引进版权的调控,更是管理机构大力扶持原创节目模式的一种表态。① 多重政策的管控和引流,促使各大卫视的节目编排产生了很大的变化,同时也促使各大卫视加强节目的创新生产,由此也带来了竞争格局和收视格局的变化。

一、电视市场的竞争与政策调控

在政策的引导下,卫视的版面编排都产生了变化,从收视总量上来分析可以直观地看出电视市场竞争的激烈以及政策调控带来的影响。

2015 年的全国电视节目观众平均每日的观看时间是 156 分钟,这比 2011 年观众平均每日的观看时间 168 分钟下降了 12 分钟。自 2011 年观众的收视时间呈现逐年递减的态势,2015 年的下降幅度十分明显。从观众的收视时间总量上来说,2016 年至 2018 年收视下滑明显,但在 2019 年、2020 年收视时间开始出现回暖(如图 4-9)。其中以 4—24 岁的年轻观众提升最为明显。4—24 岁观众同比增幅超过了 10%,特别是 15—24 岁观众增幅高达 18%。疫情的因素让年轻观众又回归到电视大屏前。观察收视总量我们发现,45 岁以上的中老年观众依然是电视的主力收视人群,收视时长超过 150 分钟,而 45 岁以下观众的收视时长普遍低于 100 分钟。从收视增量来看,一老一小的收视增量最大,65 岁以上老年观众人均收视时间由 277 分钟提升到 288 分钟,4—24 岁年轻观众也有 10 分钟以上的增长。电视观众收视时间的大幅递减主要是由于总体电视观众规模的缩小。不可否认的是电视观众的分流是造成电视观众规模缩小的主因。

---

① 周欣欣. 从原版到原创——广电新政下的市场表现思考[J]. 视听中国,2019(10):15.

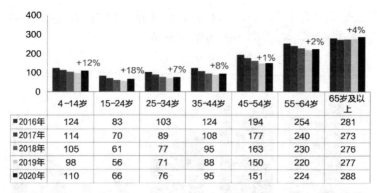

图4-9 2016—2020年各年龄段观众人均日收视时长①

电视媒体作为传统媒体,其观众的基数是庞大的。但是从如上的数据表明观众的收视时长和电视节目收视率的下降,这种情况目前没有逆转的态势。到底是哪一个年龄段的受众在逐渐地远离电视,改变观看电视的行为呢?经过大数据统计,45岁以下的观众群体正在改变传统观看电视的行为,基于互联网技术下的新媒体传播正在不断地吸引这部分观众的注意力。而45岁以下的观众是电视真人秀节目的主力收视人群,渗透性最高。因此,观众在电视前的实际收看行为是有变化的,但同时这不意味着电视真人秀节目的影响力在减少。相反,新媒体平台的多渠道分发和营销都会促进电视真人秀节目的影响力扩大。

二、新政引流下的电视真人秀节目的收视

在新政的引流下,各类电视节目的收视比重出现了浮动。其中包含真人秀节目在内的综艺类电视节目的收视比重有所上升,而且成为拉动疲软收视的重要杠杆。观众在电视平台收看真人秀节目基本上还是习惯集中在几个强势卫视,央视和上星的省级卫视贡献了超过80.2%的电视综艺节目(如图4-10)。省级卫视的收视比重因高收视率

---

① 时代心声 大屏畅享[EB/OL]. https://wwwpic.csm.com.cn/Files/2021/3/26/171142439154e3c83-9.pdf.

节目的带动上升了 3.2%。总收视量位于前三位的浙江卫视、湖南卫视、江苏卫视则占据了 60.9% 的受众市场。①

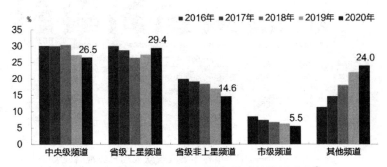

图 4-10 2016—2020 年不同频道时长份额对比②

基于政策的调控,电视真人秀节目的播出时间是在各大卫视两集电视剧或节目播出之后的 21 点以后的时段。由于各个频道的定位不同,导致观众的选择产生了差异。湖南卫视、浙江卫视、江苏卫视等一线卫视针对新政实施后开辟的"920 栏目带"都作出了积极的节目编排调整。其中湖南卫视标新立异地开拓了"730""920"两个栏目带,使得电视剧和电视节目进行了更紧密地衔接。

笔者整理了主要省级卫视"920"节目编排(如表 4-4)并结合 CSM 同时期的收视调查以及市场份额调查,发现这一时段的整体收视率出现负增长,周一到周四的收视率幅度最大,周五因季播的真人秀节目出现,收视有所回升,其中湖南卫视的双节目带的播出还是比较强势。收视率的下滑表明观众实际观看行为的结束,在观众减少观看省级卫视之后,绝大多数观众并没有选择转向其他频道组,而是选择不看电视或者分流到其他屏幕继续观看。③

---

① CSM 媒介研究[EB/OL]. http://www.csm.com.cn/index.php/knowledge/showArticle/ktid/1/kaid/1292.

② CSM 媒介研究[EB/OL]. http://www.csm.com.cn/index.php/knowledge/showArticle/ktid/1/kaid/1292.

③ 封翔. 新政下的电视生态嬗变[J]. 视听中国,2015(8):16.

表 4-4 主要省级卫视"920 栏目带"节目编排

	周一	周二	周三	周四	周五	周六	周日
湖南卫视	《变形计》		《噗通噗通的良心》		《金鹰剧场》		《变形计》
	《金鹰剧场》				《天天向上》	《快乐大本营》	《金鹰剧场》
江苏卫视	《一站到底》	《芝麻开门》	《远方的爸爸》	《一起来笑吧》	《最强大脑》	《非诚勿扰》	《超级战队》
浙江卫视		《原来是这样》			《我看你有戏》	《一路上有你》	《天生我有才》
东方卫视		《直播上海》+《东方眼》				《生活大爆笑》	《花样姐姐》
北京卫视		《生命缘》		《我是大医生》	《造梦者》	《音乐大师课》	《全是你的》
安徽卫视	《年轻十岁》	《加油好baby》	《谣言终结者》	《超级笑星》	《爱传万家说出你的故事》	《我要找到你》	《谁是幸存者》
山东卫视		《调查》		《美味星婆媳》		《调查》	
天津卫视	《非你莫属》	《藏龙卧虎》	《群英会》	《宝贝你好》	《相声群英会》	《国色天香》	《非你莫属》
深圳卫视	《决胜制高点》	《军情直播间》	《关键洞察力》	《百佬汇》	《来吧孩子》	《辣妈学院》	《温暖在身边》
江西卫视	《家庭幽默录像》			《传奇故事》			

在 2015 年新政实施后的第一季度,收视率下滑明显,在周末几档季播的真人秀节目,如湖南卫视的《变形计》、江苏卫视的《最强大脑》、东方卫视的《花样姐姐》等的带动下,收视勉强回升。其中江苏卫视的《最强战队》在周日的平均收视超过 1%,位居第一位。该节目特征明显,由国内国外有过世界纪录的选手参与竞技,并配合明星元素,提升节目的知名度。该节目还使用了 APP 与观众进行跨屏的互动,成片也远销新加坡、马来西亚等国家。该节目与同期的真人秀节目相比,口碑和收视效果都不错。

三、新政调控下电视真人秀节目的编排与创制

按季播出是电视真人秀节目的常态,湖南卫视、江苏卫视、浙江卫视等都加强了常规季播节目的编排,而安徽卫视、深圳卫视等也加入了季播节目的编排。

2015年新政出台之后,收视总量虽然有所下降但是综艺节目比重上升,电视真人秀更是火爆。首先喜剧类节目涌现荧屏,2015年1月辽宁卫视的《组团上春晚》,2月浙江卫视也推出了《我看你有戏》,3月湖北卫视开播了《我为喜剧狂》,4月东方卫视也制作播出了明星喜剧竞赛类真人秀《欢乐喜剧人》。其次更多卫视参与了户外真人秀的荧屏大战。湖南卫视的《花儿与少年》和《爸爸去哪儿》、浙江卫视的《奔跑吧兄弟》、东方卫视的《极限挑战》和《花样姐姐》等都是具有强势收视效应的节目。同时歌唱类的节目依然有着持续的高关注度。央视的《中国好歌曲》、湖南卫视的《我是歌手》、北京卫视的《最美和声》以及浙江卫视的《中国好声音》、江苏卫视的《蒙面歌王》等都是歌唱类真人秀观看的热点。除了这些常规的季播节目,各大强势卫视也着力打造新的真人秀节目上马,尤其素人类真人秀也开始出现。湖南卫视创新推出了《元气少年》《热血少年》等真人秀节目,浙江卫视也开播了《少年小镇》《来吧,冠军》《隐藏的歌神》《小鬼当家》等,江苏卫视的《千面英雄》《急速前行》等,而东方卫视的《人生赢家》和《迪士尼奇幻之旅》则是"明星+素人"的真人秀模式,四川卫视的《好大一个家》《峨眉传奇》《博涯古堡》等都是不同类型的真人秀节目。

由于周间各大卫视主播电视剧,周末则是真人秀节目竞争最激烈的时段。新政出台之后,湖南卫视、江苏卫视都进行了双栏目带叠加的编排方式,增加了季播节目的数量,增加了广告的收益和观众的注意力以及话题度。

从表4-5可以看出,除常规季播、双季播和品牌真人秀节目的编排,一线卫视最新编排的电视真人秀节目有意向青少年群体倾斜,如湖南卫视的《热血90后》、浙江卫视的《燃烧吧少年》和《蜜蜂少女队》,其目标受众群都是34岁以下的群体。这些受众是社交网站、微信、微博的主要使用群体,也是逐渐远离电视观看的群体,但他们具有网络视频消费能力和网络互动能力。为了争取这部分处在交集的受众群体,各大卫视纷纷针对其编排出竞争最激烈的周末档,希望在提高收视率的同时也可以提高网络宣传的影响力。浙江卫视自2012年播出了王牌素人真人秀节目《中国好声音》之后,其受众定位在45岁左右的中年群体,2015年密集播出户外真人秀节目《奔跑吧兄弟》等强势季播节目之后,吸引了大量的青年观众。经过新节目的编排和传播,2015年浙江卫视34岁以下观众占到了观众总量的50%以上,较2014年有明显上升。同时网上互动以及话题的热度对青年观众都有明显的牵引效果,收视排名和话题阅读量成正比。①

表4-5 三家强势上星卫视周末节目编排对比

频道	周五	周六	周日
湖南卫视	《天天向上》(季播)	《快乐大本营》(季播)	《热血90后》(双季播、新编排) 《真正男子汉》(双季播、新编排) 《奇妙的朋友》(双季播、新编排)
浙江卫视	《奔跑吧兄弟》(双季播) 《中国好声音》(季播)	《燃烧吧少年》(双季播) 《蜜蜂少女队》(双季播) 《挑战者联盟》(双季播) 《爸爸回来了》(双季播) 《十二道锋味》(双季播)	《隐藏的歌手》(新编排) 《挑战冠军》(新编排) 《小鬼当家》(新编排) 《中国梦想梦》(新编排)
江苏卫视	《最强大脑》(季播)	《非诚勿扰》(周播)	《谢谢你的爱》(双季播、新编排) 《千面英雄》(双季播、新编排) 《我们相爱吧》(双季播、新编排) 《蒙面歌王》(双季播、新编排)

在2016年,部分省级上星卫视进行了一种生态化的运作,如浙江卫视将真人秀节目《奔跑吧兄弟》和《中国好声音》的选手和明星架构在周一和周三的栏目剧中,打通了电视节目和栏目剧的链接。另外湖

---

① CSM媒介调查[EB\OL]. http://www.csm.com.cn/index.php/knowledge/showArticle/ktid/1/kaid/1342.html.

南卫视还着重编排了偶像养成类真人秀节目《夏日甜心》《元气少年》等。卫视一边开发节目一边培养属于自有频道的艺人,为拓展线下资源做准备。

纵观"一剧两星""一晚两集"之后的电视市场,新政在持续发酵,"限娱令""限真令"也在多重管控,对于真人秀节目集中播出的"920"播出带造成了较大的影响。2017年7月,国家新闻出版广电总局《关于把电视上星综合频道办成讲导向、有文化的传播平台的通知》发布,要求电视上星综合频道要坚持新闻综合频道的定位,坚持新闻立台的方针;地方上星综合频道的节目要坚持高标准,要以中央电视台的节目为标杆;进一步强化电视上星综合频道公益属性和文化属性;在黄金时段增加公益、文化、科技、经济类节目的播出数量和频次;继续加强综艺娱乐、真人秀节目管理调控,要坚决抵制追星炒星,影视明星参与综艺娱乐、真人秀等节目要严格控制播出量和播出时间,鼓励制作播出星素结合的综艺娱乐和真人秀节目;倡导鼓励制作播出具有中华文化特色的自主原创节目,原则上黄金时段不再播出引进境外模式的节目;不得违规设置"嘉宾主持",邀请演艺明星做嘉宾,必须把道德品行、艺术成就作为首要标准;努力提高普通群众在节目中的比重,让基层群众成为节目的嘉宾、主持、主角,注意不能把群众作为明星陪衬或背景。[①] 2017年堪称"电视文化类节目年",在政策的倡导和扶持之下,从央视到省级卫视,一批文化类节目争鲜斗艳,特别是采用真人秀手法的文化类综艺节目,如《中国诗词大会(第二季)》《诗书中华》《中华好诗词》《向上吧!诗词》等诗词节目、《加油!向未来(第二季)》《机智过人》《我是未来》等科技节目和《非凡匠心》《喝彩中华》《儿行千里》《国学小名士》等以传承弘扬优秀传统文化为主题的节目,形成了文化类节目的集中爆发。

2019—2020年,东方卫视采取"老带新"的助力方式,进行"彻底"改造,呈现出全新效果。浙江卫视则继续"遍地撒网"的策略,通过打通新老节目、室内室外、竞技文化、快慢综艺之间的联动,实现了吸引最

---

① 罗霆,郭慧.政策与市场的双轮驱动——2017年真人秀节目盘点[J].新闻战线,2018(1):27.

大公约数观众观看的目标。此外,江苏卫视和北京卫视继续巩固自身优势和品牌节目,为观众带来升级优质的内容呈现。《王牌对王牌》总导演吴彤认为:"我希望这档节目始终是一个面向全年龄的综艺。无论是老人孩子,还是年轻受众,都能在看节目的时候感受欢乐,看到自己喜欢的嘉宾,也能和家庭其他成员产生代际交流。"

然而,从总体收视量上来看,电视真人秀节目相比以往同期有明显减少。值得我们注意的是,电视真人秀节目的主要观众45岁以下的人群正在远离电视收看。另外真人秀节目的市场嬗变近在咫尺,传统的电视播出和营销如何能够让观众回流到电视荧屏前,则任重而道远。在大制作、大IP和大综艺的激烈竞争下,利用合理的电视节目编排吸引观众也是一种发展的路径。

第四节 网台关系变迁下的真人秀节目创制

2015年8月18日《关于全面推动传统媒体和新兴媒体融合的意见》审核通过。这一意见的实施将网台的互动与融合推到了前所未有的高度。随之,网台之间展开了一系列联合制作、播出的综艺节目,其中真人秀节目最为突出。随着网台之间壁垒的打破,多渠道多平台的共赢体现在了口碑和效益的双丰收。真人秀节目在台网互动中,显示出了独特的节目属性,影射着传统电视台在互联网包围下的突围身影。网台互动也已经不再是一个新的词汇,网台互动、联动也走向了网台融合的方向。

一、网台关系变迁,竞合趋势显著

网络环境下的视频节目是一个较大的范畴,有媒体研究人员认为网台互动、联动环境下的综艺节目是网络视频服务商、影视制作机构或个人制作并以网络平台为主要播出渠道的娱乐性综艺节目形式。[①] 几年前,互联网的视频网站只是传统的电视媒体视频内容的输出渠道,视

---

① 张广彦.且融且变[J].视听中国,2016(4):14.

频网站从电视台购买视频内容进行播放,这个时候的合作模式是更多的网站为电视台服务的模式。然而,随着视频网站规模的不断扩大,视频渠道也在不断扩容,网站对优质电视节目内容有着强烈的需求,而电视节目随着渠道的竞争需求使之水涨船高。而高额的买入费用极大地增加了视频网站的运营成本,加之播出节目同质化所带来的竞争压力,使得视频网站不得不寻找新的出路,网站自制的综艺节目就成为网站转型的突破口之一。但在新媒体发展初期的1.0时代,由于经验、制作、资金等方面的不足,网络视频的质量也良莠不齐,和电视台制作的电视节目还是有较大差距。

  2014年在众多融合的政策指导下,网络的视频节目有了较大的发展,很多具有代表性的综艺节目开始大爆发。首档调查类的真人秀节目《你正常吗?》以独特的话题和互动吸引着大量的网络粉丝。爱奇艺推出的《奇葩说》仅凭马东、蔡康永等主持人以及18个奇葩辩友就引爆了"80后""90后"的社交圈,得到了多次单期单击过亿的收视效果。

  2015年后具有互联网基因的视频节目也是层出不穷。可以媲美电视节目的大投入、精制作的具有互联网基因的视频节目已经出现。高点击率、高关注、高话题性的节目制作成为视频网站一个发力的方向。互联网最初只是传统媒体的宣传渠道,而随着视频网站的崛起,虽然电视节目的网络渠道的分发为传统电视节目的盈利获得了更多的版权费用,但是却使得观众和广告方面有了明显的分流。一方面,传统电视节目制作方不愿意利益被蚕食,不愿意仅充当网络平台的的内容供应商,因而开始纷纷自己建立网络渠道进行网上的内容分发。而另一方面,互联网平台还是要面对高额的内容购买版权费。因此自制或联合制作就成为开启网络视频节目2.0时代的钥匙。随着媒体融合大背景的深化,网台互动更加紧密,联合制作、网络的反向输出、互联网自制综艺等新的媒体语境都在诠释着网台共赢的发展趋势。

  2018年后,一些卫视综艺则下沉转变成网络综艺。网络综艺、卫视综艺之间的转换越来越频繁,网转台、台转网、台网联动,这些在剧集里司空见惯的现象,逐渐开始在综艺市场弥漫开来。一档综艺节目网播好还是上星更佳,目前并没有明确的衡量标准,整个行业也在思考下一个爆款综艺会出现在哪个平台。但可以预见的是,网络综艺和卫视综艺之间的边界会愈发模糊,台网综艺合一趋势明显。

二、共建网台传播矩阵,彰显规模传播效应

1. 网台互动

以前,网台互动与联动多出现在咨询类节目中,其目的是为了信息的共享,建立多元化的咨询平台。随着2015年3月微信平台正式将"摇电视"的功能常规化嵌入之后,传统电视平台就打开了与新媒体嫁接的路径。随之,摇一摇、扫描二维码等成了很多电视节目和观众建立互通渠道的入口。

一档真人秀节目不仅仅是为了让观众看到,更应该让观众参与其中。韩国的室外真人秀节目《Running Man》就曾经制作过SNS特辑,让节目嘉宾利用社交网站完成节目录制内容。因而经版权引进到国内的《奔跑吧兄弟》也设计了社交互动环节,在2016年5月13日的一期节目中,跑男团就利用新浪微博与网民进行实时互动。如邓超,他在节目录制时仅一条微博互动转发超过7000次,评论超过4万条,点赞超过36万次之多。节目通过社交平台,凭借明星自身影响力扩大了节目的知名度,也引导观众参与其中,达到了网台互动双赢的目的。

2. 网台联动

互联网综艺的强势崛起已经突破了低成本制作、低俗化内容的屏障。2015年后网台之间或联合或融合之下,已经开创了多档具有研究意义的真人秀节目(如表4-6)。例如腾讯网和东方卫视共同制作的《我们15个》、优酷网和北京卫视共同制作的《我们是谁》、爱奇艺和贵州卫视共同播出的《流行之王》、乐视网和北京卫视联合制作的《十周嫁出去》,以及乐视网反向输出给湖北卫视的《爱上超模》等。这进一步说明了电视台和互联网的融合正在进一步加深。同时,传统电视台在新媒体的升值空间更大一部分取决于电视台掌握着怎样的IP。而在众多的电视台中,掌握大IP的频道或者平台确实屈指可数。因此,传统电视台媒体借助互联网更加开放、包容的优势,研发具有IP潜力的电视综艺节目(包括真人秀节目),其研发的成本和风险更小、更可

控。在网台互动和融合的过程中,网络受众和电视台受众影响着节目的内容设置。过于前卫或者争议的内容就无法在电视平台播出,因此在真人秀节目的多渠道分发中,视频内容的电视化也是必须要考虑的因素。例如,东方卫视与腾讯网联合制作的真人秀节目《我们15个》就是利用若干个小时的素材,精剪出清晰的故事发展脉络;对真人秀节目《爱上超模》里含有粗口脏话等环节进行修饰。已经在优酷土豆网播出过的旅游真人秀节目《侣行》,在网络播出时剪辑成20分钟一集的版本,从而适合碎片化观看的网络受众。而在央视播出时,则是剪辑出时长为60分钟的版本,适合家庭长时间观看,这也符合电视观众以往的收视习惯。正是由于网台中受众的差异性,网台合作的节目还未出现"现象级"的真人秀节目,目前只作为市场中的一种补充。

表4-6 网台关系变迁下的真人秀节目制作播出概览

节目名称	播出频道	合作网站	播出时间	合作形式	节目内容
《爱上超模》	湖北卫视	爱奇艺	周六22:00	反向输出	中国时尚超模的互动真人秀
《我们15个》	东方卫视	腾讯网	腾讯24小时直播,东方卫视周一至周五24:00同步播出	共同制作	生活试验类真人秀
《歌手是谁》	北京卫视	优酷网	周六21:08	共同制作	音乐推理类真人秀
《十周嫁出去》	安徽卫视	乐视网	周六23:30	共同制作	明星婚恋类真人秀
《流行之王》	贵州卫视	爱奇艺	周日22:00	反向输出	偶像养成类真人秀
《我去上学啦》	东方卫视	爱奇艺	周四21:50	共同制作	校园体验类真人秀
《燃烧吧少年》	浙江卫视	腾讯、天娱传媒	周六22:00	共同制作	才艺养成类真人秀
《百万粉丝》	天津卫视	新浪、中广天择	周五21:30	共同制作	社交生存类真人秀
《偶滴歌神啊》	深圳卫视	爱奇艺	周日22:00	反向输出	音乐推理类真人秀
《侣行》	央视综合	优酷、美国A+E电视网	周一22:30	反向输出	户外真人秀

虽然网台联合制作播出的真人秀节目不断出现，但在收视情况上并不乐观。仅有《我去上学啦》《歌手是谁》《燃烧吧少年》的首播收视率超过0.5%。① 究其原因，其播出时段较晚以及收视观众的差异化决定其收视份额减少。

但值得一提的是真人秀节目《我们15个》《燃烧吧少年》《歌手是谁》等具有网台互动性质的真人秀节目，其互联网属性还是尤为突出的。《我们15个》是由荷兰著名的Talpa公司研发，由腾讯网和东方卫视联合制作播出。该节目以素人为主，将15个不同职业、不同性格的人聚集在"平顶之上"。在一年的时间里，在全封闭又被24小时记录的环境下，真实再现他们是如何协作、产生矛盾、化解、生存下去的，这是国内首次尝试拍摄多角度、多机位24小时直播的纪实类真人秀。笔者曾跟随该节目的宣发公司，在多次学习中得知，体验类真人秀节目《我们15个》开辟了手机、独立APP、腾讯视频、东方卫视（日播和周播精华）等多个观看渠道。腾讯视频2015年6月23日开播后，进行24小时多角度直播，东方卫视在6月29日首播精华版。因播出时间的原因，《我们15个》在首次播出后基本收视在0.1%浮动，但较之之前同时段24点档播出的节目收视更佳。在腾讯联合播出的平台，播放总量突破10亿次、月均用户达5000万个，单日直播人均观看时长129分钟，用户黏性增强。除了黏度和用户群，节目也表现出了极强的互动性——弹幕总量突破1000万条。② 这么高的视频放量跟《我们15个》的分发渠道有至关重要的联系，其中《我们15个》的独立APP的日均活跃度最高，观众可以利用碎片化时间观看，其中中午、傍晚以及22点后观看较为活跃，即使是凌晨，仍有网友在线观看。作为一种多渠道立体分发节目内容的真人秀，虽然并没有造成"现象级"的收看规模，但是这种24小时直播、多渠道分发的模式已经成功地受到市场的肯定。

2018年11月21日起《燃烧吧少年》接档《十二道锋味》在浙江卫

---

① CSM媒介研究［EB/OL］. http://www.csm.com.cn/Content/2016/11-11/1054102428.html.
② 张广彦. 且融且变［J］. 视听中国，2016(4):15.

视播出,同时也在腾讯视频独播。借助浙江卫视和腾讯两大平台的造势,每期收视均保持在0.6%。该节目在腾讯端单期播放量超过5400万次,而弹幕和微信摇一摇也均超过3万条。尤其在微博话题中,话题点击超过10亿次,讨论量也近百万条。作为一档偶像养成类的节目,其随着话题的热度也成功聚焦了人气。同年8月推出的音乐推理类真人秀节目《歌手是谁》也是比较有代表性的案例。该节目是由北京卫视、鱼子酱文化公司和优酷土豆网共同打造的真人秀节目,其联合制作播出的特点是实现了网台的0秒误差的同步播出。《歌手是谁》通过三轮竞技,来猜测谁是真正的歌手。该节目也创新了网台互动的模式,观众可以在微信公众号上搜索《歌手是谁》来参与竞猜最终的歌手并赢得奖品。在渠道方面,节目利用优酷土豆网的优势,包含了小咖秀、美拍、秒拍等多个短视频渠道,将网台互动中的PC端、手机端、Pad端、网络端等进行联动,并加入微信摇一摇实现了数据往返,增加了互动的亲密性和黏性。同时通过优酷土豆网的平台强势推广,实现了整季视频放量10亿次。在营销方面,单独的冠名被东风风行以6000万元拿下,同时推出了同名H5的游戏来衍生产业链。后又通过来疯直播平台增加了《假唱大战》的直播互动增加现金收入,拓展了传统盈利模式下的新维度。这也为网台合作环境下真人秀节目的制作和营销提供了新的思路。

3. 网台合一

湖南卫视有一句宣传语叫"敢为天下先",本着这个原则,湖南卫视无论是在网台变迁、制播分离、媒体融合等方面都有诸多大胆尝试。芒果TV的设立更是以独播的方式保持在制播分离之后的典型特色。无论是湖南卫视还是芒果TV,看似各自为战但资源却相互共享,甚至其平台上近60%的节目内容来自于采购、合作、定制、自制,以大屏、中屏、小屏等多屏环绕一"云"(内容)的方式最大程度争取观众,累积用户。① 《爸爸去哪儿》几年前曾经引爆过传统的电视媒体,在创造高收视的同时也引起了各大电视台的纷纷效仿,由此亲子类的真人秀节目

---

① 包凌君.电视不老,融合前行——台网关系变迁观察[J].视听中国,2016(4):24.

泛滥成灾。2016年初,广电总局下发政策对真人秀节目开始调控,众多真人秀节目即便已经完成招商,却无缘电视荧屏。而湖南卫视打造的亲子类真人秀节目《妈妈是超人》选择了周五12:12在芒果TV全网独播,将明星妈妈们的真实育儿经验和经历呈现在网络上。从话题预热到明星微博传播再到公众号链接,《妈妈是超人》不光避开了广电总局的调控而成为当时独一份的亲子真人秀节目,还保持着较高的单期点击率;官微粉丝超过20万人,相关话题达到3亿次,互动讨论超30万条。

同时,湖南卫视推出的《我想和你唱》利用了芒果TV的直播和唱吧APP作为参与者的入口,还调动了很多应用客户端,如荔枝FM、YY直播、新浪微博、QQ音乐、温莎KTV等。通过这些渠道获得点赞人数最多的素人可以参与与明星的对唱。而这些参与的民众来自各行各业,有半专业的音乐人也有在校的大学生。就参与度、互动性、娱乐性、趣味性而言,《我想和你唱》充分发挥了网台的综合优势,将活跃在新媒体的年轻受众通过渠道入口引流到节目里。这个节目里的明星与粉丝已经不再是主动和被动、追随与被追随的关系,而是一种合作的方式。该节目的收视在同时段(周六22:00—24:00)排名第一,14岁以下的"00后"平均收视占据2.04%。

2020年9月,中共中央办公厅国务院办公厅印发《关于加快推进媒体深度融合发展的意见》,11月,国家广播电视总局下发《关于加快推进广播电视媒体深度融合发展的意见》。在国家战略方针的大力推动下,2020年度综艺节目的台网融合不仅体现在电视媒体开启与电商平台的直播带货合作,还制作了多档以带货为主题的综艺季播节目,打造出"明星+电商+文化"的新型综艺真人秀节目模式。电视媒体利用自身的内容创作和艺人资源优势,打通传统媒体、网络电商平台、商家、MCN机构和网络主播的全产业链,不仅实现了大屏与小屏的深度融合,也助力脱贫攻坚目标的实现和疫情后的复工复产,构建起线上线下的传播新格局。北京卫视结合《我在颐和园等你》和《跨界歌王》两档综艺节目的启动发布活动,与电商平台联合发起《"颐"起热爱就现在》电视与网络直播,当晚直播带货销量达2.86亿元。季播节目层面,芒果TV《希望的田野》采用真人秀节目模式,让明星嘉宾走向山间田野,实地参与完成公益助农直播带货销售任务,帮助当地农户解决农产品售卖问题。有些节目针对新兴的网络主播职业,还制作了职场技能竞技类真人秀,揭秘热门职业的台前幕后。江苏卫视《我们签约吧》、优酷《奋斗吧主播》通过选手们历经技能养成和直播实战技能考核,选拔具有综合职业素养的网络主播。

4. 网台共生关系下的新技术植入

虽然网台共生环境下对于节目多渠道分发具有优势,但是也要清晰地看到,内容制作商网络节目和电视台节目的差异性,看起来并没有质的飞越,也就是说技术层面还无法推动视频内容的表达方式。即便进行碎片化切割,也至少需要3分钟以上的视频片段才可以构成完整的情节,也才具有更大意义上的市场传播价值。很多新技术的出现形成了更多围观的场景,例如VR技术、直播技术。这些新技术打开了一个新的视角,虽然不足以改变视频内容的表达方式,却让受众在视频节目传播方式和程度上有了一个改变。受众对这种类型的视频节目不是特别挑剔,这种态度也会推动视频内容的改变。在真人秀节目《我想和你唱》中就是植入了很多直播应用。

不同于内容制作,视频节目的传播却是充分运用了"用户思维",这也是互联网思维的核心。高效的互动性是互联网区别于传统媒体的优势特点,互联网当中的传播具有实时性、开放性等特点,而受众更加具有主动选择的自主权。各大视频平台为网络受众提供了多种方式的互动渠道,留言、弹幕、摇一摇等都是当下"热门的玩法"。甚至观众的意见说法可以马上体现在节目的制作中,使得受众完成受者和传者身份的融合。

当下较为流行的"弹幕"就是交互式体验的一种形式。其以一种直接的、即时的方式呈现,集中了很多网友对节目的"吐槽",甚至是一种集体智慧的体现。这种五花八门、包罗万象的内容,引起了更多观看者的呼应或是兴趣,有时甚至比节目本身还更受欢迎。

要让传统的电视观众转变身份成为消费者,最重要的是消费场景的营造和消费通道的连接。而网台互动下的消费场景营造,就是将节目内容与电商融合。例如《爱上超模》就是借鉴了《女神的新衣》中的场景营造模式，完成了一个即看即买的流程。当然这也要依托全新的广告技术支撑。例如爱奇艺自主研发了"video out"的广告技术，它可以识别产品，将产品的购买链接呈现在浮动窗口、视点、电商推广页面中，将观看节目的用户直接导流到购物页面，完成精准的商业推广。2015年后网台互动更加频繁，融合也更加深入，相信"变则通、通则久"法则将会助力传统媒体在严峻的市场压力下找到不断突破的方向。

第五章　真人秀节目的推广营销创新

尼葛洛庞帝曾经说过，理解未来电视的关键，是不再把电视当电视看，电视将变成一种可以随机获取的媒体。作为高技术载体的电视，必定会融入新的媒体技术之中，未来电视的内容生产、传播和播出方式将会产生巨大的转变。电视的优质内容为新媒体注入了资源，而电视也利用新媒体的特性，用一种"拟人化"的语态通过媒介渠道与受众直接沟通，这种网台互动形成了强有力的矩阵，利用社交平台的聚合效应，打通了舆论场也提高了电视品牌的知名度。

当下电视媒体的确受到了新媒体的冲击，具体表现为观众分流和广告份额的下降。这个时候再讨论"内容为王"还是"渠道为王"是没有意义的。因为优质的内容会随着人力、财力的流失而逐渐被削弱，而强势的渠道也会因为缺乏优质的内容而沦为只有流量没有质量的平台。但从经营的理念上来说，新媒体平台经过多年的艰苦经营在中国立稳脚跟，通过多年的资本积累和技术发展，有的已经在国外挂牌上市。这意味着这些新媒体企业已经熟悉市场化的资源配置和传播机制，其经营理念和管理理念在市场规律里已经磨炼成熟。如果传统的电视行业还只是把新媒体单单当作节目分发的渠道而没有改变对理念的认识，那么在这场"新旧媒体"大战之中，必然会遭到重创。

真人秀节目的品牌推广营销是需要电视节目的经营者在残酷的市场竞争中，通过多渠道、多平台来吸引受众或者用户的眼球，来获得高收视率、高点击率的营销行为。由于二次销售关系在电视媒体营销中同样存在，真人秀节目首先要把自己的节目内容推介给消费者（目标受众），然后再通过广告时段把受众价值卖给广告商。随着网络视频的放量，越来越多的电视真人秀节目受到了网络视频网站的追捧，电视台将网络播出权进行第三次的售卖，不仅增加了经济收入的渠道，同时也完成了节目品牌影响力的多渠道传播。因此，电视节目营销分为两种形式：一种是广告推广营销,另一种是节目产品化的推广营销。① 在媒体融合的背景下,电视节目的营销策略就是最大化地利用和开发节目内容,提高收视率和点击率,增强节目的影响力,随后将受众的注意力再售卖给广告商,从而完成一个电视节目的品牌塑造和经济效益的转化。

第一节　真人秀节目的广告营销创新

真人秀节目的品牌推广营销是基于互联网发展与媒体融合背景下的多渠道传播,是以建立、维护和传播品牌,同时加强受众关系,从而对电视节目品牌的传播进行设计、实施和监控的一系列营销工作。② 电视节目在网络上开展营销活动已经是广泛的行为,但是初期在与网站进行嫁接时较为粗放、定位模糊,只注重覆盖面、流量和点击率多少,而没有深刻体会电视节目用户的要求,陷入了用户黏性不强、实际效果不够理想的窘境。随着传统电视媒体和新媒体的深度合作,以及电视人互联网思维的加强,在 Web2.0 时代,真人秀节目的网络整合广告营销更加注重用户的观看体验和与用户的互动,使用户由被动变为更加积极主动地掌握、制造相关的信息,并参与传播。由于媒介的多样性,用户的媒介接触行为也越来越复杂。制造可以受到广泛关注的节目热点更加困难,大众媒体转变进入了一种分众媒体或是小众媒体的境况,市场更显示出一种利基化的态势,因此营销初期光靠流量和点击率来扩大节目影响的营销方式显然需要升级换代了。

根据 Pulsepoint 和 Digiday 的最新研究,品牌互动已经成为内容营销的核心,66.8%的英美地区广告代理商及品牌专业人士都同意这一观点。③ 互动性是区别于传统媒体单向交流的一种网络媒体所具有的特性,它改变了传统媒体信息不对等的现象。互动的程度、形式、深度都会影响电视节目传播的效果。

---

① 谢耘耕,陈虹.真人秀节目:理论、形态和创新[M].上海:复旦大学出版社,2007:202.
② 吴伟定,姚金刚,周振兴.网络整合营销[M].北京:清华大学出版社,2014:10.
③ 曹珩.市场营销人员的展望[J].海外视线,2015(7):35.

例如，从2015年季播的电视真人秀节目开始走向成熟，诸多一线卫视的真人秀节目从"招牌"变为了品牌(如表5–1)。各家卫视和节目制作单位的竞争日益激烈，仅2015年第二季度推出的电视真人秀节目就超过30档。① 这些节目在网台互动的推动下，收视表现突出，网络指数更是让人咋舌。

表5–1 2015年部分一线卫视真人秀节目播出季数及微博阅读指数

播出平台	节目名称	2015年播出的季数	微博阅读指数(万)
北京卫视	《生命缘》	2	6
	《最美和声》	3	945
东方卫视	《巅峰拍档》	2	124
	《妈妈咪呀》	3	425
	《梦想改造家》	2	58
	《女神的新衣》	2	835
湖南卫视	《一年级》	2	1123
	《爸爸去哪儿》	3	1832
	《变形计》	11、12	160
	《我是歌手》	3	1781
央视综合	《喜乐街》	2	246
	《出彩中国人》	2	985
浙江卫视	《爸爸回来了》	2	1781
	《奔跑吧兄弟》	2、3	2288
	《十二道锋味》	2	925
	《我不是明星》	6	53
	《星星的密室》	2	165
	《中国好声音》	4	1705
	《中国梦想秀》	8	49
深圳卫视	《极速前进》	2	1059

数据统计来源于新浪微博指数(截至2015年12月31日23点)。

---

① 央视索福瑞调查.2015年微博电视指数调查[EB/OL]. http://www.csm.com.cn/data/editor/pdf/5784a99b88864.pdf.

为了更好地理解媒体融合时代,我们需要更多地思考和讨论有关中国广播电视运营的背景以及节目编排的因素和消费者行为的变化。随着广电总局在2007年发布任何广播电视节目都不可让观众以电话、网络投票形式参与节目的通知之后,电视节目中的实时性互动就被非同期性的互动所取代。而这些非同期性的互动可能会影响节目的编排和播出。融合既是一个自上而下的媒体推动过程,也是一个自下而上的消费者推动过程。媒体加强内容承载渠道以扩大盈利的可能性,提高服务以增加观众关注的忠实程度;消费者也在不断地利用媒体技术,更加全面地将媒体内容嵌入他们的生活场景并与其他消费者进行互动。这种消费者是新型的消费者,他们具有流动性、社交性等消费特点(如表5-2)。

表5-2 旧型消费者和新型消费者特点比较

旧型消费者	新型消费者
被动	积极性
可预测	流动性
独立	社交性
私密	公开性

真人秀节目作为线性播出的电视节目,其观众的忠实度成为决定节目成败的关键,那么忠实观众就成为了优先群体,而节目编排、战略调整就反映了这些优先群体的品位和兴趣。相对于忠实观众,频繁换台和临时观众也是电视节目和广告商需要争取留下的对象。因此,在一些真人秀节目的编排方式上,电视制作者也试图继续吸引忠实观众,降低频繁换台者的数量并把临时观众转化为粉丝。《中国达人秀》《中国好声音》等节目就是基于这样的目的进行编排的。其每一段节目只有十几分钟长度,其中包含选手简介、表演和评委点评,从时间线上分析其实整个节目都是由几个包含情绪起伏的时间段组成。在网络平台播出时,可以做到顺序观看也可以无序观看。但每一期节目都会对上一期节目有个简要的回顾,这是为了让临时观众了解基本的节目规则,或者让所有的观众了解当晚节目播出时产生的戏剧冲突背景。连续性

播出的电视节目,主要抓取的是对忠实观众的控制。

美国竞立媒体的首席执行官乔恩·曼德尔(John Mandel)说:"我们观看一档自己关心的节目时,也会多看一些商业广告。遗憾的是,能够引起人们广泛观看的节目太少了。"①当然最看重受众价值的并不是电视媒体而是电视媒体所马首是瞻的金主——广告商。广告商在电视节目中的广告投放,就是为了将受众的关注度商品化。商品化是一种对受众的开发形式,被商品化的受众成了产品推销当中被积极主动争取的目标。在广告商和电视媒体之间,大都有个不约而同的认识,商业品牌和电视节目的口碑并不能通过个人的消费交易而增加,而是要通过受众(或称作消费者)的互动以及多渠道的"接触点"来实现。这个实现的过程并不只是一次两次的购买行为,而是要建立一种长期的联系。

一、真人秀广告营销的新范式

真人秀广告营销的新范式是寻求扩张消费者的情感、社会和智力方面的投资,以求达到塑造消费模式的目标②。以前,在接触广告商的时候最常听到的词汇是"广告效果";而现在,广告商把重点放在了"表达效果"上,他们思考的是受众会对什么内容产生反应、讨论和传播。因此很多商业品牌、广告商、电视网都关注着像《超级女声》《中国好声音》这样的品牌节目,他们将品牌融合进节目,重塑和推广了产品的价值。

媒体终端的多样化让多个屏幕一下子涌入了家庭生活和个人生活,这是媒介技术的变迁给人们生活所带来的影响。媒体终端的激增,使得整个电视生态有了巨大的改变。观众可以选择成百上千的、被细分过的、更加专业化的媒体平台或是渠道。当然实际使用和选择时,根据个人的兴趣和习惯的不同,每个人选择还是有限度的。但是,受众的

---

① Stuart Elliott. The Media Busines[J]. New York Times,2004(5):1.
② [美]亨利·詹金斯.融合文化——新媒体和旧媒体的冲突地带[M].杜永明,译.北京:商务印书馆,2015:113.

碎片化和细分化日趋明显,因而电视媒体所占的市场份额也就日渐萎缩。20 世纪 60 年代,一个广告客户在电视网环境时段投放一个广告就可以达到 80% 的受众,而今天,据估计相同时段的 100 个电视频道同时做广告才可以获得同样的到达率。① 因而,更多的广告客户选择将广告预算分散在多渠道、多平台来延伸其品牌产生的影响,其目的是为了补缺市场的多样化选择。在笔者采访加多宝品牌推广部调研员刘俊时,他说:"现在的这种媒体渠道的分化,想要让品牌一下吸引住特别多数量人群的可能性已经不大了。相反,不断的受众细分和品牌互动才能建立起产品和消费者的联系。"

图 5-1 中的人物是一个青年消费者的形象,他嘴角轻微上扬,一幅冷视的目光整个表情显现出挑衅的神态。他的广告语是"你有 3 秒的时间,来打动我吧!"的确,现在的电视受众不再是被动接受者了,他们有更多的选择的权利和余地。他们可以选择看什么,怎么看,什么时候看。当电视播出的内容不够吸引他时,他就会选择更换频道或"屏"道。因此,节目制作方和广告商都有着相同的目标——吸引忠实观众。忠实观众往往比一般看电视的人花费的时间更少,他们只是打开电视或者网络,选择他们喜欢的节目,之后就会沉迷进去,甚至利用电视录制功能或网络将喜爱的节目录制下来,或者利用电视、网络的点播功能反复观看。与此同时,还会将电视节目中的话题带入生活和社交圈加以讨论。忠实观众对广告的关注也是一般观众的 2 倍,他们记起赞助商的可能性要高 5%—20%。② 广告商们也意识到,一个受欢迎程度

图 5-1 苹果盒子 2000 年的一幅宣传海报

---

① [美]安东尼·比安科.消失的大众市场[N].商业周刊,2004-07-12.
② [美]亨利·詹金斯.融合文化——新媒体和旧媒体的冲突地带[M].杜永明,译.北京:商务印书馆,2015:131.

高的节目将会带来投资的成倍回报。对于品牌的忠诚度,有经济学家称作80/20法则。对于大多数消费品来说,80%的销售额是靠20%的消费者来完成的。维持着20%的消费者的忠诚度就可以稳固市场,从而有机会采取一系列其他方法来争取帮助他们完成剩下20%销售额的机会。①

在业界,越来越多的人把培养真人秀节目忠实观众的落脚点放在了品牌社群。在这里,可以观察广告商的目标群体是如何在产品之间和消费者之间产生联系的。市场营销学者托马斯·C.奥吉恩(Thomas C. O Guinn)断言:"品牌社区代表着品牌发挥着重要的作用,例如分享信息、保护品牌以及文化。他们架构了市场营销者和消费者之间的关系提供社会结构。品牌社群还对其成员施加压力以使得他们对集体和品牌保持忠诚。"②当忠实观众这一群体进入互联网时,他们甚至会影响社区其他成员在购买时的决策力。

在媒体融合的时代,电视节目的收视、广告和消费有着十分密切的关系。电视节目的收视率和点击率决定着广告的投放,而广告效果直接带动消费市场,而三者有着共同的目标人群,这些人群散落在不同的社群里。收视和消费的人群是同源的人群,这让广告商在真人秀节目上的广告投放更加精准。从看电视到线上消费即T2O,由于微信摇一摇、扫码等即时互动技术的出现,搭建起了边看边买的新消费模式。其中收视行为沉淀出了收视的数据,而购买互动行为也沉淀出了消费的数据,这些数据是同源数据,构建出了受众和消费者的同源用户画像,实现了两者的统一。但是同源数据带来了一个新的问题,收视和消费形成了直线的链接,受众屏蔽掉了广告的推广行为,取而代之的是直接消费的卡券。因而广告推广与真人秀节目中嫁接出现了更多有特点的新的传播方式。

---

① [美]罗伯特·柯西纳兹.网络部落化营销? 虚拟消费社群的战略寓意[J].欧洲管理杂志,2004(6):252.
② [美]托马斯·C.奥吉恩.品牌社区[J].消费者研究杂志,2001(3):427.

二、真人秀节目中的广告——从植入到融入

电视真人秀节目《美国偶像》的主要赞助商可口可乐公司总裁史蒂文·J.海尔(Steve J. Heyer)在一次演讲中曾说,大众传媒碎片化的激增会引来媒体大规模的分拆运营和市场的瓦解。消费者现在拥有了无可匹敌的避免广告、改变收视的能力。因此,商业品牌要想做衍生就要与消费者建立起一系列多样化的、长期有效的联系。这种体验不应该建立在单一的平台上,而应建立在受众对特定节目的内容兴趣上,让受众与品牌一次又一次地不断接触。这种情感的加强可以打破"噪声"的干扰,让多样的娱乐资源引入到人们内心深处,加速广告业和娱乐业的融合。①

1. 真人秀广告2.0时代——植入式营销

为了迎合消费者的兴趣,增加电视节目的认同感,电视节目中硬性广告的类型选取也会受到受众的影响。甚至在网络平台播出时,付费会员会直接屏蔽掉不感兴趣的贴片广告内容。如果说电视真人秀硬性广告的投放是1.0时代,那么植入式的广告营销就是进入了广告2.0时代。现在每一档真人秀节目从策划以来,就依托着节目脚本的框架,以及其他环节的产品延伸。这一点对广告商具有较大的吸引力。通过脚本的设置可以直接与市场销售人员嫁接品牌的植入,外国很多品牌像可口可乐、家乐福等就长期与真人秀《美国偶像》进行合作。2004年,大热的真人秀节目《幸存者》和《学徒》的监制马克·耐伯特(Mark Nebert)就一直用品牌整合的方式捆绑电视节目与商业产品。他利用商业赞助的方式弥补制作费用,吸引锐步等品牌出资,以每家400万美金的价格植入广告。② 所以我们在《学徒》中看到了商业品牌或潜在或突出的呈现。如《学徒》第二季时,会让选手推销玩具反斗城公司的玩具,为百事可乐设计瓶子,为宝洁公司开发新款牙膏等。宝洁公司的发

---

① 此段话是2003年Steve J. Heyer在《广告时代》的麦迪逊会议上的部分演讲整理。
② Laurie Ouellette, Susan Murray. Reality TV: Remaking Television Culture [M]. New York: New York University Pess, 2008:8.

言人布莱恩(Brian)评论说:"用整整一集来专门宣传新产品的好处,这种情节是非常感动的,观众到后来确实都在为该品牌的成功加油。"①我们从中可以看到的是电视节目与广告商合作方式的变化,这是一种从简单主持人口播到以体验为主,从而介入广告传播的变迁。

赞助商和广告商迫切想把观众对电视节目的注意力转移到商业品牌上来,因此,植入式的广告在不唐突的情节设置中也是可以被观众所接受的。当然,一个节目一旦获得较为稳定的观众群体,电视网就会与制作公司进行再一次的谈判,用来平衡市场营销和电视广告之间平衡的预算分配。

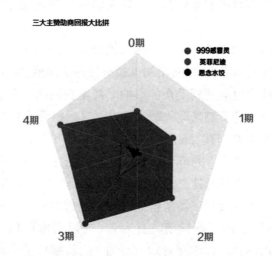

图5-2 《爸爸去哪儿》第一季三大赞助商的热度趋势变化②

这三个品牌的热度趋势是根据该品牌在微博的热度来衡量的。这些品牌在社交网络几乎没有营销的情况下,因为在真人秀节目《爸爸去哪儿》进行了植入广告而获得了点击率的放量。五组家庭乘坐英菲尼迪轿车的画面从第三期开始频繁出现,思念水饺也打出了"爸爸吃

---

① 赞助商植入真人秀节目[EB/OL]. http://www.itvt.com/iPageCount,2,ppnewa.asp.
② 图片来源:新华社新媒体中心联合数托邦创意分析工作室[EB/OL]. http://tech.sina.com.cn/zl/post/detail/it/2013-11-12/pid_8436879.htm.

神马"的线上线下互动话题。三个品牌均利用植入的方式做到了较好的营销和宣传。

植入广告也不是完全没有风险,因为赞助商的信誉与节目的播出完全捆绑在一起。当一些节目可能与"丑闻和黑幕"相联系时,消费群体就会产生怨恨感。这种负面情感成为集体声音时,也会形成一种压力。广告商连同节目制作者要一起响应来构建和找回消费者的忠诚度。一档好的真人秀节目也需要好的品牌的长线支持。因此,植入广告就是一把双刃剑,既提高了消费者的认知度,也增强了消费者的监督意识。

2. 真人秀广告3.0时代——融入式营销

在视频网站刚刚建立时,为了吸引用户,大多网站都采用了无广告的方式。可是随着经营的压力和巨额广告费用的吸引以及用户群的沉淀,视频网站的广告时长也在不断地加长。但顾此失彼,在多植入多硬广的观看环境下,用户的体验舒适度被大大减弱,同时也影响到了节目本身的效果。2016年,真人秀节目《中国新歌声》在优酷首次试水免广告的模式,也就是网站用户在观看节目时从头到尾无插播的广告。《中国新歌声》在浙江卫视播出时并没有免除广告,因为毕竟电视台的部门架构和利益分配较为复杂。而节目在网站渠道播出时,向来懂得"深耕用户"的网站却开垦出了一个大胆的新方向。对于用户来说,免去广告使得观看节目更加流畅,增强了观看的意愿。《中国新歌声》首期CSM全国网收视2.24,优酷视频24小时内视频放量超过9000万次。

作为《中国新歌声》节目的冠名商RIO,他的品牌一直在尝试不同的营销模式,从冠名到植入再到今天免广告的最新"打开方式",提升了用户对播出平台和品牌的好感度。同时,联合阿里和优酷进行了整合营销,将会员绑定,展开赠饮等活动,将线上线下打通,把品牌带入了3.0的融合营销。

2019年11月《十二道锋味》品牌的融入性合作也是非常典型的。在节目中,卡萨帝就巧妙地利用品牌与节目的高契合度,通过明星下厨背后的故事来传递产品品牌。例如,谢霆锋儿时与奶奶一起下厨的回忆、陈伟霆为母亲下厨、胡海泉为父亲下厨的故事等。明星也是人,也有亲情、回忆,这些故事化的传播更容易打动观众,让观众记住。卡萨帝的品牌口号就是感知艺术,为爱而生。明星下厨的系列故事,刚好与卡萨帝的品牌理念相呼应,这种不着痕迹的品牌故事达到了不是代言而胜似代言的效果。

三、广告与电视真人秀节目的整合营销创新

电视真人秀节目在2010年《中国达人秀》之后就呈现繁荣的趋势。越来越多的广告商愿意把资金投放在真人秀节目当中。整合营销的概念是早在1991年美国营销学家唐·舒尔茨(Don E. Schultz)就提出过的。他认为整合营销传播的核心理念就是以整合企业内外部的所有资源,再造企业的生产与市场行为,充分调动一切可以利用的积极因素以实现企业统一的传播目标,整合营销传播强调与顾客进行多方面的接触,并通过这些接触点向消费者传播一致清晰的企业形象。① 当一个企业已经形成了自己的企业文化并树立了品牌时,他就不再局限于购买和贩卖的模式,而是希望通过营销将品牌延伸。世界上著名的可口可乐公司,它把自己不单单看作是一个冷饮企业而是看作一个在体育、音乐、电视、电影等各个方面积极引导大众的社会企业。因而他寻找了符合品牌意识的电视节目合作,如《美国偶像》,用电视节目的嫁接来引领大众的情感,传递品牌文化。中国凉茶的著名企业加多宝也有相同的理念,他常常将品牌文化和社会重大事件与热门节目相联系,借助事件和热点来赢得消费者对品牌的关注和认可。

加多宝在2012年经历了与王老吉的品牌纠纷,更名之后的加多宝立即冠名了多档电视节目,以提高品牌的认知度,其中最成功的是与浙江卫视《中国好声音》的合作。在品牌更名转型的关键时期,加多宝也充分地运用了整合营销的策略,凭借真人秀节目的热度迅速弥补了品牌损失。2012年,加多宝在《中国好声音》第一季播出时,就凭借前瞻性的眼光以6000万元的冠名费力拔头筹,接下来更是以2亿元和2.5

---

① [美]唐·舒尔茨,田纳本,劳特朋.整合营销传播[M].吴怡国,等译.呼和浩特:内蒙古人民出版社,1999:4.

亿元取得了《中国好声音》第二季和第三季独家冠名权,虽然第四季的冠名费还没有准确的数字披露,但一定不会少于2.5亿元。连续四年的冠名赞助,使得加多宝和《中国好声音》成为了一个捆绑品牌。而"正宗好凉茶,正宗好声音"的广告语也红遍了大江南北。主持人口播广告是传统广告的一种形式,《中国好声音》中以极快的语速口播了"正宗好凉茶,正宗好声音,欢迎您收看由凉茶领导品牌加多宝为您冠名的……"的广告,给观众留下了比较深刻的印象,同时观众也在用最高的频率来接受着商品的信息。

在整合营销的案例里,线下营销也十分重要。2018年加多宝结合《中国好声音》的热度,第一季里在北京、上海等地都举行了推介会等形式为节目造势。在节目开播前,加多宝结合品牌推出了"唱饮加多宝,直通好声音"的海选报名活动,并在加多宝产品设计中还加入了《中国好声音》的特别促销装。消费者可以通过购买加多宝促销装来报名《中国好声音》,同时,整个促销活动里还包含2000万元的奖品,线下的热炒更加推动了电视节目的火爆。加多宝品牌管理部王月贵在一次采访中说道:"和《中国好声音》的合作,像是一种合伙人的概念,加多宝利用'电视+微博+网络推广+终端'的方式成就了加多宝和《中国好声音》的完整立体式的推广模式。"

在整合营销中,如何找到产品与节目的切入点是很重要的。加多宝之所以看中《中国好声音》,正是因为《中国好声音》正式购买了荷兰真人秀节目《The Voice》的版权,立意为"正宗版权"的卖点与"正宗好凉茶"一脉相承。图5-3是《中国好声音》播出期间,加多宝官方网站的海报。经过推广之后,该话题也多次登上微博热门话题的榜单。

以加多宝"向正宗致敬"为例,海报中选手认真的神态和对音乐执着的态度,值得致敬,同时也不难联想到加多宝的品牌广告语"正宗凉茶"。"向正宗致敬"海报自推出后效果明显,引发了大量转载,截至《中国好声音》季播结束时,该系列海报共计发布15期,总曝光量1214万次,影响人群高达1.9亿人次。加多宝官方统计的数据显示,整个活动期间,加多宝官微发布153张海报,覆盖人群17.8亿次;加多宝官微及官网的活动总参与互动量1.187亿次,总曝光量40多亿次;"中国好

图 5-3 加多宝"向正宗致敬"系列海报
（来源：加多宝官方微博）

声音"微博话题讨论量为 1.3 亿条；"加多宝中国好声音"话题讨论量为 1084 万条。① 加多宝捆绑《中国好声音》将两者的品牌效应不断扩大，创造了数量惊人的话题又带动了节目的热度。

随后，加多宝又开始尝试与微信及短视频平台进行跨媒体的合作，推出了"你唱我评"的营销方式。网友在每周四和周五的 18：00—22：00 可以将自己录制的歌曲上传到加多宝的公众微信号上，就可以得到评委的点评。加多宝"好声音"与微信的合作是一个跨平台的尝试，调动了网友参与和关注的积极性，为节目的播出预热。在 2015 年，第四届加多宝《中国好声音》举办时，加多宝更是横向打开了多个品牌的合作，将时下流行的"扫码送礼"引入营销之中，既扩大了广告效应的范围，拉动了更多的产品终端合作，又提高了用户对活动的兴趣度。

依托大数据的专业技术支持，精准广告定位以大生产的方式成为广告营销的新态势。在业界，大量的单纯的中介型广告平台正在消退，取而代之的是有互联网技术背景和数据管理规模的广告平台。因为这些平台可以精准地将现金变成流量，满足需求方广告的到达效果。从运作流程来看，已经改变传统的广告传播的生产关系。而互联网的互动性和实效性特点，也可以使得广告效果的评测由线后评测转变为线

---

① 刘晓云．加多宝："好声音"2.0 版本新唱法［J］．成功营销，2013（11）：16．

上评测,需求方多渠道投放广告形成了一个相互协同的效应。

第二节 科特勒营销理论下电视真人秀节目的创新推广

菲利普·科特勒(Philip Kotler)在《营销管理》(1994年)中曾经提出产品的五个层次,分别是核心产品、一般产品、期望产品、增值产品、潜在产品(如图5-4)。① 核心产品在消费者购买时是最基本的诉求,而一般产品是消费者利益的物质表现形式,期望产品则体现了消费者的个人喜好的需求,附加产品则会包括产品供应时的附加信息,潜在产品则是未来可能在产品基础做增量或者改变的部分。电视真人秀节目在做推广时,到底是把它仅看作一个节目来推广还是把它看作一个产品来推广,其方式和途径是截然不同的。新媒体网络的优势使得传统电视渠道优势和受众黏性都在下降。电视节目的营销是通过"内容+覆盖"的路径进行的,而新媒体则是通过"产品+渠道/终端"的模式。但是可以让用户产生消费行为的往往要通过个体终端链接,因此电视媒体要想让观众也产生消费行为,就绕不过与新媒体合作这个环节。

新媒体的特点具有强交互性和社交性,这弥补了传统媒体的不足。而针对这个特性,我们将科特勒的营销理论与真人秀节目的营销相互融合得出,一个真人秀产品应该包含这五个方面。一是基于核

图5-4 科特勒提出的产品的五个层次

---

① 1994年P.科特勒在《市场管理:分析、计划、执行与控制》专著修订版中,将产品概念的内涵由三层次结构说扩展为五层次结构说,即包括核心利益(Core Benefit)、一般产品(Generic Product)、期望产品(Expected Product)、增值产品(Augmented Product)和潜在产品(Potential Product)。由于科特勒在其著作中更多的是对每个层次含义的解释,而且没有将它与三层次结构说的差异进行比较,因此,这个新概念在引入国内后仍被简单地理解为"内涵不断扩展,层次不断深化",即被认为是"顾客满意学说在产品上的具体体现"。

心内容在新媒体平台中的社交性和交互性传播;二是通过新媒体接收传媒产品时的时移表现形式;三是通过真人秀节目的营销满足消费用户的个性化需求;四是通过新媒体的消费场景的搭建,形成与用户个体的链接以实现附加价值;五是通过衍生品的开发以实现对潜在品牌价值的挖掘(如表5–3)。

表5–3 真人秀节目的产品结构

核心产品	在新媒体平台中的社交性和交互性传播
一般产品	新媒体接收传媒产品时的时移表现形式
期望产品	满足消费用户的个性化需求
增值产品	通过新媒体的消费场景的搭建,形成与用户个体的链接以实现附加价值
潜在产品	衍生品的开发以实现对潜在品牌价值的挖掘

一、真人秀节目的社交性和交互性推广

清华大学彭兰教授认为,过去电视媒体的内容生产主要是将注意力放在产品的核心利益层面上,而对于其他四个层面的关注是欠缺的。即使有时传统媒体能意识到传媒产品的其他层次,但是由于运营思路的陈旧、运营手段的简单和粗糙,并不能达到应有的传播效果。[①]

而随着新媒体的诞生和发展,受众的社交诉求得到了满足。互联网的强交互性也在一定程度上弥补了传统电视媒体单向传播而缺乏互动的不足。一个真人秀节目的品牌价值挖掘不能够仅仅通过电视自有平台,而应进行一个网络状化的推广,就是要利用各个渠道和平台的特点来打造真人秀节目的产品化属性。社交性和互动性为真人秀节目的产业链挖掘和产品附加值的上升提供了基础。而新媒体的特点就建立在电视产品和用户的双向连接。基于这种关系对产品的维护、开发、运营是维持核心内容产品的方法。无论十几年前在互联网技术下产生的邮箱、BBS、博客,还是现在为大众所熟悉的微博、微信、B站、短视频网站等,都是通过与用户建立社交场景,建立互动关系,从而得到对传媒

---

① 王虎,陈小萍.社交网络时代电视真人秀节目的产品结构[J].现代视听,2017(2):9.

产品附加值的提升。电视真人秀节目的受众群体主要是"网生一代",他们具有较强的网络使用能力和社交需求。在观看真人秀节目时,伴随有多屏观看、跨屏使用等行为特征,同时很多受众还会伴随着将观看体验分享到社交网站等行为(如图5-5)。

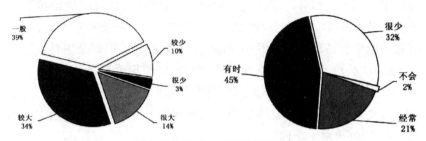

图5-5　左:社交媒体的讨论对收视的影响
　　　　右:观看时是否会向社交媒体分享或推荐[1]

电视媒体和新媒体的融合以及多维度的互动增加了电视真人秀节目的影响力(如表5-4),而这种互动场景的营造,强调了社交性、互动性的话题制造,可以使得一档真人秀节目溢出更多的产业价值。

表5-4　三档季播真人秀节目收视表现及微博阅读次数[2]

节目名称	电视平均收视率(%)			微博均阅读次数(百万)		
	2017年	2018年	增幅	2017年	2018年	增幅
《极速前进》	1.31	0.58	-55.97	75.41	75.71	0.4
《中国好声音》	3.98	4.38	9.97	125.13	194.23	4.67
《奔跑吧兄弟》	2.64	4.91	85.97	200.28	320.58	60.07

2017年深圳卫视的《极速前进》排档周五,以环游世界为主题加之紧张激烈的比赛环节在第一季开播伊始就取得过1%的收视率。但第二季开播后仍排档周五,2018年这一时期的周五档竞争激烈,在多面夹击下收视率下降超过55%,每一期平均收视率仅0.58%。但在微博

---

[1] 王虎,陈小萍.社交网络时代电视真人秀节目的产品结构[J].现代视听,2017(2):9.
[2] 数据来源:CSM媒介研究[EB/OL].http://www.csm.com.cn/data/editor/pdf/5784a99b88864.pdf.

阅读次数统计中,第二季《极速前进》的数据并没有随着电视收视大幅度下降而是略有上升。笔者跟踪搜集了《极速前进》的微博官网话题,总结得出了该节目网台互动的新方法。2018年,晒运动在社交网站悄然成风,这个主题也非常切合《极速前进》的运动、奔跑的节目元素。深圳卫视联合微博客户端的跑步记步技术,将广大网友的微博步数与节目支持相联系。一季10期,全球10个国家,将微博网友的每日运动步数贡献给支持的选手。其中在澳大利亚站获得的捐献公里总数达到了185402公里,而对冠亚季军支持的网友已经捐献超过10亿步。节目多次在微博平台制造话题并把握住了最新的网络用户关注热点,增加了互动性和用户黏性。在微博的话题阅读中不光弥补了收视上的不足,还拉动了0.4%增幅。

第四季《中国好声音》最大的亮点是导师阵容的变化,自周杰伦加盟《中国好声音》之后,就掀起了广泛的关注,第四季收视率较第三季有所上升,平均收视率超过4%(如图5－6)。数据显示,周杰伦的微博搜索指数远远高于其他三位导师。在制作和推广宣传时,为周杰伦链接上了"小公举"的标签。而微博的相关讨论完全被该词汇占据,整体的话题阅读较上一季更是增幅超过60%。

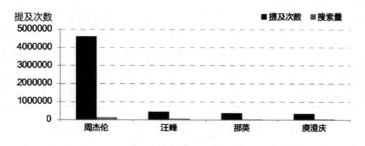

图5－6 《中国好声音》第四季导师微博搜索量
(数据来源:CSM媒介研究)

笔者对《中国好声音》的微博进行数据分析时发现,周杰伦的"地表最强音战队"被提及的次数最多,超过450万次,比汪峰、那英和庾澄庆三位导师的搜索总和还要高。对周杰伦评价出现较为高频的词汇有"小公举""害羞""青春"等词汇。周杰伦在微博社群当中更是有强大的粉丝基础和效应。

《奔跑吧兄弟》在第一季播出后三个月即迎来了超高收视,这种收视热度不光体现在电视收视率上,更表现在微博的搜索热议上。第二季的《奔跑吧兄弟》较第一季在收视率上增量了85%,微博阅读量提高了60%。但在如此高的专注度的背后,却是正评价和负评价的一次次较量。在第一季开播时,微博评论互动中不乏和韩国原版《Running Man》的比较,对中国版《奔跑吧兄弟》制作和参演人选都展开了激烈的讨论。随之第二季的开播,话题争议就集中在节目嘉宾陈赫上,对陈赫离婚等话题的热议使得在第二季第二期的正评价最低。通过微博电视指数的搜索数据显示,"陈赫""离婚""张子萱"等词均为热搜词汇。很多观众会将对演员的评价感受移情到节目中,从而影响对节目的观看和体验。当然,这种体验式的评价也是相互的,很多观众看到了节目中嘉宾的表现,打破以往对明星的固有印象。例如在《奔跑吧兄弟》第二季的第二期中,因为一道小学生的数学题"鸡兔同笼",使得以前看起来"十分完美"的明星纷纷"出糗",整段喜剧效果十足(如图5-7)。另外节目组还在微博中特意编辑了相关的段落和图片用以加强节目效果的传播。虽然暴露了节目嘉宾的丑态,但是符合观众观看真人秀节目的动因,更符合网络用户碎片化时间的观看,收到了良好的正面传播效果。

图5-7 季播真人秀节目《奔跑吧兄弟》官方微博话题截图

回顾2014年《奔跑吧兄弟》在第一季播出时多半还处于水土不服的调整期,然而在第二季开播时就达到4.95%的收视率,这与节目在网络社交平台的大力营销是密不可分的。这档真人秀节目的收视群体以女性为主。虽然在电视和网络平台男女收视比重不同,但是交集涵盖范围广泛,也凸显了网台在社交性和互动性中的特点。

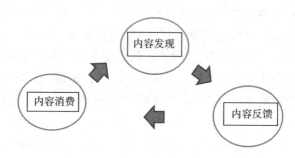

图5-8 真人秀节目的内容产品与用户关系

无论是内容消费、内容发现或是内容反馈都覆盖了节目和用户互动的整个过程(如图5-8),因为有这种交互性才可以满足观众在观看时的动因,使之获得良好的用户体验。《中国好声音》对微博、微信等社交平台的使用效率很好,每一位导师和学员都开设了个人账号,在吸引粉丝的时候也常常参与粉丝的互动。同时,在官方微博、微信公众号、个人微博等渠道记录和分享整个参赛过程。将文字、图片、视频进行分享和推广,因而在社交媒体上积累了相当的人气。这种重视交互性的内容产品化推广不同于早期真人秀的电话、短信投票参与的方式,是将个体和平台优势嫁接,再利用用户的使用习惯建立起的复杂、网络状的互动联系。

二、时移收视习惯下的真人秀节目推广

传统的电视节目是以线性的方式播放,观众以线性的方式收看,这种电视节目的运营和播出方式一般称作直播收视。线性播出之后的节目,如果相关机构还能提供基于双向互动技术的面向观众的点播与回放,这样在电视机上产生的新型收视行为就称作"时移收视",英文对

应叫作"Time-shifted Viewing"。① 在 2018 年发布的《全球传媒发展报告》中显示,很多新媒体发展迅速的国家其时移收视已经占直播收视水平的 6.7%。像美国、英国、荷兰等国家其真人秀的时移收视占比超过 16%。2015 年,我国的真人秀节目的时移收视在 3% 左右,②与欧美国家有一些差距。但是直播与时移观看并行,已经成为衡量电视节目收视率的重要参考。

真人秀节目同样也在新媒体终端放量收视,尽管这种放量可能会在一定程度上分流观看电视节目直播的观众数量和观看时长,但是从点播、回看等收视行为来分析,其时移收视在增加,那么观看电视节目的收视总数量和时长仍是增量的。随着电视节目的多渠道分发和更多跨平台的播出,电视节目内容被最大化使用,这种时移收视行为也具有分析和挖掘价值,这将是在媒体融合环境下促使电视视频发展和电视产业布局升级的新方向。

1. 时移收视概述

IPTV、数字电视、智能电视、互联网视频网站的推广和使用,拓展了电视除了直播以外的价值上升空间。观众收视习惯的改变是伴随着新技术的发展的,从模拟信号到数字信号,再到可以提供双向互动,可以点播、回放等功能的机顶盒以及智能电视,观众由被动选择再到主动选择,其收视习惯在不断转变。在我国,有像 CSM 媒介研究这样的专业的调查机构从事相关的数据采集和检测,据 CSM 数据显示,2019 年 1 月至 8 月其他收视市场份额为 12.5%,其中观众点播、回看 7 天内节目的收视份额为 2.8%;4 岁及以上所有电视人口中,平均每天约有 63% 的观众发生了收视行为,其中发生时移收视的观众仅占到了 6%;拥有回看设备的家庭用户中,每天发生时移收视的观众占到 13%,每人每天收看电视直播 168 分钟,主动点播、回看电视节目 5 分钟,时移收视与直播收视率比例平均为 2.8%,上海和北京较高,分别达到 6%

---

① 郑维东. 时移收视也是事儿[J]. 收视中国,2016(4):15.
② 胡正荣,李继东,唐晓芬. 全球传媒发展报告(2015)[M]. 北京:社会科学文献出版社,2015.

和4%;在所有观众中,平均每周发生时移收视的观众占16%,拥有回看设备的时移观众占35%;2019年1月至8月与上一年同期相比,各地时移人均收视时长都有了显著增长,但各地水平差异较大;随着回看设备的普及、互动服务的进一步提供,时移收视具有相当大的增长空间。①

但通常观众在进行时移收视时,收视的高峰都会滞后于直播时间。例如在晚间20:00—21:30之间,观众还是会按照以往的收视习惯观看电视的直播,当黄金时间过后,电视观众才会选择通过点播和回播进行时移收看(如图5-9)。

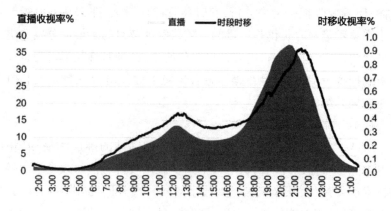

图5-9 全天时段直播/时移收视率%(15城市)
(数据来源:CSM媒介研究)

从图5-9可以看出,时移收视最高峰出现在晚间21:00—23:00,这个时段通常是电视剧的播出时间和综艺类节目的播出时间。但是从图中也可以看出,个别区间有瞬间的下调,这主要是由于时移收视时观众会直接跳过广告收看后面的节目造成瞬时下降。

2. 时移收视的特征

对于新事物的接触,一般年轻人接受程度最高,使用习惯培养速度加快。然后再逐渐向年纪较大的人群扩散,但65岁以上的人群学习和接受程度就不明显了。CSM的数据显示,在时移收看的受众中,15-

---

① 胡文慧.电视观众时移收视新观察[J].视听中国,2016(10):23.

34岁的观众以及大学以上受教育程度的比重较大,这部分观众与真人秀观众的重合度极高。

既然时移观看是观众主动选择的收视行为,通过观众的选择可以较为明显地看到观众对电视节目的喜好,而综艺、电视剧是观众选择观看最多的节目类型。其中包含真人秀节目在内的综艺类节目的时移收看比重由2018年的16%上升到2019年的21%。时移收视对首播的贡献增量在季播的真人秀节目中尤为明显。如《极限挑战》《奔跑吧兄弟》《欢乐喜剧人》等真人秀节目其时移收视增量高达40%,这已经成为电视节目收视中必须要考虑的因素了。

3. 真人秀节目的时移收视

时移观看不仅带来了整体节目观看的增量,而且通过移动终端互动和话题讨论也增加了节目的热度。笔者通过长期的节目数据跟踪,收集了三家卫视(湖南卫视、浙江卫视、东方卫视)2018年季播电视真人秀节目的时移收视以及互动话题数据(如表5-5)。

表5-5 2018年季播电视真人秀节目数据抓取

节目名称	首播收视率(%)	(7天内)时移收视率(%)	微博话题阅读次数(万)	微博话题阅读人数(万)
《我是歌手》(湖南卫视)	2.13	0.58	29226	2471
	2.10	0.52	24453	1946
	1.81	0.47	25905	2742
	1.97	0.45	22475	2219
《最强大脑》(江苏卫视)	2.3	0.43	55000	3146.1
	2.49	0.43	5850	781
	2.6	0.47	12000	933.6
	2.57	0.28	9207.2	971.7
《欢乐喜剧人》(东方卫视)	2.04	1.33	3366.9	581.4
	2.61	0.76	4621	540
	2.47	1.25	13000	2591
	2.98	0.96	664.5	198

首播收视率和时移收视率数据来源:CSM媒介研究①;微博阅读数据来源:微博电视指数。

---

① 伍杨娟,饶丽娟. 季播综艺节目时移收视与微博指数浅析[J]. 收视中国,2016(5):25.

湖南卫视的《我是歌手》来源于韩国 MBC 模板节目,是一档歌唱类的选秀节目。2018 年这一季的整体收视率表现较为平稳。从 3 月的数据抓取可以看出,其首播收视均在 2%,而时移收视率(7 天以内)均在 0.5%。从微博阅读来看,阅读次数和人数与节目的热度成正比,形成话题,被转发、评论的次数也十分可观。4 期节目的讨论互动总次数接近 50 亿次,从这些数据来看,时移的观看对首播收视率的提升率较大,观众在微博中互动、点评、转发频繁,关注度较高。

江苏卫视的《最强大脑》来源于德国的模板节目《Super Brain》,做了中国的本土化改造,是一档结合了科学和脑力,并加入了娱乐元素的真人秀节目。从开播首月的数据来看,收视率稳定在 2.5% 左右,时移贡献了 0.4% 的收视率。CSM 媒介研究 2018 年 3 月公布的受众调查数据显示,该节目在传统电视端收看节目的受众中有 62.02% 来自"70 后"观众,而微博中通过时移观看或互动的观众则有 63.36% 为"90 后"和"00 后"受众。由此可见,微博等新媒体的客户端对传统电视媒体的观众形成了流动和互补。

东方卫视的《欢乐喜剧人》是一档原创的明星竞赛类真人秀节目。其中节目形式非常多样,有小品、相声、杂耍、脱口秀等。笔者从多季跟踪数据总结发现,该节目的时移收视对首播收视率的拉动效果明显,平均的时移收视可超过 1%。在通过微博讨论等互动渠道的带动下,多次形成热门话题。在时移收视方面,2018 年 3 月 6 日至 3 月 31 日,《欢乐喜剧人》的时移观众中大学及以上教育程度的人群比例接近一半,达到 48.28%(如图 5 - 10),远高出同等学历直播观众 35.78% 的占比,可见高学历人群对时移收视贡献较大。[①]

除了利用 IPTV、智能电视等终端进行时移观看以外,越来越多的移动设备,如手机、IPAD 等设备都可以满足观众时移、位移的需求。这样就较为便捷地建立起了电视内容与用户的沟通渠道,将用户引入到真人秀节目的整个生产、流通环节,电视媒体又真正地找到了与用户联系和沟通的路径。真人秀节目《中国好声音》在第二季开始就越发重

---

① 伍杨娟,饶丽娟. 季播综艺节目时移收视与微博指数浅析[J]. 收视中国,2016(5):25.

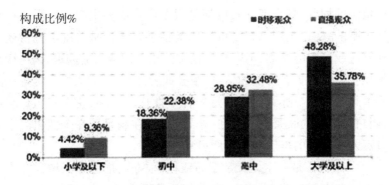

图 5-10 2018 年 3 月东方卫视《欢乐喜剧人》时移观众和直播观众受教育程度对比
（数据来源：CSM 媒介研究）

视移动终端和智能终端的推广和使用，在节目预热和播出的时候，频频与淘宝网、美颜相机、天天动听等 APP 和网站合作，将节目的元素和 logo 嵌入，全面渗透节目的品牌效应。在 2015 年滴滴打车完成市场覆盖的时候，《中国好声音》品牌也看到了其市场增值的空间，在第三季的"巅峰之夜"前夕就与滴滴打车合作，推出了"赶紧回家看好声音"的打车红包，用户在付费后便可以收到金额不等的红包。通过滴滴打车软件的高覆盖和海量的用户分享以及"病毒式"传播，这种营销手段为总决赛的收视提供了新的传播方式，在较多使用这种打车软件的年轻人中起到了很好的宣传，符合《中国好声音》年轻化、品牌化的定位。

三、提高用户体验满足个性化需求

大数据在电视节目内容定制上的应用，使得用户的画像被精准具体化，同时也被规模化和平均化。广告商、制作方根据数字技术将目标受众精确区分后，就把原有的节目生产转变为归类行为。这个过程中，还会受到利益的增长点和商业力量的支配。当所谓的个性需求被越来越前置、越来越精确地被计算出来的时候，个性需要的意义就不复存在。电视受众在拟态空间中实现对理想世界的拙劣模仿，产生代偿性满足，个性化的需求和选择的权利被数据化的节目内容定制而掩盖。因此，"大规模定制"所体现的个性是虚假的，是依托信息技术对市场更加精细的划分，各个细分领域都是根据广告商和生产商的需要精确计算出来的，文化生产也就变成了归类活动。无论是传统电视台还是移动终端或是智能终端，不应当仅仅带给用户内容上的需求，因为用户总是想获得更多更有价值的信息、服务或者体验，因而人们对传媒产品的要求越发的高。那么如何满足这种个性化的需求，建立起用户与产品、用户与服务的联系呢？也许《今日头条》在满足用户个性化需求方面对真人秀节目的推广营销有所启示。

《今日头条》是一个以大数据为依托，根据用户的感兴趣程度来进行个人信息定制的搜索引擎。其中包含了图片、文字与视频，但不同于信息内容集成新闻中介平台，用户无需进行复杂的操作就可以进行个性化的定制服务。《今日头条》会根据用户的浏览轨迹或者相关的横向数据支持而对用户感兴趣的内容进行推送，实现高质量信息的再编辑和再传播。首先，平台会根据用户的微博阅读、地理位置、浏览轨迹、职业、性别等在5秒钟内描绘出用户画像，如果用户有新的动作行为，最快会在10秒内更新用户的信息。再通过用户特点的分析推荐相关的热点，这些热点也存在正能量指数、热度指数等作为参考。面对海量数据，《今日头条》可以在0.1秒完成分析，3秒内完成文字、图片、视频的提取。针对不同地区、不同性别、不同职业的人群会有针对性的推荐。同时根据横向的数据支持，可以识别出用户的爱好兴趣，从而进行精准推送。通过对每一个用户的画像的建立，实现个性化的推荐和连接，这是传统媒体所无法满足的。更多的媒介平台，在建立了官网或者APP之后，多半成为内容的分发渠道，而没有建立更多的可以满足个性化需求的功能。

当然这种数据化的分析正在被更多的新媒体平台所使用，也可以满足受众对真人秀节目观看的个性化需求。腾讯视频和唯众传媒联合制作的网络调查类真人秀节目《你正常吗？》就是借助了这种数据化的分析方式。在每一期节目播出之前，都会在以腾讯为主的网络平台进行调查讨论，例如话题"喜欢看伴侣手机正常吗？""第一次该留到新婚夜吗？"等进行网络调查，仅一个话题在社区里的最高讨论量就超过600万条。结合节目的现场讨论，来测试"正常指数"。而节目的意义还在于通过"正常指数"的比较,使很多用户达到心理上的共鸣以消除一些不必要的担忧,对自己和社会有更多认识。

湖南卫视在《爸爸去哪儿》播出期间,新华社新媒体中心联合数托邦创意分析工作室抓取了新浪微博上提及"爸爸去哪儿"的45.5万条原创微博,并对36.7万独立原发作者用户(去除疑似水军账户)、1300余万条用户微博及近1亿的关系进行数据分析。将微博的提及数量、讨论次数、用户的男女比例及地区、五组家庭的内容和节目的泪点、笑点都做了数据化的比较和呈现,这种精确的内容分析和用户分析以及反馈为后面的节目制作和调整提供了有力支持。尤其在脚本内容设置上,很具有参考性。如图5-11,根据数据化的处理,将节目中的泪点和笑点予以抓取,反映出了观众对节目脚本设置的喜好。这对季播的真人秀节目在整体结构和内容设置上具有指导作用,以便日后更好地

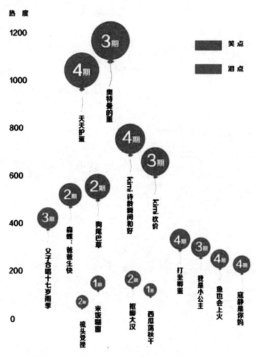

图5-11 《爸爸去哪儿》节目中看点排行榜

迎合观众的偏好。

真人秀节目的内容营销和推广应该更多地利用社交平台的交互性和智能数据化的终端来定位受众群,建立用户画像,为真人秀节目的内容生产和推广营销定制差异化的方案,这样才可以制作互动的条件,满足受众的个性化需求。

关于真人秀节目的消费场景的搭建和真人秀节目的衍生品开发,将在后面的"真人秀的产业链"中予以详细阐述。

总之,对于真人秀节目到底是将其看作一个视听内容来营销传播,还是看作一个"产品"来推广,这取决于我们怎么看待电视媒体在社交性、交互性、数据化、个性化等层面的供求关系,其中真人秀节目的产业附加值和潜在价值的表现更是值得探讨。

第六章　真人秀节目的产业生态格局研究

现代电视产业生态处于持续不断的系统整合中,社会权利必定要从外部注入一股规约的力量。这种规约的力量来自多个方面,技术发展、制度变迁、政治环境、传媒格局嬗变等。首先技术促进了传媒产业的发展,而传媒产业的成熟又不断刺激技术的发展。但在媒介发展的所有历史条件下,市场的准入和监管都是维系媒介生态体系的核心内容。在电视产业生态发展的前几十年中,在政策的调控下,电视台拥有垄断性的利益,但市场化的资源和资金却无法打破壁垒进入节目的生产制作中。到了21世纪,互联网技术和新媒体技术都开始快速发展,同时伴随着市场化中各方经济利益的博弈,传媒行业的外部系统不断在转化,酝酿着临界点的到来。

以电视真人秀为代表的传统媒体一直以来都是以内容换取受众注意力,然后转化为广告收益,基本上是一次售卖的形式。但是因为常年的积累,受众群体较大,电视媒体依然还是受到广告商的青睐。新媒体在新的媒介技术的支撑下,可以运用数据化的处理,较为准确地描绘出用户画像和消费轨迹,进而可以实现广告模式的精准推送。这种基于分众基础上的商业广告模式,对传统的广告盈利模式产生了较大的冲击。在传统传媒产业链的内容生产、渠道分发和产品流通中,因为广电集团对渠道有绝对的控制权,因而可以将媒介内容送达受众。但互联网的优势使得传统的渠道优势和受众黏性都在下降。将"内容+覆盖"的传统产业链模式更新升级为"产品+渠道/终端"的产业模式,逐步地冲击着传统媒体产业闭合环节,增强了电视产业生态失衡的阵痛。

在新媒体技术还未充分发展之前,电视行业掌握着巨大的渠道优势,也掌握着产业链中最有价值的部分。无论是纵向的栏目制作、广告招商,还是横向的媒体推广,其覆盖率和强势的推广手段都是媒介传播中取得优势的原因。而新媒体技术的发展,使得渠道资源呈现几何式的增长,渠道的丰富凸显了优质内容资源的匮乏,电视机构越来越成为内容的集成商。相对于西方在产业生态融合中资本的力量的决定性作用,中国的电视产业生态格局一直处于自上而下的"主动"调控和流动中,其中技术、内容、产权和管理的融合并不被资本和市场所左右,而呈现一种生态失衡、失序的状态。从微观的角度来看,生态秩序的重建是一个业务流程和组织流程的再造过程,而科学化的传媒管理对复杂的网络状产业链的开发和维护起到至关重要的作用。早期的制播分离所带来的公司化运营和企业化管理以及网络状的产业链开发所形成的矩阵式的结构和品牌化的运营都是新的生态秩序的重建。

电视真人秀的产业生态格局在重建的过程中,是从内部的资源流动开始的,逐渐从业态的融合转变到业务的融合,对内是整合资源,对外是做好内容同时也要做好服务。这种产业生态的重建是逐步的也是局部的,就如同IPTV的使用,它的出现和推广弥补了传统电视产业生态的不足,因为受到政策的管控和牌照的管理,其模式很难被复制和推广。但我们清楚地看到传统的电视真人秀节目的传播方式是单向传播,而新媒体是通过数据化的分析来实现双向传播与强交互性的传播。技术的革新赋予了全新的电视内容生成模式,"用户生成内容,用户贡献价值"就是将个体的热点激活,将整个电视产业生态激活。

另外这种生态的失序还体现在传媒电视产业的价值被严重的低估,大量因行政区域划分而出现的电视台和制作机构没有形成合理的资源配置,产业化功能极弱,内部生态资源无法正常流动。随着组织结构的逐渐重组,资本有了入口,未来资本和市场的话语权和影响力将越来越大,产业生态的融合在逐步形成,政策的规制不再是电视产业变革唯一的驱动力,中国的电视产业生态格局在重建,未来在国际化的市场上,也必将有中国电视业的一席之地。

第一节 电视媒体的产业生态格局变迁

随着互联网技术的发展和新媒体的崛起,受众的收视习惯发生了巨大的变化,因此而导致了电视产业格局的巨大裂变。本章节以真人秀节目的产业生态格局作为切入点,尝试着分析传媒生态圈在激烈的博弈和失衡的阵痛下,能否找到共赢的融合路径。

关于"什么是电视的产业化",有学者定义为三化:市场化、企业化、集团化。所谓"市场化"是指"电视产业化就是要把电视产业纳入到中国市场经济的体系之中,建立一整套以市场为核心的电视节目生产、播出和流通系统,以及与此相适应的监管体系"。所谓"企业化",主要是针对中国所有电视台的"事业单位"性质,要求市场主体——各级电视台要从事业单位的"官办"性质向企业性质转化。而"集团化",则是电视台的单一经营目标向多产品集成经营转化,是电视产业化的高级阶段。[①] 探索现阶段电视产业在融媒环境下的发展就是在找寻一个体制、政策、文化环境和市场环境不和谐问题的解决路径。

另外还要谈一个概念,就是"生态位"。所谓生态位是指一种生物在生物群落中的生活地位、活动特性以及它与食物、敌害关系等的综合情况,是一种生物在栖息环境中所占据的特点部分或最小的单位。从生物学来看,各个物种的生态位是不同的,因为如果生态位重叠,就会出现残酷的竞争,最终一种生态位淘汰一个物种。这一理论的意义在于指出了一个物种是否能够生存并非取决于其是否强大,而是取决于其是否可以在生物圈中找到属于自己的生态位。[②] 电视在传统三大媒介中的主导地位在20世纪90年代可谓无可撼动。可是到了21世纪,世界范围内的媒介类型和产业种群结构都在不断地变革之中,当这种量变积累成质变以后,就会产生结构性的重组和序列化的移位,直至新的一种媒体产业生态格局的形成,这其中既有物理变化也有化学变化。Facebook的创始人马克·拉扎伯格(Mark Elliot Zuckerberg)在媒体的发布会中曾谈到印刷媒体和电视等发明,它们发端了众多社会关键领域的深刻变革。它们让更多的人能够发出自己的声音,鼓励进步,改变社会组织方式,使我们更紧密地联系在一起。今天,我们的社会走到了

[①] 陆地.中国电视产业市场发展的现状分析[J].媒介研究,2004(1):12.
[②] 朱天,梁英.新媒体与传媒产业生态[M].上海:复旦大学出版社,2015:280.

新的临界点,如果说电视的"内容优势"是最后一道防线的话,我们可以清楚地感受到传媒产业格局的阵痛,以及生态格局正在逐渐逼近这一临界点。

一、新媒体崛起前的电视媒体产业生态格局

1. 媒介生态位的分割

从 2000 年中国第一部电视真人秀节目《生存大挑战》在广东卫视制播开始,中国所有真人秀节目就是伴随着新技术的发展而发展。真人秀节目是承载在电视媒体上、新媒体上,还是进行跨屏的观看,最根本的原因就是媒介找到了自己的受众群。在新媒体还未促使受众形成使用习惯之前,纸质媒体、广播、电视、电信都是真人秀节目的制作、分发、参与的渠道。如同邵培仁教授所说:"任何一种媒体都必然有其特殊的时间与空间上的生态位,亦即有其特殊的生存与发展的土壤和条件,以及它在这一状态下的特有行为和作用。"[1]从 20 世纪 60 年代到 20 世纪末,电视作为第一媒介成为人们休闲时间最多的选择,而电视节目的娱乐性又成为观众选择它的主要原因。作为 20 世纪后半叶最强大的媒介,电视产业的回报利润相当高。在 20 世纪 80 年代,美国的一些商业电视台甚至可以达到 70% 的利润。[2] 到了 20 世纪末,电视的产业属性逐渐凸显出来,以经济利润为导向的商业化运作模式也使得电视媒体向经济独立体、集团化的方向所指引。不同于新闻的作用,包含真人秀节目的电视综艺节目成为电视台产业化、商业化的一个试金石。

广播在中国的媒体生态中因为较低的受众门槛,最早地确认了自己的生态位。后经过纸质媒体和电视媒体的内容冲击与画面冲击之后,还是存活了下来。即便在互联网发达的今天,广播的受众群依然非常清晰,表现也相对平稳。广播以声音的展现形式为主,在早期选秀类型为主的真人秀节目盛行时,广播就成为节目分发流通的很好选择。

---

[1] 邵培仁.论传媒生态位规律和媒介生存策略[J].新闻界,2001(5):11.
[2] [美]威廉姆·F.贝克.美国网络媒介改变传媒产业格局[EB/OL]. http:www.sina.com.cn, 2011 - 04 - 21.

很多歌唱类的选秀节目通过广播进行同步直播、录播。选秀歌手也通过广播电台做客节目、发布新歌。然而维系广播媒介发展的广告产业因为受众的特定,其产业规模还是处在传媒市场的下游。

包括书籍、报纸、杂志等在内的纸质媒体因为对文字内容的依赖性较高,不断地与其他媒介形式展开竞争,虽然争取到了对深度文字内容青睐的受众,但是从宏观来看,大多报业或是纸媒都在衰退,广告市场份额也在缩减。在真人秀节目产业化发展的初期,与杂志的联合宣传、出版人物特刊都是必不可少的模块。2007年,超女选手李宇春出版了自传《Chris 我的音乐地图》,一经发售便获得销量百万的业绩,增加了《超级女声》品牌的产业链利润。

2. 外部系统的转化

大众媒介的发展不仅仅是在不同媒介之间或者说行业内自然发生的过程。如果说媒介生态处于自然演进中,那么媒介系统就是一个自足的系统。但事实上,现代传媒处于持续不断的系统整合中,社会权利必定要从外部注入一股规约的力量。① 这种规约的力量来自多个方面,技术的发展、制度变迁、政治环境、传媒格局嬗变等。首先技术促进了传媒产业的发展,而传媒产业的成熟又不断刺激技术的发展。但在媒介发展的所有历史条件下,市场的准入和监管都是维系媒介生态体系的核心内容。

由于中国的真人秀节目形式出现得较晚,并没有承载纸媒和广播的生态变迁,但是却见证了中国电视媒体从事业化向产业化、市场化和数字化转变的历程。中国的传媒产业伊始就长期为国家所有,其维系、运营、发展都由国家的财政支付,内部的行政管理基本遵循党的方针政策。从管理手段上也形成了四级办电视的管理格局(中央、省、地、县),一方面使得电视台长期对传媒资源形成了垄断,另一方面无法调动市场化的资源及其资金进入传媒产业链,整个传媒行业受到宏观的调控和行政制约。

20世纪80年代,国家对传媒行业进行了第一轮的体制改革,提出

---

① 支庭荣.大众传播生态学[M].杭州:浙江大学出版社,2004:231.

了将事业单位企业化的管理方针。随即对各级电视台的行政拨款逐渐减少,实行由市场化的广告经营来自负盈亏。经过十几年的发展,传媒产业的格局逐渐形成,传媒业的市场属性也被认可。但是这一时期的媒介技术发展相对落后,基本处在对传统媒介技术革新的层面上,数字化、网络化和卫星技术都还没有开发成熟。政策上虽然有了市场化、产业化的方针,但市场机制仍不成熟,管理体制和经营规模比起世界传媒产业大国都相对滞后。

在电视产业生态发展的前几十年中,在政策的调控下,电视台拥有垄断性的利益,市场化的资源和资金无法打破壁垒进入节目的生产制作中。到了21世纪,互联网技术和新媒体技术都开始快速发展,同时伴随着市场化中各方经济利益的博弈,传媒行业的外部系统不断在转化,酝酿着临界点的到来。

3. 生态资源的流动

20世纪,由于传媒市场的准入制度在广电行业一直处于垄断之中,外部资源受到政策壁垒的牵制一直无法随着市场流动,因此广电产业内部的各个模块和子群之间的流动能力也十分受限。20世纪90年代,外部系统环境的调整投射在媒介生态内部也刺激了内部要素的变化。政策环境的改变和技术的发展刺激了原本稳定的传媒产业内部,使得传媒行业竞争趋于激烈。

中国传媒行业在20世纪末如同英美等国传媒行业一样,都经历了政策的放松管制时期。但是这种放松是相对的、较为保守的。以广电业为主的事业化向企业化的改革使得内部与外部的资源和资本流动有了可能性。2004年后,政策的放松使得非公有性的资本可以进入,但是社会资本进入传媒行业仍然需要多重行政审批手续,放开了在非控股的情况下可以参与除了新闻以外的电视节目的内容制作的渠道。这为中国的电视节目类型蓬勃发展提供了政策环境。不过需要说明的是,在2000年后的传媒生态中,整个生态资源流动的决策权并不是由市场和资本所决定的,而是由行政权力所决定。外部资金的注入,只能被认定为债权关系,不可以享受任何股权上的分红;而结构上重组,如传媒集团的建立也完全是自上而下的政府主导行为,而非市场化主动并购；同时，在管理手段上，各地级政府在垂直管理范畴中，很难实现跨地域资源分配，传媒资源无法在内部流动。其实在市场经济背景下，媒体的内外部资源需要流通起来，通过在产业的不同环节以高速的流动方式，参与到媒介产品的生产当中，通过同受众注意力进行交换的方式来实现传媒资源的价值。①

在新媒体还未崛起前，传媒内外部的资源受到壁垒和禁锢较多，除了政策上调控，传媒的产业链也是不完善的，存在着巨大的断层和分发渠道的不畅通，导致了传媒价值实现的维度缺乏。在同样的大环境下，这一时期的电视真人秀节目的出现和发展也是伴随着同样的属性。从2000年广东卫视的《生存大挑战》开始，电视节目制作人已经看到了真人秀这种节目形式的特质。无论是粗制的模仿还是直接的"剽窃"，都体现了传统电视媒介在真人秀节目制作上的经验和技术的不足。真人秀产业链的开发则更是需要多个模块的嫁接，整个传媒行业的生态资源是分配不均的，更难进行内外部的资源流动。因而真人秀节目的产业生态在这一时期也是闭合的，没有发展的。但是在政策层面上毕竟还是开发了一些渠道，因此，早期的真人秀节目也借助了电信和网络的媒介。例如2002年在湖南经视开播的《完美假期》，就是利用电话和网络的投票来决定节目的淘汰者。之后的十几年时间里，随着互联网技术和新媒体技术的发展，真人秀节目也逐渐迎来蓬勃发展的机会，而整个产业生态也进入转折点。

二、新媒体发展下的电视媒体生态格局裂变

21世纪开始，全球范围内的互联网技术和新媒体技术开始快速发展，体现在传媒领域中就是众多产业格局受到冲击，而新的结构模式和生态环境逐渐形成。

2000年伊始，中国的互联网迎来了起步阶段，新浪、网易、搜狐成立，而这一时期的互联网平台主要成为传统媒体的内容移植平台，没有资讯或者视频节目的采集能力和制作能力。2005年前后，互联网上出

---

① 朱天,梁英.新媒体与传媒产业生态[M].上海：复旦大学出版社,2015:291.

现了博客和视频的专业网站,这也意味着互联网进入了 web2.0 时代,新媒体的发展不断地冲击着传统媒体的话语权。之后新媒体平台也逐渐开展了资本运作,例如土豆网、优酷网在资本的支持下,迅速占领市场,成为传统媒体的内容分发渠道。2008 年,国务院启动了 3G(第三代移动通信)牌照的发放,这是中国科技自主创新的重要标志,随后在国家持续性的研发、产业化和推广下,手机等智能终端迅速普及,成了连接互联网的重要结点。2010 年,是中国"微博元年",微博是基于用户关系的信息分享和传播的平台。在这个平台上,自媒体的内容生产和分享构成了社会化的媒体,而这种基于陌生关系之间的弱连接却有极大的覆盖面,也拥有互联网的强交互属性。2011 年至今,在线视频网站成为竞争最为激烈和潜力最大的领域之一,截至 2020 年 6 月,我国网络视频规模 8.88 亿,占网民整体的 94.5%。① 随着 2013 年 4G 网络的架构和 2019 年 5G 牌照的发放,网络成为了"生活的伴随品",而新技术的发展带给人们最重要的变化是在媒介的使用习惯和消费习惯方面。虽然大众一如既往地看文字、看图片、看视频,但是人们获取的媒介内容的渠道和平台已经与从前发生了巨大的变化。

1. 媒介技术引发的传媒产业裂变

在市场利益的博弈下,所有传媒介质都要面对同样的挑战,这就是传统媒体的转型和文化期望而带来的深刻变革。媒介技术发展而导致的颠覆性是在于打破了传统媒体的传播方式,即传—受,这种单向的传播方式,由此而引发媒介内容的供求关系和传统商业模式以及产业格局的变化。在"划地而治"的传统传媒产业里,媒介技术打破了介质壁垒,改变了受众与信息之间的连接方式,模糊了大众以往认知的报纸、广播、电视、网络之间的界限,将媒介内容进行多渠道的融合和分发,搭建了跨媒介合作的通道。

无论用户通过 IPTV 还是互联网都可以实现对节目的点播和回放,也可以完成时移、位移的收视,从而颠覆了传统电视节目中黄金时

---

① 中国互联网络信息中心(CNNIC).第 46 次《中国互联网络发展状况统计报告》[EB/OL]. http://www.cac.gov.cn/2020-09/29c_1602939909285141.htm. 2021-07-07.

段的概念,时空选择的不受限决定着受众时间和注意力的重新划分。事实上,收视习惯的改变对传统媒体最大的影响不仅仅是现在市场份额被蚕食,而是未来市场受众的流失,毕竟作为"网生"一代的年轻人,接触网络和新媒体的机会要远远大于传统媒体。

以电视为代表的传统媒体一直以来都是以内容换取受众注意力然后转化为广告收益,基本上是一次售卖的形式。但是因为常年的积累,受众群体较大,电视媒体依然还是受到广告商的青睐。新媒体在新的媒介技术的支撑下,可以运用数据化的处理较为准确地描绘出用户画像和消费轨迹,进而可以实现广告模式的精准推送。这种基于分众基础上的商业广告模式对传统的广告盈利模式产生了较大的冲击。在传统传媒产业链的内容生产、渠道分发和产品流通中,因为广电集团对渠道有绝对的控制权,因而可以将媒介内容送达受众。但互联网的优势使得传统的渠道优势和受众黏性下降,将"内容+覆盖"的传统产业链模式更新升级为"产品+渠道/终端"的产业模式,逐步地冲击着传统媒体产业闭合环节。

2. 电视媒体与新媒体激烈的产业布局竞争

以新闻总局的广电集团下属的多家电视台为例,虽然通过了由事业化到企业化的变革,但是其经营身份具有双重性。一方面要通过市场上行业竞争自负盈亏,一方面其所有权仍然属于国家,接受党政等部门的领导和管理。在传播机制上和方式上,由于角色的多重性而产生了权利的牵扯和资源的内耗。虽然传统媒体也深知转型的必要性和产业的延伸,但是在垄断角色形成多年后,其转型的力度和职能的优化都是十分艰难的,尤其在面对充分市场竞争时,还是无法完全脱离政策的保护。而经过十几年的艰苦经营在中国立足的新媒体企业,通过多年的资本积累和技术发展,有的已经在国外挂牌上市。这意味着这些新媒体企业已经熟悉市场化的资源配置和传播机制,其经营理念和管理理念已在市场规律里磨炼成熟,这些无疑给传统媒体形成了严峻的竞争环境。

欧美等国互联网的覆盖率已经超过70%,手机的覆盖率也达到90%,大多数的资讯均来自网络和手机,电视已经作为休闲的补充媒体而出现,新媒体的大众意义非常明显。① 但在新媒体快速发展的同时,电视产业仍然保持着较好的增长势头。中国人民大学新闻与社会发展研究中心所做的一项调查显示,电视媒体在受众覆盖率、受众媒介接触时间和经营总收入等方面依然占据优势。② 针对这种现状,笔者总结了几个部分的原因。首先中国的电视媒体产业仍然处在一个发展的周期里,还有比较大的上升空间,这是我们与国外媒介最大的不同。由于中国经济发展的不均衡性,众多人口仍然处在新媒体技术还未覆盖的地区,而电视网基本已经做到了全覆盖,这无疑在信息和资讯的传播上成为主力。那么随着经济和技术发展,传媒市场规模还在不断扩大,从整个市场体量和利润上来看,还有非常大的潜力挖掘。同时,电视产业化的模式仍处在初步发展的阶段,其资源和资本都受到政策和行业的倾斜保护,而新媒体的发展在目前这个阶段还是受到较多的制约。在这样的环境下,电视媒体和新媒体就处在不断的角逐和博弈之中。

新媒体的落地是基于网络的铺设,在三网融合政策的促进下,从技术上看用户已经可以从任何一个终端接受信息,并通过广电网、互联网或者电信网收看电视节目。但是在实际推广中,行业壁垒和利益的抢夺使得三网融合的推进异常缓慢。"IP化的数字电视网和宽带互联网将长期共存,互补融合构成宽带交互的新媒体,但是这种融合是在网络层用户终端处发生的,终端可以根据需要自动选择哪个网络,一旦三网融合了,就意味着每张网络都把自己原来相对垄断的市场大门打开了。"③对于已经打开的IPTV渠道,广电业对其设置了多重审核。IPTV是依托电信的ADSL网络进行推广的,广电业就利用其监督管理的行政权要求所有视频内容获得审批许可证,却有所偏袒地通过了央视、上海文广集团的行政审批,允许开设网络电视。电信的IPTV业务在推广中举步维艰,只能运用P2P技术发展点对点的连接型服务。但是广电业如果依靠自己已经铺设好的有线电视渠道来推广IPTV业务,就

---

① 朱天,梁英.新媒体与传媒产业生态[M].上海:复旦大学出版社,2015:302.
② 郑保卫,李洋,郭平.试论当前我国媒体格局变化的现状及特点[J].国际新闻界,2008(3):12.
③ 朱秀亮.电视布局新媒体[J].新经济导刊,2006(10):40.

需要投入巨额资金对原有网络进行改造,从而实现点播、录播、时移等交互功能。由此看来,因为媒介管理的深度交叉,电信业和广电业的融合势在必行,但因为管理权、利益分配、资源重组而阻力重重。

　　新媒体带来的是更多的渠道发行和产品流通,而内容优势是电视媒体的法宝。那么对于内容和渠道的博弈就是电视媒体和新媒体首先要面对的。新媒体在诞生之初,就一直存在着缺乏优质内容的弊端。尽管凭借海量的存贮成为可以传播和互动平台以及分销的渠道,但是在优质内容面前,传统的电视媒体就成为其求助的对象。内容的获取主要通过免费和付费两种模式。电视台希望可以借助网络作为内容的分销渠道进一步扩大节目的影响力,因而允许新媒体平台对节目进行免费的点播或者网台共同制作联合发行,但这种形式使得电视媒体没有得到更大化的利益。随着对核心知识产权的重视,电视媒体不愿意再成为新媒体的内容供应商或是免费劳动力。两者首先是在内容版权的争夺上爆发了激烈的竞争。无论是搜索引擎还是视频网站都经过一段被电视台要求打击"盗播",或转为付费模式的经历。而新媒体的视频网站主要就是靠内容来获取用户的黏性,这种视频内容的下架或者付费在短期内给各大平台都造成很大的影响,但进一步规范了整个节目多渠道流通的链条。

　　电视媒体的传播方式是单向传播,而新媒体是通过数据化的分析可以实现双向传播与强交互性传播。技术的革新赋予了全新的内容生成模式,"用户生成内容,用户贡献价值"就是将个体的热点激活,将整个传媒生态激活。随着网民数量的不断增加,人们消费媒体的方式也发生了新的变化,使网络媒体对电视媒体的依赖度大大下降,而且这一趋势会随着新技术的不断加入还将不断加强,传统媒体已经错过15年前刚刚产生的新媒体时掌握要价权的历史机遇。① 与此同时,越来越多的新媒体也意识到基于核心内容下的知识产权的重要性,当然网络平台的自制内容成为很多网站"烧钱"的重点。但更多的网站把视角放在了内容服务,将内容的互动变成链接商业的服务字眼,将用户、广

---

① 李丽.传统媒体积极转型　不甘做新媒体"供货商"[N].中国青年报,2009-06-29.

告、资源、产业链接起来，形成一个内容集成的渠道，从而与传统的电视媒体要价抗衡。电视媒体也意识到了这种改变，除了像央视、湖南卫视等几家媒体开设自己的网络平台外，众多电视媒体还是选择与新媒体的强势渠道、平台合作，如微博、微信。将公共主页、公众号嫁接到这些SNS的社交平台之中，建立起与新媒体用户的交流场景，把有关的节目内容、视频放置在网站中，加强和用户的互动，增强用户的黏性和对品牌的认可。

第二节 电视真人秀节目全产业链的开发

随着媒体融合加快和深入，电视真人秀节目可以通过多渠道分发来快速积累品牌效应，无论是收视率的增长，还是新媒体点击率的放量，抑或是社交网络的话题引爆。无论是一线卫视的爆款真人秀节目，如湖南卫视的《爸爸去哪儿》《向往的生活》、浙江卫视的《奔跑吧兄弟》《中国好声音》、央视的《挑战不可能》、江苏卫视的《前往世界的尽头》，还是网台的联合制作，如北京卫视与优酷网的《歌手是谁》、东方卫视与爱奇艺的《我去上学啦》、浙江卫视与腾讯的《燃烧吧少年》等，谁能提高受众的黏性，积极利用各种渠道建立起与受众的联系，谁就能在节目的品牌IP开发中和衍生品的产业链开发中增加受众的纵向深度和建立消费联系。每一个播出平台、渠道的定位和不同，决定着节目衍生品的开发模式不同。综艺大电影、同名APP、热门手游、明星同款服饰、节目拍摄场地旅游等，五花八门的节目衍生品构成节目品牌产业链的开发。

一、电视真人秀节目的网络状产业链搭建

随着媒体融合的加速和互联网技术的快速发展，尤其智能终端的普及，极大地改变了受众接受信息和观看视频节目的习惯以及消费行为的建立。同时这种连接方式的改变也伴随着整个产业链的裂变。传统电视真人秀节目的产业是线性结构，而随着产业链的裂变，媒体融合环境下的真人秀节目产业链呈现出网状的结构和价值增量的特点。但

就现状而言,仍存在产业机制不健全、缺乏品牌维护、产业发展不均衡等现状。

1. 网络状的真人秀节目产业链模式

网络状产业链基于模块化和网络组织理论。随着纵横向不断地分解和深化,原本具备不同特点的企业按一定的方式和标准相互交叉、融合,形成产业价值网络,成为一种呈网络状的新型产业链,称之为"网络状产业链"。[①] 电视真人秀节目的产业链主要表现在对内容的多渠道分销、播出前产品植入与播出时的广告合作以及后续的衍生品开发。而初期的真人秀节目产业链是由一种内部的、售卖形式简单的环节构成:

真人秀节目的前期调查──→节目策划与创意──→节目内容生产──→节目交易──→节目播出──→节目的衍生品开发。

随着媒体融合的加深和互联网技术的发展,真人秀节目的产业链里不断出现新的环节和模块。如网络视频的分销、旅游主题路线的版权以及游戏、手机 APP 的开发等。而所有网状产业链的建立是在电视真人秀节目的核心──内容之上。真人秀节目的内容是节目产业链开发的核心,那么对内容挖掘也贯穿了研发、生产、营销、流通和终端服务等环节。这些环节又通过内容的特点相互连接,形成了各种模块相互联系、相互作用。无论是上游的内容生产还是下游的衍生品开发,其影响力都是相互作用的,因此会不断地促进新的模块和资源的产生,构建出一个网络状的产业链,并随着网络状的发展从而支撑产业链的扩张。在产业链的运营中,内容的增值和整合是生态发展的关键,因此如何利用内容达到创新和共享是我们研究真人秀产业链的目的。

如图 6-1 所示,真人秀节目的网络状产业链是多点、多元、多模块的。通过真人秀的内容作为链接,实现了资源的整合和开发,延伸出了以真人秀节目内容为中心,以动漫、图书、电子商务、APP、手游、网络视频、版权授权、电视节目、电影、广告等一系列模块为链条的产业模式。

---

① 丙明杰,李想. 网络状产业链构造与运行[M]. 上海:格致出版社,2009.

面对复杂的网络状产业链的开发,电视台的业务流程和组织流程的再造更为重要,科学化的传媒管理对复杂的网络状产业链的开发和维护起到至关重要的作用。早期的制播分离所形成的节目开发、品牌维护、影视剧等部门不断地形成新的组织架构。如 SMG(上海文广集团)就建立了管控平台和事业部的横纵架构模式。管控平台有相应的规章制度,它们会依法管理所有的事业部,都是平行的;但体制有所不同,有的是公司,有的是成本中心,有的是利润中心,所以管理模式也有所区别,形成了一种矩阵化管理方式。①

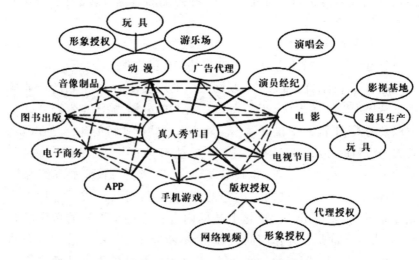

图 6-1　网络状真人秀产业链图示②

2. 全产业链模式的初步搭建

真人秀节目是电视综艺节目中产业附加值最高的一种节目形式,主要体现在其内容的可拓展性。随着媒体融合的加深,传统媒体平台和新媒体渠道共同发力,使得营销方式和衍生品开发逐渐覆盖了全产业模块。通过内外部资源的整合,可以呈现出品牌附加值的最大化。

---

① 黎瑞刚,张咏华,沈荟.重构组织结构和价值链以创造竞争优势——访上海文广新闻传媒集团总裁黎瑞刚[J].中国广播电视学刊,2006(5):15.
② 胡之冠.基于网络状产业链的真人秀节目运行机制研究[D].南昌:江西财经大学,2015.

而附加值的增长又增加了真人秀节目的传播价值、商业价值、新闻价值、社会价值等。这几种关系相互促进,相辅相成。

（1）电视媒体的平台核心优势

一档电视真人秀节目是否得到观众的认同、喜欢是由内容价值所决定的。该节目的电视收视率、网络视频的点击率和微博的相关话题则是最明显的晴雨表。以"现象级"真人秀节目《奔跑吧兄弟》为例,第一季的平均收视超过2%,而市场份额最高时超过10%（如表6－1）；仅第一季的广告收入超过4亿元,其中包含独家冠名费1.3亿元,8000多万元的植入广告。当然成功的"现象级"的真人秀节目仅仅获得高收视率和广告费用还远远不够。对于受众来说,媒体融合之后可以通过多个场景、渠道、方式来接触真人秀节目的核心内容,从而增加对节目品牌的认知,并在无形之中受到影响。而广告商也在这些环节中抓取了用户的注意力,完成了商品的传播功效。

表6－1 《奔跑吧兄弟》第一季收视率及市场份额

期数	CSM50 全网收视		
	收视率(%)	排名	市场份额(%)
1	1.132	3	3.920
2	1.808	1	5.950
3	2.180	1	7.250
4	2.140	1	0.95
5	2.489	1	6.687
6	2.210	1	8.040
7	2.455	1	7.090
8	2.408	1	7.810
9	2.583	1	7.730
10	2.755	1	8.216
11	2.889	1	9.050
12	3.162	1	9.589
13	3.180	1	10.007
14	4.206	1	12.430
15	3.993	1	12.218

数据来源:CSM50 城媒介研究。

电视媒体目前作为仍有巨大影响力的媒体平台,也在充分地发挥着自身的优势,通过合理的节目编排和平台纵深度,加大了核心内容的传播。湖南卫视的亲子真人秀节目《爸爸去哪儿》获得巨大成功(如表6-2),其中仅湖南卫视就重复播出140余次,非首次观看人数已经超过首播观看人数。这种叠加的效应呈现了几何式的爆发增长。

表6-2 湖南卫视《爸爸去哪儿》播出频次

频道	播出情况	频次	收视人数(千)
湖南卫视	《爸爸去哪儿》	12	587022
湖南卫视	《爸爸去哪儿》(重播)	140	860168
湖南金鹰卡通	《爸爸去哪儿》(重播)	55	308805
湖南金鹰卡通	《动漫明星之爸爸去哪儿》	5	20274

数据来源:CSM50 城媒介研究。

湖南卫视在对核心节目内容进行宣传时,凭借的就是自身的平台优势,通过较大的受众基础,在节目未播放前,利用每天至少40次的预告片来为节目预热(如图6-2)。即便在节目开播后每天的花絮也会在频道中超过20次地滚动播放。

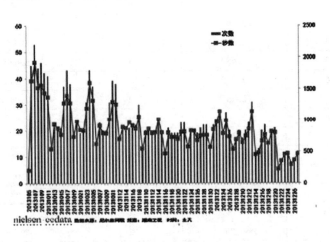

图6-2 真人秀节目《爸爸去哪儿》预告片每天发布频次
(图片来源:尼尔森网联)

(2) 打造消费场景,延伸品牌矩阵

随着观众接触媒体的习惯变化和智能终端的普及,网络视频的传播成为填充碎片化时间和链接社交媒体的一个载体。无论是像芒果TV这样的网台合一的官方渠道,还是优酷、爱奇艺等视频网站,都建立了连接受众的场景和渠道,利用这种非线性的点播方式和强交互性的特点,成为很多观众尤其是年轻观众观看真人秀节目的选择。能够延伸IP价值链的衍生真人秀节目不仅可以满足用户、会员、粉丝对不同内容的观看需求,还能实现平台系统下不同领域之间的用户导流。腾讯视频《创造营2020》推出了"会员版""加料版""纯享版"以及《创造营2020练习室》《创造营2020宿舍日记》《创可少女屋》等大量展现学员们排练和生活的衍生节目,还创制了直播互动真人秀《在么卡么说话呀》。在节目直播中观众可通过AB键的选择进行跨屏互动,实时决定节目走向,这种强互动模式无疑激发了受众参与节目的热情,提升了用户对平台的黏性。除了长短视频衍生节目数量增多,早期服务于主体节目的衍生节目如今已走向独立创造价值的阶段。深度访谈节目《定义》在《乘风破浪的姐姐》播出前一个月就上线播出,提前为真人秀节目增加热度,后推出的旅行类真人秀《姐姐的爱乐之城》塑造了姐姐们更加丰满的人物形象。衍生真人秀作为近两年网络真人秀节目市场的现象,不仅凭借着与正片的相关性成为节目IP的延伸,更通过培养忠实用户为平台带来更大的商业价值。

"互联网+电视"模式,是传统电视的突破口,但我们要清楚地认识到互联网并不是一种媒介这么简单,而是一种操作系统。这决定着我们的思维、习惯、工作方式都应该在这范畴和模式之中。传统的电视媒体如果把互联网只看作一种内容分发的渠道,那么就不能够完全地嵌入这个系统中。比如互联网的新媒体正在改变用户的使用习惯和消费习惯,连接到具有互联网性质的消费场景之中是"互联网+电视"正在探索的消费模式。

近几年,电视节目电商化的说法被不断地提起。T2O的形式成为媒体融合环境下电视连接电商消费场景的路径。无论是二维码、APP,还是"摇一摇"都是建立消费连接的方式,而这种借助移动端进行实时交互的方式,直接把观众引入消费场景之中,完成观众与用户的身份转换。很多真人秀节目就是利用这种连接,实现了边看边买的商业模式。

东方卫视与蓝色火焰制作公司共同打造的真人秀节目《女神的新衣》是以明星24小时制作衣服,然后T台展现,最后通过专业买手和电商平台进行销售的方式,完成了电视节目到网络销售的过程。同时节目中的买手会通过天猫的电商平台将服装作品放到网络展示销售,观众在观看电视节目的同时即可上天猫购买"明星同款"。据相关媒体报道,首档节目播出当晚21时至24时,四大买家的店铺流量达到平时的8—10倍。①

在真人秀产业链模块中,重在将隐形的消费群体显性化,实现商业利润的落地。通过真人秀节目内容来营造消费场景的搭建,通过新媒体端口来实现消费渠道的建立,通过电商平台来完成消费过程,同时电商的流量也将导入到电视节目当中,从而完成一个T2O的闭合,实现了消费者在观众和用户之间的流动。

(3) 真人秀节目的衍生品开发

一个"现象级"的真人秀节目和其衍生品所形成的是共赢的局面。真人秀节目《爸爸去哪儿》和《中国好声音》就是在节目衍生品的助力下,不断尝试产业开发的模式。综艺节目的衍生品开发是一种新趋势,也是不可或缺的环节,其与节目的母体相连,共同打造节目的品牌价值。

衍生品属于金融领域的概念,与真人秀节目结合之后,产生了商品的属性和附加值。例如手游在真人秀节目产业链的开发里成为了一个被多次尝试开发的模块。凭借着《爸爸去哪儿》的主体节目的成功,湖南卫视与游戏公司合作开发《爸爸去哪儿》跑酷游戏;之后芒果传媒开始涉足游戏领域,成立了上海芒果互娱科技有限公司和湖南快乐芒果互娱科技有限公司,在游戏、APP应用开发方面展开工作,期间推出了多款小游戏,如《爸爸去哪儿》《花儿与少年》《新济公活佛》等。《爸爸去哪儿》手游的第一季达到1.5亿次的下载量。其中伊利也在首页、

---

① 邵鲁文.电视台发力T2O模式:电视购物的新玩法[J].销售与市场,2015(2):25.

装扮和道具方面进行了深度植入,获得满意的营销效果。① 紧接着2015年的春节档,同名大电影也火速上马。《爸爸去哪儿》的大电影制作是中低成本,却在短时间内获得了6.7亿元的票房。虽然其电影化的表达手法遭到了同行的诟病,可是我们还是看到了节目衍生品的巨大市场。《爸爸去哪儿》第二季播出之后,湖南卫视就上马了一档节目《我和爸爸在一起》讲述了节目以外的故事。湖南卫视借势又在平台里利用知名节目《天天向上》《快乐大本营》等邀请当红的星爸萌娃多次出境,形成了节目带造势。湖南卫视将传统的电视节目进行产业化、移动化、数字化的开发,不仅仅将观众锁定在每周五的电视机前,还将品牌植入到生活场景中,让观众多维度接触到品牌内容,增加受众的黏性。《爸爸去哪儿》的同名手游,粉丝量和收入并不是考察其传播价值的首要因素,而是希望通过还原节目的场景来增强使用者对节目的认同感,使得游戏玩家可以向电视观众转化,当然观众的双重身份会更有利于电视节目口碑的传播,这也是顺应媒体融合环境下的文化产业发展。

无独有偶,真人秀节目《奔跑吧兄弟》也是利用了节目的优势将大电影《奔跑吧兄弟》和手游《奔跑吧兄弟:我是车神》共同推向市场,前者获得了超过4亿元的票房,后者直接带来了活跃用户超百万名的成绩。而两者对于《奔跑吧兄弟》的品牌建设增加了价值,同时也产生了直接的经济效益。2018年,《奔跑吧兄弟》还拓展了歌唱类和演绎类的产业模块。2018年的跨年夜在深圳体育中心举办了跨年演唱会。体育馆可以容纳近1.3万人,而票价几百元到几千元不等。通过跑男的节目影响力和个人粉丝效应,演唱会人数爆满。整场演唱会通过浙江卫视和视频网站均有转播或直播,再一次提升了品牌的知名度和粉丝效应。利用粉丝经济,《奔跑吧兄弟》还开发了以跑男为形象的图书、服装等,得到了粉丝的追捧。同时利用粉丝会,在线上和线下开展直播、互动和交流,在增加粉丝好感度和黏性的基础上得到了实在的经济收益。

---

① 胡之冠.基于网络状产业链的真人秀节目运行机制研究[D].南昌:江西财经大学,2015.

同样，真人秀节目《爸爸去哪儿》除了电影和手游取得了傲人的成绩以外，也开发了人偶、漫画、旅游景点等模块。节目中出现的儿童服饰、玩具的售卖量呈现井喷式爆发。林志颖儿子 Kimi 在节目中提及的奥特蛋在淘宝售卖中成为热门产品。各大商家都在明显广告语中含有"Kimi 最爱"作为产品宣传。同时节目录制所到之处也成为亲子游的热门之地。几家旅游网站甚至还推出了以《爸爸去哪儿》为主题的亲子游路线，对于整个产业链的相关挖掘呈现了非常火热的态势。

（4） 真人秀节目产业链开发的不足

真人秀节目的产业链开发能力是衡量媒体集团产业生态构建的重要标准。但是传媒集团机构庞大，组织管理传统、分工不合理、制播分离不完善等都是节目产业链建构中存在的不足。

真人秀节目产业链的开发依托内容核心和品牌建设。而很多真人秀节目品牌建设周期短，观众还未形成收视习惯或者品牌依赖性，真人秀节目就匆匆停播了。例如东方卫视扎推出了多档真人秀节目，《我型我秀》《加油！好男儿》《加油！东方天使》等，很快因为同质化的竞争和低收视率遭到停播。这些真人秀节目一般只有一两季的生命周期，短期内环节设置和播出时间都在不断调整，观众还无法形成约会意识和收视习惯。同时在宏观的政策层面，广电总局还会较为频繁地调控真人秀节目的内容类型、排播时间、参演种类等，这都对品牌的建立和维护产生一定影响。例如真人秀节目《超级女声》在政策调控之后，播出时段、竞赛环境有所改变，甚至还改名为《快乐女声》，而随之带来的是品牌 logo 的更换、赞助商的易主、品牌产业推广的重新授权，之前经营的品牌模块都受到了负面影响。

真人秀节目的产业链持续开发依托的是真人秀节目内容的不断创新，电视节目不是真正意义上的工业化产品，不可能通过新节目的研发就会形成垄断，也无法直接带来事前利润。而为了保证节目的成功和商业价值，在引进和研发的过程中，购买版权和联合制作成为现在市场中的主要节目创制模式。但在一定程度上，创新性成为节目发展的壁垒，因为模板节目和联合制作的节目的版权方较为强势，要求遵循节目制作原版，那么围绕节目核心环节、内容设置、节目设置等方面的突破都是举步维艰的。同时,国内的同质化跟风情况也较为严重。一档收视较好的真人秀节目一经推出,类似的节目模式就会充斥荧屏,其商业价值和社会价值也会被瓜分。而面对直接抄袭或者粗制滥造的模仿,却很难实现版权的维护。很多电视部门也设立了节目的研发部门,但很多时候只是针对国外节目进行分析,看看是否能拼凑出一档"低投入,高产出"的电视节目,这种种情况为真人秀节目品牌的产业化推广带来了层层的阻碍。

据不完全统计,国外产业化开发的真人秀节目,其广告收入只占到总收入的40%,而剩余的60%均来自产业链衍生品的开发和其他商业价值的转换。首先,在产业链开发中,节目版权的出售占比较高,通过全球发行和播映获得节目销售和版权销售的利润。2012年,美国的版权产业增加值为10156亿美元,已成为美国经济贡献度最高的支柱性产业。[①] 然而中国原创真人秀节目版权输出国外的案例目前仍是寥寥无几。可圈可点的是央视与灿星联合制作的真人秀节目《中国好歌曲》落地英国,由著名英国国际传媒集团负责发行制作。同时浙江卫视和以色列著名节目公司Armoza共同将《全能星战》推行到了海外。除此之外,中国具有发行版权的真人秀节目在国际版权交易市场上极少成为甲方,这也凸显了中国真人秀节目在产业链拓展上的不足。

同时一些"现象级"的和大IP品牌的真人秀节目通常都掌握在具有较强资本运作能力的传媒集团中,大多数电视台或节目制作公司并不具备独立的产业开发能力。尽管如此,传媒集团在进行资源整合的时候依然要借助外部资源的产业模块来共同搭建。例如真人秀节目《超级女声》在产品开发时就把其卡通形象、艺人肖像等产业链的开发权授予中国最大的文具厂商贝发集团,但因消费市场盗版猖獗,收益并不可观;后因为《超级女声》改版改名的原因,衍生品的产业模块受到巨大影响。因此,当媒体集团进行跨资源整合时,产业模块都会受到一些

---

① 中国新闻出版网. 美国经济中的版权产业[EB/OL]. http://data.chinaxwcb.com/zgcb/fayuanjingwei/201501/52560.html.

不可控的因素影响。当然这其中的主要原因也是因为真人秀节目的产业链运作不够成熟,对市场预判不准或者对可能出现的情况估计不足。

目前具有产业链开发价值和能力的真人秀节目大都掌握在电视台手里,电视台在产业链模块开发中扮演着至关重要的角色。在节目生产制作环节,因为有了民营资本的参与和制播分离制度的存在,这个环节便于开发。而购买和播出时,却是一个闭合的链条,电视台掌握了绝对的话语权,在这个环节中会造成很多利益分配不均、价值不对等的情况出现。按照日本和欧洲国家电视节目市场的经济合作和利润分配形式,节目生产、购买和发行三个环节的分配比例大致是 5∶2.5∶2.5,而中国电视节目收益的分配比例,播出占 80%—90%,制作占 10%—20%。中国缺少全国性的节目销售市场,由于分销这个电视产业链的断裂,导致电视台的收入过度依赖广告,节目的出售和流通环节的收入比例极低。① 因此,电视台在产业链某些环节的垄断角色,也使得真人秀节目在产业链开发中利益分配不公,一定程度上影响了整个产业链模块的构建。

二、电视真人秀节目产业链的 IP 化效应

有学者指出,文化工业所依赖的技术基础产生了根本性的变化,即"模拟信号技术"转向"数字化信息技术"。信息模拟技术对文化内容的生产在一定程度上以牺牲文化创作的个性化原则为条件,数字技术则可以实现个性化基础上的生产。前一种叫做"大规模复制",后一种可以叫"大规模定制"。② 依托于数字技术新媒体具备了进行个性化生产的条件,提供了反抗标准化与反抗霸权的可能,但技术支配网络空间与文化生产的背后,其实是资本的力量,真正决定技术进路的是掌握权力与资本的组织与个人。网络社会中的"长尾"固然代表了"小众"对标准化与平庸化的反对,小众文化空间的出现也值得兴奋,但其极其边

---

① 肖叶飞,栾颖. 中西电视制播制度的比较分析[J]. 传媒,2010(5):21.
② 从"文化工业"到"文化产业"[EB/OL]. http://news.hexun.com/2013 - 08 - 01/156675819.html.

缘的地位无法对抗整个网络主导性文化的标准化。换言之,尽管技术提供了可能与局部的现实,互联网上的文化仍然主要是工业化的空间。资本是趋利的,只有满足尽可能多的用户口味与需求才能以最小成本产出最大利益,因而这种需求只能是被平均化、大众化的需求。因此,在互联网的内容生产上,我们看到同质化的内容被不断生产出来,牺牲个性的"大规模复制"生产并未改变,主导性内容无疑都是最符合大众口味的"自带流量"的 IP。

IP 模式进入电视领域也只是近些年的电视产业化的趋势。优质的 IP 内容是电视媒体和新媒体的必争之地。电视平台凭借着多年的受众基础和运营资源,往往拥有具有 IP 潜力的优质节目内容。但是仍然是我们面对真人秀节目开发所要讨论的内容。利用 IP,以促进一个全产业链的开发模式,并利用巨大市场形成长尾效应和构建一个产业的生态。

1. IP 提供了新的生产关系

IP 即知识产权,是一种无形的财产权,也称智力成果,指的是通过智力创造性劳动所获得的成果,并且是由智力劳动者对成果依法享有的专有权利。这种权利包括人身权利和财产权利,也称之为精神权利和经济权利。在产业格局中所说的 IP 更多的所指的是改编权,以及由此带来的产业开发价值。① 而 IP 在媒体融合加深和互联网的大环境下,其特点就在于"连接"的属性,即通过市场化的运作将一个 IP 产品进行跨文化市场运作和资源整合。IP 在整个电视产业链上的开发与应用其实就是提供了新的生产关系。整个深度挖掘其产业价值的过程,就是将传统媒体和新媒体资源相互融合的过程,同时也是将新的产业模块切入的过程。

但是即便拥有 IP 优质资源的电视媒体,有时却未真正意识到其潜在的挖掘价值。2014 年热播的第二季《舌尖上的中国》是一档可以利用节目内容深挖产业价值的纪实类真人秀节目,但是从第一季开播伊始,电视台并未重视其商业价值,也没有进行系统地线下开发,错失了

---

① 卢钊凯.用 IP 打通全媒体产业链条[J].中国电视,2014(12):71.

更多的经济效益。但是阿里巴巴旗下的淘宝却发现了这个电视节目品牌在电商层面的价值,利用电商平台的天猫超市借助节目的热度,每期同步发布和销售与电视节目中一样的食材、菜谱、商品,取得了巨大的搜索量和成交量。像天猫超市嫁接电视节目这样的例子只是电视产业链开发的一个模块。拥有一个跨越不同文化、跨越不同领域的超级IP,一定是要经过长时间的市场考验和受众培养的过程。

2. 传统电视媒体的 IP 开发

中央电视台、湖南广电集团、上海文广集团等一线媒体平台在几十年的媒体运营中拥有了较好的 IP 资源和诸多具有品牌影响力的电视节目。传统的电视台若干年间只重视了这些具有 IP 影响力的电视节目的收视率、收听率、到达率。在产业开发上主要以广告收益为主,在体制和经营模式的束缚下没有进行行之有效的线上和线下的开发,阻碍了以 IP 带动产业格局改变的发展。

虽然利用 IP 开发产业模式的理念由来已久,但是在偌大的、复杂的电视台机构中,每一个产业开发的模块的开发都要经历重重的机构审核和利益划分,其 IP 效应也显现得较为缓慢。在传统的广电系统中,电视节目的决策权往往在台里的相关部门,电视节目的营销则由电视台下属的公司负责。两者之间存在权责划分不清、资源共享不足等历史的桎梏。

当然,国内很多地区的广电系统已经意识到了 IP 的重要性和延展性,也做了诸多的产业化尝试。早在 2011 年,湖南卫视就曾经推出过《我们约会吧》的同名电影。虽然口碑和票房(票房 523 万元,数据来源:猫眼电影)不佳,但是在产业开发中迈出了第一步。浙江卫视也推出过《中国好声音之为你转身》,这是真人秀节目《中国好声音》(票房 301 万元,数据来源:猫眼电影)的综艺大电影,这部电影完全虚构出一个和比赛无关的故事。《快乐男声》也推出过一部记录参赛选手的记录片《我就是我》(票房 652 万元,数据来源:猫眼电影),这与《我们约会吧》的解构方式相同,三部都经历了票房的惨败。

但是无论是市场的"试错"还是 IP 的受众培育,一些传统电视台还是努力地尝试转型。2018 年伊始,几家卫视就着手建立 IP 化的产业模式,湖南卫视和旗下的芒果 TV 制定了网台合一、全网独播的战略方针。安徽卫视也发表声明,《我为歌狂》等电视节目的网络视频版权归属安徽电视台。湖北电视台也制定了"频道+公司"的产业发展模式。当然在 IP 产业化的道路上,成功的经营案例如《爸爸去哪儿》的大 IP 开发还是值得业内探讨和学习的,更多的尝试或失败或成功也让我们看到了传统媒体在转型中的决心。

3. 新媒体的 IP 开发

真人秀节目的 IP 核心是内容,这是一种专有的属性,既具有知识产权性又受到法律的保护。而新媒体平台或者渠道要想获得 IP 就必须通过研发或者购买。对于大部分新媒体平台来说,影响力和受众培育的时间不够长,市场还不够成熟,目前还未形成或者出现有较大影响力的"现象级"的电视真人秀节目和 IP 项目。而 IP 项目的运营,大多是通过传统媒体利用新媒体的多渠道分发的优势而获得抑或是通过购买方式取得的。这也是新媒体在 IP 产业化经营中遇到的难题之一。在互联网快速发展的今天,利用资本换取对产业链整合的机会是新媒体介入 IP 运营的切入口。

当然利用资金购买具有 IP 潜力的真人秀节目的视频播放权只是一种金融的手段。一直以来,我们固有的思维是传统媒体拥有优质的内容,新媒体拥有多渠道的分发,而优质的内容是新媒体抢夺的核心。然而从中国社科院新闻所发布的《新媒体蓝皮书·中国新媒体发展报告 No.7(2019)》中可以看出,2018 年中国数字经济规模达到 31.3 万亿元,在中国 GDP 占比达 34.8%。蓝皮书报告的一组数字表明,数字经济将成为中国经济高质量发展的核心动力。[①] 未来互联网的资金运营占比会更高,在充足的制作经费和灵活的管理模式下,优秀的电视内容制作人员会随着市场的流动重新分配,近一两年电视台著名的节目制作人纷纷离职就是这种趋势的前兆。随着人才的流动和雄厚资金的注入,优秀的节目内容也会流动转移。新媒体平台或是视频网站同样

---

① 新媒体蓝皮书·中国新媒体发展报告[EB/OL]. https://baike.baidu.com/item/新媒体蓝皮书·中国新媒体发展报告%282019%29/23596381?fr=aladdin.

可以组建PGC团队来进行采编播为一体的节目研发和营销。① 但目前新媒体对电视真人秀节目的网络播放权仍然是以购买居多，而且价格不菲。虽然花了重金购买了热门节目的播放权，在节目的视频点击和下载中有了巨大的放量，但是对这种电视节目仍然没有改编权和IP开发的权利，净靠点击率和广告是不能够在日益更迭的产业格局中站稳脚跟的。因此拥有独立的IP开发权和版权化的运作，才是新媒体平台产业化运营的核心。

4. 媒体融合环境下的IP开发

媒体融合是多个层面多个维度的融合，这里涵盖了互联网思维、用户体验、电视节目视频化、多媒体的产品集群等多个概念。媒体的融合以及IP产业化，两者相互促进、相辅相成。IP产业化模式是建立新型媒体集团的核心，也是建构其产业链和机构机制的参照标准。如果一个新型的媒体集团只是在其内部结构中增加了新媒体的板块，而在管理机制等方面还无从改变的话，就无法生成新的产业模块和产业链的延伸。作为融合的顶层设计，无论是物理切割还是化学反应，所带来的必然是传统格局的打破和新秩序的建立。随着政策上的促进和融合意识的觉醒，这为传统媒体与新媒体共同打造IP产业化带来了可能性。无论是"内容为王"还是"渠道为王"，都应该融合在以IP产业化为中心的架构模式之中。

中央电视台、湖南广电集团、上海文广集团等几家大型的广电媒体集团，通过多年累积的节目资源和品牌建设，拥有了多个层次的知识产权。每个集团也在利用不同的侧重点介入到IP产业化的生态格局中。中央电视台利用互联网集成业务牌照的发放，整合了数字硬件的厂商，推出了CCTV自主品牌的机顶盒，嵌入了品牌下多个节目和资源，扩大了IP运营的渠道。湖南广电集团利用台网合一和多家模块公司一并建构起了IP网络状的产业链模式。上海文广集团也改变了网台关系，

---

① 来源于百度百科：PGC(Professional Generated Content)，专业生产内容。经由传统广电业者按照几乎与电视节目无异的方式进行制作，但在内容的传播层面，却必须按照互联网的传播特性进行调整。

多次利用联合制作进行 IP 资源整合。这种种变化最重要的意义是在于多维度地建立起与受众的连接，更加贴近用户。而在互联网时代，越能接近用户带来影响的，其商业价值和市场价值才越大。因此以 IP 为产业布局开发的新型媒体集团，才能架构起多个维度的品牌。

真人秀节目的形式是最具有 IP 挖掘潜力的，尤其是具有互联网思维的真人秀节目。例如天津卫视和新浪联合制作的真人秀节目《百万粉丝》以及东方卫视与腾讯视频联合制作的真人秀节目《我们 15 个》，都是利用了互联网或 APP 终端进行 24 小时全网直播。受众可以通过网络进行观看、投票和互动。这种利用受众跨屏的收视习惯和多渠道合作来进行分发的电视节目，可以为以后的 IP 产业化布局打下基础。

IP 化的产业布局小到关系着一个节目的产业开发，大到关系着一个媒体生态的走向。在媒体融合的大背景下，广电媒体更要以创新作为驱动力，以 IP 的品牌打造促进一种新的生产关系的确立，同时推进产业生态格局的建立。

第三节　中国电视真人秀节目的版权保护与国际化境遇

电视真人秀节目的版权保护和兴起是世界知识产权贸易不断成熟发展的结果，其中主要包括播放权和版权两种形式的国际贸易。播放权指的是根据购买合同内容，在某个地区进行播映；常见的侵权形式是通过电视网、互联网等媒介进行盗版或盗播的行为。版权是指由卖方提供节目制作手册或样片，由买方根据双方协议在特定的平台进行节目制作播出；其中剽窃和抄袭是最常见的侵权形式。在电视节目的版权贸易中，一种形式是节目未播出前，只要是买方接触节目内容就会与卖方签订保密协议，之后如产生剽窃行为，就会认定侵权，侵权方会被指控其违反了保密协议、商业欺诈或不正当竞争等条款。而另外一种形式是侵权方在节目公开播映后对其的剽窃行为。目前，随着媒体的融合和网络技术水平的发展，任何节目一经播出都可以进行超地域、超时空的无时差转播。一个全新版权的节目，刚刚播出就有可能在其他国家的网络上出现，甚至已经贴片上了当地的语言字幕。即便是小众的节目,在这样的传播环境下都会更容易出现被侵权的行为,这个问题是世界性难题,也是知识产权领域的热点。

一、电视真人秀节目的侵权界定

1. 电视真人秀节目的版权客体界定

版权侵权是指原告指控被告的作品存在剽窃或者抄袭,侵犯了作品的复制权、改编权等著作权。同时根据《中华人民共和国著作权法实施条例》第二条规定:"著作权法所称的作品是指文学、艺术和科学领域内具有独创性并能以某种模式复制的智力成果。"[①]对此,《著作权法》第四条十一款还有进一步的解释:"电影作品和以类似摄制电影的方法创作的作品,是指摄制在一定介质上,由一系列有伴音或者无伴音的画面组成,并且借助装置放映或者以放映传播的作品。"

首先,包括电视真人秀在内的电视节目的制作方式,是在结合电视技术手段的基础上进行的文艺创作,其目的是为了给观众提供娱乐化和审美化的享受。电视真人秀节目属于艺术范畴的作品形式。其次,独创性是对版权客体保护的基础和前提条件,但这里指的独创性并不是指唯一性和排他性。同一时间出现的相似作品只要是各自创作的结果,就可以分别受到《著作权法》的保护。就电视真人秀节目而言,在公开播出的节目中,只要没有受到抄袭或者侵权的指控,一般来说就认定为具有独创性。再次,对于这种无形的知识产权财产,被社会广泛使用和认可才使得著作权保护有实际意义。电视真人秀节目就是借助一个载体通过客观形势表达出来的作品,它是一个可以被复制的,可以被感受、感知的客观存在。

综上所述,电视真人秀节目是一个艺术领域,具有独创性,可以被复制、感受、感知的作品,满足了《中华人民共和国著作权法实施条例》中所规定的版权客体,可以受到保护。

2. 电视真人秀节目的实质性相似检验的难点

司法界认定侵权指控的方法是判断侵权方是否接触过原告的作

---

① 《中华人民共和国著作权法》第五十七条,本法所称的著作权即版权。

品,然后通过实质性相似来进一步分辨被告方的侵权行为是否构成。当然在互联网如此发达的传播环境里,被告要举证对一档已经播出的节目从未接触过是十分有难度的。所以两部电视作品到底有没有构成实质性相似是判断侵权行为的关键。

在判定实质性相似时有一些判定的方法,但都是基于表达上的比较而不是思想内涵上的比较,只有表达存在相似性,才能被判定为侵权。例如《超级女声》《中国好声音》都是歌唱类真人秀节目,但是表达不同不会认定为侵权。在司法层面上,认定实质性相似的方法有总体感知法、模块法和抽象法等。通过一些具体变量的相似性,来判断电视节目中的情节、主题、音乐、角色以及序列的相关度。

世界上第一个将电视真人秀节目作为版权客体审理的案件中,法官将主持人、参赛人、团队、奖励、竞争方式、竞争难度等可保护性元素进行对比剖析,得出了两档节目不存在实质性相似的结论(如表6-3)。

表6-3 电视真人秀节目《幸存者》和《我是名人,让我离开》版权保护元素对比

表达元素＼节目名称	《幸存者》(《Survivor》)	《我是名人,让我离开》(《I Am A Celebrity,Get Me Out Of Here》)
背景	拍摄澳大利亚干旱地区	拍摄于澳大利大雨林地区
主持人	主持人一名,主持风格严肃。主持比重较少,主要承担采访责任	主持人两位,风格幽默。主持人多次出现,主要负责调解气氛,搞笑出彩
参赛者	普通人	名人
团队	分组	未分组
奖励	最终会获得100万美金的奖励	奖金捐助给获胜者指定的慈善机构
竞争参与方式	每个参与者都必须参与所有环节	参与者可以选择是否参加竞争
竞争难度	对体力有考验有难度	无难度
食物供应	基本不向参赛者提供食物,食物的获取是比赛内容之一	对参赛者提供充足食物,只在食物的质量上有所竞争
投票程序	由参与者投票,在节目最后将一人淘汰,投票过程较为紧张	由观众投票决定某位参与者淘汰,投票过程轻松
音乐	深沉,原生态部落风格	欢乐
动物镜头	致命的危险动物	有趣、好看的野生动物
空镜	经常运用高速镜头,画面品质较好	运用风景镜头,画面品质不高

最终，法官根据更多细节的判定，认为《我是名人，让我离开》不构成剽窃，从而驳回了 CBS 的侵权指控。当然，司法选取的这 12 个参考元素是以往判决小说等题材所依据的参考标准，对于电视真人秀节目的情节、事件等元素并没有列入在内，所以在判决生效后依然引起了较大的争议。

从总体感知上，我们会觉得如此相似的节目却被认定为不存在实质性相似。这主要是由于真人秀节目的不可预期性所决定的。这种不可预期性表现在参与者的语言、性格特征、外界反应等各个方面。但是在这个案例中，相似的表达部分被法庭认为是非保护性的元素。在国内外的电视节目侵权案件中，都会出现实质性相似而检验无法完全适用电视真人秀节目的情况。现在，英国、荷兰等电视节目主要出口国正在积极推动在电视节目表达方式上，模式作为一种受保护因素来满足电视真人秀节目的版权保护的需求。模式是对电视节目类型下，某种特定的具体电视节目样式的统称，一套模式拥有可以遵循和复制的电视生产模式并有一整套运作程序和规范。① 这套模式包含了节目的脚本、流程、人员要求、技术配备等所有细节。

电视真人秀节目能否通过模式来获得版权保护，是电视节目出口国的经济效益和发展中国家的创新能力的相互博弈结果。中国作为电视真人秀节目的主要进口国，在电视版权贸易的大战中，既要保护国内电视节目的健康发展，又要在贸易谈判中获得有利条件，其自身的节目创新能力和发展能力起到了至关重要的作用。

二、电视业界对真人秀节目的侵权认识

1. 对合理克隆现象的认可

合理克隆指的是电视业界对电视节目之间的某种相似程度的认可，承认在该程度之内的相似不属于抄袭。② 中国的电视真人秀节目

---

① 雷蔚真. 电视策划学[M]. 北京：中国人民大学出版社，2008：153.
② 欧阳宏生. 电视综艺节目的版权客体界定及侵权界定[M]. 北京：中国广播电视出版社，2015：31.

发展已经超过20年,从节目开发的角度,完全非类型化和模板化的节目已经不可能出现。在竞争中,对于高收视率的节目,大家纷纷效仿和角逐,在降低节目研发成本的同时,也确保了一定收视群体。所以我们常常会看到电视节目除了名字不同,但整体架构、环节、风格等方面多是千人一面。面对效仿、抄袭、剽窃甚至侵权,电视业界对这种情况有较大的宽容度,除了极个别的侵权诉讼以外,这种情况大多被认为是合理的克隆行为。很多国内的电视真人秀节目,对国内、国外的原版节目并没有全部的"拿来主义",而是进行部分的模仿、部分的创新,这种行为没有引起版权方和观众的反感,形成了一种合理克隆的行业形态。当然这与真人秀电视节目创作的特点和法律环境有密不可分的关系。

随着媒体的融合、互联网的发展,文化渗透和相互影响程度越来越深,范围越来越广。电视真人秀节目作为一种文化属性的商品,其制作成本、市场占有率、收视率是决定媒体平台发展和经济收益的重要因素。同质化的节目在一定程度上会有"集中效应"的模式出现,观众对于同类型的电视节目会有更多的关注。高品质的"拿来主义"被同行复制的时候也会增加行业领先所带来的影响力。因此,当节目本身虽然相似度较高,但没有影响原来节目的市场份额,或是克隆的部分仅属于传播渠道,又或者是克隆的节目非但没有压缩原创节目的市场份额反而增强了整个该类型节目的影响力,面对这种情况,真人秀节目的制作生产方都可以在接受的范围,不会造成侵权纠纷。

例如2008年奥运年,电视荧屏上同时出现了湖南电视台的《智勇大冲关》、安徽电视台的《男生女生向前冲》、浙江电视台的《冲关我最棒》等克隆度极高的竞技类真人秀节目(如表6-4)。但从节目风格、受众分析等角度来看,这三档节目都有各自的特点,地域色彩鲜明,对于同类型的节目市场并未造成相互挤压和恶性竞争。所以这种同台竞技的局面也被节目制作方和观众所接受。

欧洲是比较重视版权保护的,但在2001年才迟迟在法国戛纳成立了第一个欧洲电视节目模式版权协会,且并不具有法律执行权力,只是一个民间机构,在版权纠纷的案件中起到调节的作用。在中国尚未有这样的机构,但是在法律领域,可以保护电视节目模式的相关法律有

表6-4 电视真人秀节目《智勇大冲关》《男生女生向前冲》《冲关我最棒》相似度比较

对比元素 \ 节目名称	《智勇大冲关》	《男生女生向前冲》	《冲关我最棒》
题材	全民体验竞技真人秀节目	全民体验竞技真人秀节目	户外闯关类竞技真人秀节目
理念	考验"智""勇"	全民参与,全民健身	好玩,秀勇敢
规则	规定时间完成闯关获得奖品,落水即为失败	规定时间完成闯关获得奖品,落水即为失败,但有安慰奖励	规定时间完成闯关获得奖品,落水即为失败
环节	6个道具关卡	男女各8个道具关卡	6个道具关卡
特色	主题式设计,并运用3D等手段让参赛者体验虚拟世界	季播,分男女赛道和儿童赛道	竞技性

《著作权法》《商标法》等,不过我们也会尴尬地发现已经购买《英国达人秀》正规版权的《中国达人秀》在制作播出时,也会出现同质化节目《中国梦想秀》同期播出的局面。在法律的执行上来看,真人秀节目的版权诉讼实际发生得比较少,司法判例的积累仍然不够。面对法律保护范围的局限和冗长的诉讼过程,电视业界当面对模式相似的节目时,大多是持有较为包容的态度。因为,所有的电视真人秀节目的制作者都要面对市场和受众这个巨大的难题。尽管为了迎合受众的喜好,占领真人秀节目市场,各大电视台、电视媒体制作公司都纷纷成立了节目研发部门,但是毕竟原创节目的成熟周期漫长,每个制作环节都需要有特色和优势,这是很难保证的。笔者采访过的一位歌唱选秀类真人秀节目制作人曾说过,面对市场的激烈竞争和受众喜好的快速变化,一般的制作公司没有精力和资金去原创一档真人秀节目,而且这完全没有必要。因为欧美的电视娱乐产业十分发达,品牌节目已经经历市场的孵化,无论是购买模式节目还是部分克隆,在收视率上都会有保证,甚至对于投资方也是一种吸引。持有这种态度的制作人,笔者在从业过程中看到的不占少数。

的确,在互联网发展以及全球化的大背景下,电视节目形态趋同是一个较为明显的态势,包括真人秀在内的电视节目类型已经很难再挖掘出一个完全全新的节目样式。中国的电视节目生产已经进入了一个工业化、标准化的时代,模式化和标准化的真人秀节目可以使观众形成标签化的记忆。而且,中国的真人秀节目目前还没有世界级的原创性模式节目,还处于对欧美节目的建构和解构过程中,因此对于节目的克隆行为持有较为包容的态度。

2. 真人秀节目侵权纠纷案例

中国电视娱乐产业价值日趋凸显,在行业内更加增加了对电视真人秀节目模式的保护意识和力度。随着全球媒体的高速发展,国外媒体也注意到了中国的这种电视节目克隆现象。早在2002年,BBC国际模板交易公司与ECM制片公司诉东方卫视有关《The Weakest Link》节目模板著作权纠纷;2002年,伦敦某电视公司诉深圳电视台有关《Go Bingo》节目模板合作合同侵权纠纷;2004年,ECM制片公司诉山东电视台有关《Go Bingo》节目模板著作权以及合作合同侵权纠纷。① 对于电视节目到底界定在侵权还是克隆,学界、业界和司法界近年来都有诸多的案例提供给我们讨论和反思,以下列出3个较为典型的案例。

(1) 预热市场的样片遭到剽窃

从电视真人秀节目发展不难看出,内容生产方和播出方对于电视节目模式的保护意识越来越强。对于版权方的节目形式被剽窃通常采用的保护措施是行政和法律的双重手段。2004年,有世熙传媒制作的涉及性教育的真人秀节目《面罩》,未经播出就已经在搜狐网络频道上出现了同名的直播节目。经过对照可以看出,其核心的节目设置环节几乎相同(如表6-5)。

表6-5 世熙传媒制作的《面罩》与搜狐制作的《面罩》相似度比较

节目单位	世熙传媒	搜狐女人频道	焦点
节目名称	《面罩》	《面罩》	2004年11月,世熙传媒制作的节目样片在某论坛播出,但正片尚未播出。次年3月搜狐网即推出同名直播节目
节目话题	涉性话题	两性话题	
节目环节	主持人、阐述者	主持人、阐述者	
节目特征	主持人和阐述者带着面罩出场,保护隐私	阐述者带着面罩出场,保护隐私	

① 胡聘.电视节目模式侵权之认定——对国外判例研究与借鉴[J].中国律师,2011(4):25.

之后,世熙传媒起诉搜狐,要求停止侵权,并赔偿5万元经济损失。而搜狐网认为该节目并没有正式播出,甚至也没有申请商标,更未注册,很难界定被侵权,但涉及版权纠纷,搜狐也在随后采取措施下架了该视频。网络播出平台不同于传统的播出渠道,它资金灵活,节目上马较快。所以现在也经常会发生传统节目生产方样片被网络媒体直接克隆甚至剽窃,从而导致侵权的案件。

(2) 克隆节目抢占市场份额

未制作播出节目遭到侵权,对于内容生产方的损失还是有限度可以计算的。但是对于已经高额购买了版权的模式节目,如果遭遇了侵权,其版权购买方的广告收入、市场份额、受众范围都会受到侵犯。在2006年,世熙传媒买入了英国《与星共舞》的中国版权,计划联手浙江卫视制作播出。但东方卫视在早些时候就制作播出了节目形态极为相似的《舞林大会》(如表6-6),该节目一经播出就占领了较大的市场份额,取得了很高的广告收益。随后,世熙传媒投诉到国家版权局,并以《反不正当竞争法》来起诉侵权单位。

表6-6 世熙传媒制作的《与星共舞》与东方卫视制作的《舞林大会》相似度比较

制作单位	世熙传媒	东方卫视	焦点
节目名称	《与星共舞》	《舞林大会》	节目被剽窃,版权方市场份额、广告收益受到影响,失去竞争优势
节目规则	淘汰赛	循环赛	
节目题材	明星国际舞	明星表演舞	
参赛人数	8	60	

然而,尽管业界认为在舞美、嘉宾、环节等部分都有很高的相似度,但是申诉和诉讼的结果都不一定会认定其为侵权。电视真人秀节目可以在法律上被认定为客体,但在电视模式上如何界定没有统一的定论,国际上也是按照个案来判罚。中国的电视娱乐产业存在一些特殊性,很多侵权纠纷,随后也不了了之。当然对于电视品牌的塑造,越来越多的人开始重视品牌的效应。因为在电视产业快速发展的时候,具有品牌影响力的节目会有更强的竞争力和吸引力,并在市场竞争中占据有利的位置。

(3) 商标权纠纷

2016年1月,荷兰Talpa公司与上海灿星文化传播有限公司签约引进的《中国好声音》版权到期,之后经过多次协商,并未谈妥续约事宜。荷兰Talpa公司将《The Voice of ...》的中国版权以五年6000万美元制作4季节目的价格卖于浙江唐德影视有限公司。但上海灿星文化传播有限公司在2016年的海选中以《中国好声音》第五季的名称进行海选和推广,并多次出现单手持话筒做V形手势的标志。因此浙江唐德影视向香港国际仲裁厅提出了诉讼。经过双方多次的交锋,最终对该案涉及的7个知识产权做了裁决,其中包括当地节目标识、当地名称、中国好声音微信、微博、网站、APP和原节目标识几个部分。之后,浙江唐德影视又申请北京知识产权法院做出保全裁定,责令上海灿星文化传播有限公司停止侵权。而浙江唐德影视公司为此付出了1.3亿元的担保金。2016年7月6日,浙江卫视发表声明称《2016中国好声音》更名为《中国新歌声》的声明(如图6-3)。

图6-3 2016年7月6日浙江卫视的官方声明

浙江唐德影视公司与上海灿星文化传播有限公司经过了半年的诉讼,终于尘埃落定。双方之所以花费如此大的精力和财力,就是要维护自身的品牌价值,通过电视节目品牌的特点和号召力来固化行业领袖的地位,带来更多的经济效益和品牌提升。

三、电视真人秀节目侵权频发的原因

电视真人秀节目发展的核心就是创新,创新包含理念的创新、人才的贮备、受众市场的科学研究和创新的生产机制等各个方面。但目前,电视真人秀节目发展近20年,其创新的能力与国际传媒集团还是有比较大的差距。原中央电视台台长赵化勇指出:"部分电视解构重引进、轻研发,重克隆、轻创新,重形式、轻内涵。国产电视节目在专业化、精细化方向上,还需下大功夫。"[1]

1. 理念创新与制作流程的缺乏

近年,电视台对电视节目的研发十分重视,全国多家电视台都成立了电视节目的研发部门,有的还设立了专门的节目研发创新基金。例如2010年,中央电视台建立了发展研究中心智库,该部门为央视的节目创新提供支持;江苏广电总台还设立了三个维度的研发机制,涵盖总台、各中心和各频道;湖南卫视也设有专门的节目研发中心。但是大多数的研发中心较为擅长现状总结和理论探讨,既没有节目的制作资源,也没有管理调配的职能,局限于策划和研究属性,所以无法形成有效的创作力量。因而研发的结果在现实操作中,往往和策划时出入较大,有的甚至夭折。很多节目的研发从开始更倾向于形式创新,将主题、环节或者营销方式作为创新点,这种创新是无法可持续性发展的。我们在研究国外传媒集团的节目理念创新时不难发现,其更具有国际化的视野。一个成功的模式可以被反复售卖并多次发行,而这些模式往往切合当下主流的意识形态,可以更好地观照到多数人的心理需求,形成积极的反响。

国际化的电视机构经过了多年原创节目的研发积累,已经完成了操作层面的细化。从一个创意点到最终节目的诞生,已经形成了非常

---

[1] 胡斌毅.倡导电视文化创新理念共创荧屏世界美好未来——中国视协电视节目研发委员会成立大会暨"中国电视节目创新激励大会"启动仪式在京举行[J].当代电视,2011(2):49.

清晰的分工标准和成熟的产业链。在节目创意理念初始阶段就已经形成了功能性的模块。如 BBC 在研发一个新节目时,先聘请专家和行业人士进行讨论激发创意点,然后通过脚本流程、环节设计等进行专业的细化。在模式中包含内容要求(节目台本、板块、流程、节目人员参与要求等)、技术配备(如视频、灯光、摄影棚、舞美和音乐设计、后期特技等)、节目制作进度、财务预算以及法律甚至保险内容,其他元素也配备整齐。① 形成初步的模式之后,再由拥有丰富经验的制作团队来调整实际操作,经过较长的修改周期之后,只有不到5%的节目模式能走向市场,在这过程中,至少要花费 10 个月以上的周期。

在国内,真人秀节目的前期创新研发投入也是比较巨大的,需要根据市场的调研来进行创意策划。很多节目研发团队会立足本土的文化和民族特色来挖掘创新点,但在实际操作中缺乏有效的节目制作经验,结果在文化体现上大打折扣。同时,更是理念的先天不足和制作技术的差距导致缺乏竞争力,呈现出一个不温不火的状态,更是无法对外进行品牌输出。

2. 人才的缺乏

国内节目创新研发人员整体贮备是远远不足的。但是在源头我们可以看到,传统的电视制作教育缺乏完整的知识产权和相关法律的教育,更缺乏全球性的眼光。随着国内媒体竞争的日益激烈和外国媒体的强势来袭,传统的电视媒体的"试错空间"越来越小,在市场份额和经济效益的双重压力下,节目研发团队更加"小心翼翼"。在业内,有一种认同,是"外来的和尚会念经",对于国外团队的研发人员自然地盲从,多借助"外脑"但忽视了内部人才的培养。虽然诸多电视机构设立了研发中心,但研发中心更重视理论方面的人才,缺乏实操型业务人才。电视工作是一个高强度、高压力的工作,但是如何利用薪酬激励人才队伍,吸引优秀的人才加入,这些依然存在较大的争论。正是因为种种的人才缺失,当优秀的模板节目被引入时,往往无法快速进行剖析重

---

① 刘昶,甘露,黄慰汕.欧洲优秀电视节目模式解析[M].北京:中国广播电视出版社,2010:4.

组和再改造,更多的还是依靠国外的团队进行技术支持和节目运作。

目前,我国的真人秀节目进入了国外模板采购、谈判时期,但是国内却非常缺乏专业的、可以进行国际谈判的人才。节目版权引进是一个比较复杂的过程,其中包含外事协调、国际的知识产权、法律咨询等,而专业的谈判人才对可能所产生的节目版权问题、交易纠纷、利益分配、衍生品利润等给出指导意见,从而可以有效地避免国外节目模式引进带来的高额风险。这种高端的人才更是一个复合型的人才,对人才的重视才能把握住创新脉搏。

3. 受众与市场研究的不足

电视真人秀节目的研发离不开对市场的研究和对受众的了解。了解目标受众的行为特点、需求、体验和意见,才能构成有针对性的定量或是定性的调查研究。因为缺乏科学的市场和受众调研,很多电视真人秀节目在引进时的受众定位具有非常大的偶然性和随意性。随着媒体日益融合,受众可以选择的媒介渠道有多种。不同媒介接触习惯和媒体使用方式,会直接影响受众的观看体验和节目的传播效果。

近年来,我国中短视频始终保持强劲发展势头加强了综艺类电视节目的市场布局,扰动市场格局。抖音、西瓜视频、B站等视频平台大步进军长综艺市场,与长视频平台展开了短兵相接的直面竞争。抖音、西瓜视频2020年除上线颇具传播力的音乐真人选秀节目《即刻唱响》、明星文化探访类真人秀节目《敦煌藏画》等微综艺外,还推出了自制旅行类慢综艺《很高兴认识你》等。真人秀节目《很高兴认识你》采用抖音直播和西瓜视频正片结合的播出方式,打通短视频、长视频和直播,与明星或素人进行了生活方式命题的探讨。喜剧类真人秀节目《喜剧场》则携手德云社、开心麻花、笑果文化等金牌喜剧团队,将各团队的线下演出搬到线上,并通过直播让表演者与观众进行互动。这些垂类内容的打造有效地实现了用户的互动、纳新与存留,提高了平台的商业价值。2020年,西瓜视频还获得了当年央视《上线吧!华彩少年》和浙江卫视《中国好声音》的独家网播权,显示出中短视频平台在视频新媒体矩阵中的影响力。

目前,国内在受众研究方面在做进一步探索,2011年,首家电视节目测试实验室——北京电视台"电视受众样本测试系统"正式投入使用,这进一步提高了电视节目创新的评价效度作用。[①] 笔者在出国交流期间,看到英国的电视台进行节目研发时,在节目策划的前期就进行了详细调查来检验节目创新点和目标受众的重合度,以此来判断电视节目未来的发展潜能。同时,节目研发结构还非常注重观众视觉的体验。在新节目推出前,通过预演来测试观众的感受,简化或增强视觉图层,用观众可以接受的方式来进行视觉表达;再结合调查数据不断地调整节目模式,满足观众的心理需求和期望值。

4. 营销机制的不完善

具有国际品牌效应的电视真人秀节目在研发阶段是要花费较大比例资金的。而成本回收方式包括广告、收视率效益、衍生品和国际版权售卖等部分。国外的电视节目制播分离十分成熟,先由专业的电视节目制作公司策划制作,在经过电视台播出后,由专业的公司来进行产业链的开发衍生。在保护版权方面,国外有较为明确的认定标准,对于检测和处罚也有管理机制。

国内电视真人秀节目在营销中基本依靠二次贩卖(广告和受众)的形式,收入比较单一。对于新媒体的多渠道分发和营销仍在探索阶段,目前还没形成网台互动的高效的电视营销模式。对于全产业链的开发只有个别资金和实力较强的节目,如《中国好声音》《爸爸去哪儿》等节目有过相关的延伸,还无法成为可以复制或模仿的模式。

四、中国电视真人秀节目的国际化生存境遇

我国的电视真人秀节目与欧美成熟的娱乐产业相比,最大的差距其实是发展中国家与发达国家在电视产业创新能力上的差距。[②] 目前,中国电视真人秀节目的原创形式较少,基本处于节目版权输入的状态,与国际成熟的节目模式研发体系和充足的资源资金有较大的差距。

---

① 赵渊.电视节目的创新策略与机制[J].中国广播电视学刊,2011(11):15.
② 欧阳宏生.电视综艺节目的版权客体界定及侵权界定[M].中国广播电视出版社,2015:145.

长期以来,原创节目的缺乏使得我们尚未有世界级的有影响力的电视真人秀作品,因此中国电视业走向世界的道路还是比较曲折的。不过,我们也可以看到越来越多的电视台已经意识到电视模式研发的重要性,这才是电视真人秀节目发展的核心。例如在 2010 年,湖南卫视制作播出的《挑战麦克风》就以原创电视节目模式销往泰国,并同时受到了墨西哥等国家的青睐,这让我们看到中国原创节目输出世界的可能性。2017 年,央视策划的一档文化类真人秀节目《国家宝藏》被福克斯和阿波罗控股的 Endemol Shine 集团看中,他们已经拿下这档节目国际版的版权,与央视一起合作,共同打造国际版的《国家宝藏》。

在电视真人秀节目领域,我们的自主创新已经逐步开展。因为有国家政策的倾斜保护,国外真人秀节目的热播对我们国内市场并没有造成巨大的冲击。但是随着中国市场的深度开放,政策的逐步放宽,境外的媒体已经可以在某些区域落地。像我们熟知的"星空""华语""翡翠台"等 8 个境外电视台的中文频道已经进入珠江三角洲的电视网络。当然,这种频道的开放还会更加深入。同时,互联网的发展,可以使得中国观众零时差地看到国外实时播出的电视节目,这既开阔了中国观众的视野,也对电视制作者提出了更多挑战。2004 年,国家广电总局发布了《关于促进广播影视业发展的意见》,其中允许外资参与国内电视节目的制作。同年末《外商投资产业指导目录》也将影视的电视节目制作列入了对外开放的部分。境外频道和外资的出现,使得中国的电视市场竞争更加激烈,国外拥有强大的资金和资源的媒介"寡头"已窥探中国这个巨大的市场已久。中国的电视节目如果无核心的竞争力和创新的紧迫感,更加难以在国际上抢得一席之地。

1. 电视真人秀节目的贸易型谈判

中国电视行业面临的国际化竞争是比较激烈的,欧洲作为电视真人秀节目的主要出口方,在电视节目版权的交易中占有主导地位。而欧洲的传媒跨国集团面对国际市场的巨大利益,在国际贸易中会利用自身优势设置诸多知识产权壁垒,以较为严格的标准设置节目侵权的界限,并以"剽窃"等理由对版权输入国进行不断地起诉,为发展中国家的电视行业的国际发展制造屏障。电视产业节目模式贸易在世界范围内已经有了较高的发展水平,在英国、荷兰、美国等传统媒体高度发达的国家,模式节目已经占据在播节目的半壁江山,形成了从模式创意、生产、制作、推广销售的完整产业链。① 从1999年世界上第一个版权交易市场在蒙特卡洛电视节设立启动伊始,全球电视节目交易额已经达到了数百亿欧元。

当然,作为买方,中国应该做好与国际媒体集团进行贸易谈判角逐的准备,才能更加有力地创造出适合中国电视行业国际化发展的新环境。与欧美频繁的电视真人秀节目的版权贸易交易相比较,我国处在一个晚起步、晚发展的阶段,对国际贸易版权交易经验十分缺乏。由于核心的节目创意不足和制作水平不完善等原因,中国电视真人秀节目从一开始出现就伴随着"抄袭"的质疑。而现在随着购买国外电视节目版权的数量越来越多,中国的电视行业如果想和国外接轨,懂得如何利用谈判获得优势显得尤为重要。

首先,根据现行的国际法律,目前还无法明确界定到底借用了多少才算侵权这样的细节。因此作为买方,在版权引入时,应利用贸易谈判明确侵权的界定,为购买版权方提供有力的保护,防止高度类似的节目出现而形成侵权,为保护双方的合法利益提供法律依据。关于这部分的谈判一定是举步维艰的。因为版权贸易的实质是经济贸易,对于输出国或者卖方来说,明确的侵权界定等于允许他方进行改造或者合理克隆。同时,很多版权交易中并不是一次性的付费,而是要进行持续性的利益分成。例如英国的《……偶像》在版权输出时,要持续多年的利益分成,而这个节目每年的收入会达到10亿多美元。在这过程中,明确详细的侵权界定就会使得卖方失去合理模仿或是克隆所可能产生的经济利益。因此买卖双方在侵权界定这部分的谈判是针尖对麦芒的。

其次,可以通过贸易谈判,取得适度的本土化改造,使得生产要素的流动性和配置性更高。如2010年,东方卫视购买了英国版权真人秀节目,并制作播出了中国版的《中国达人秀》。而作为模式节目,在英国版里每位选手的晋级都是通过短信或者电话投票产生的,但在我国

---

① 张玉良,王小娟.从模仿克隆到引进定制[J].视听界,2012(2):35.

由于广电总局早已禁止短信等投票方式,因此也进行了适度的节目改造。在笔者采访《中国达人秀》的导演陈茜时,她提到东方卫视曾提出将英国达人"苏珊大妈"等选手集中上海一同竞技,但遭到版权方的反对,为此双方进行了近两个月的谈判,最终协商统一。由此可见,在版权交易的谈判中,摩擦、博弈都是最常见的,而通过谈判获得优势或者权益就是对中国电视制作者能力和智慧的考验了。

2. 电视真人秀节目的国际合作研发

共赢的电视理念在国际上一直很被认可。作为版权输入国,我国在不断积累版权贸易经验的同时,也派遣了大量的从业人员到国外学习经验或是请研发能力较强的国外制作公司进行联合研发。例如2015年,江苏卫视播出的真人秀节目《老公看你的》就是江苏卫视和德国71公司联合制作研发的,为全球首档夫妻游戏博弈类电视真人秀节目。在德国开播仅仅一个月就创造了收视率16.2%的好成绩,收视份额占据同时段50%。而中国明星版的《老公看你的》(中国版称《为她而战》)在首期播出时,收视率也有1.24%。① 这种方式开创了一种合作研发的模式,从项目立意开始就进行紧密地合作,双方团队相互学习借鉴,无论是电视节目元素的组合还是真人秀模块的设置,都更加缜密地考虑到本国化的需求,这也开创了我国电视行业真人秀节目制作国际合作的先河。2019年11月,在刚刚结束的秋季戛纳电视节上,湖南卫视为酝酿已久的"全球飙计划"举办了发布会,邀请来自世界各国的模式创作者和制作公司参与,其中的佼佼者将有机会与湖南卫视进行进一步合作研发,让自己的优秀创意落地生根。在发布会上,湖南卫视还公布了与恩德莫尚联合研发的音乐游戏类真人秀节目《嗨唱转起来》,吸引了众多与会者的眼球。比起以数千万元,甚至上亿元的资金购买国外版权的方式,合作研发是在一个较高水平的起点出发,既有国外较为成熟的模式运作的理念,又融合了中国受众可以接受的电视节目元素,这种联合研发的尝试具有积极的意义。

---

① 《为她而战》首播质检:明星版《老公看你的》[EB/OL]. http://mt.sohu.com/20150415/n411342747.shtml.

参考文献

一、中文专著

[1] 郭庆光.传播学教程[M].北京:中国人民大学出版社,2000.
[2] 田智辉.新媒体传播:基于用户制作内容的研究[M].北京:中国传媒大学出版社,2008.
[3] 尹鸿,冉儒学,陆虹.娱乐旋风——认识电视真人秀[M].北京:中国广播电视出版社,2006.
[4] 欧阳国忠.中国电视前沿调查[M].北京:经济日报出版社,2002.
[5] 宫承波,张君昌,王甫.真人秀在中国[M].北京:中国广播影视出版社,2015.
[6] 张晓明,胡惠林,章建刚.2006年中国文化产业发展报告[M].北京:社会科学文献出版社,2006.
[7] 崔保国.2013年中国传媒发展报告[M].北京:社会科学文献出版社,2013.
[8] 李宇.传统电视与新兴媒体博弈与融合[M].北京:中国广播电视出版社,2015.
[9] 喻国明,丁汉青,支庭荣,等.传媒经济学教程[M].北京:中国人民大学出版社,2009.
[10] 北京市新闻工作者协会,梅宁华,宋建武.中国媒体融合发展报告(2015)[M].北京:社会科学文献出版社,2015.
[11] 陆地.中国电视产业启示录[M].上海:上海交通大学出版社,2007.
[12] 黎斌.电视融合变革:新媒体时代传统电视的转型之路[M].北京:中国国际广播出版社,2004.
[13] 葛进平.受众调查与收视分析[M].杭州:浙江大学出版社,2015.
[14] 谢耘耕,陈虹.真人秀节目:理论、形态和创新[M].上海:复旦大学出版社,2007.
[15] 戴淑芬.管理学教程[M].北京:北京大学出版社,2009.
[16] 吴伟定,姚金刚,周振兴.网站运营直通车:网络整合营销[M].北京:清华大学出版社,2014.
[17] 胡正荣,李继东,唐晓芬.全球传媒发展报告(2015)[M].北京:社会科学文献出版社,2015.
[18] 朱天,梁英.新媒体与传媒产业生态[M].上海:复旦大学出版社,2015.

[19] 支庭荣.大众传播生态学[M].杭州:浙江大学出版社,2004.
[20] 丙明杰,李想.网络状产业链构造与运行[M].上海:格致出版社,2009.
[21] 雷蔚真.电视策划学[M].北京:中国人民大学出版社,2008.
[22] 欧阳宏生.电视综艺节目的版权客体界定及侵权界定[M].北京:中国广播电视出版社,2015.
[23] 刘昶,甘露,黄慰汕.欧洲优秀电视节目模式解析[M].北京:中国广播电视出版社,2010.
[24] 黄升民,周艳,马丽婕.电视媒介产业经营新论[M].上海:复旦大学出版社,2005.
[25] 彭吉象.机遇与挑战——电视专业化频道的营销策略[M].北京:中国广播电视出版社,2006.
[26] 彭祝斌.中国电视内容产业链成长研究[M].北京:新华出版社,2014.
[27] 唐世鼎,黎斌.中国特色的电视产业经营研究[M].北京:中国国际广播出版社,2009.
[28] 章平.战略传媒:分析框架与经典案例[M].上海:复旦大学出版社,2004.
[29] 刘利群,傅宁.美国电视节目形态[M].北京:中国传媒大学出版社,2008.
[30] 李冬梅.网络时代中国电视真人秀节目的内容生产与营销创新[D].济南:山东大学,2010.
[31] 梁景丽.从文化产业的视角看中国电视选秀节目产业化的发展[D].保宁:河北大学,2007.
[32] 蒋为民."颠覆电视":媒介融合背景下 SMG 全媒体战略及实践的研究(2001—2011)[D].上海:复旦大学,2012.
[33] 胡之冠.基于网络状产业链的真人秀节目运行机制研究[D].南昌:江西财经大学,2015.

二、中文报刊

[1] 蔡雯,王学文.角度·视野·轨迹——试析有关"媒介融合"的研究[J].国际新闻界,2009(11).
[2] 熊澄宇.传播学十大经典解读[J].清华大学学报:哲学社会科学版,2003(5).
[3] 谭天.以升级促转型——城市广播电视发展的战略思考[J].新闻与写作,2012(7).
[4] 刘铭.新媒介影响下的电视剧传播[J].文学教育(下),2009(4).
[5] 周文超.电视"选秀美"节目的走红告诉我们什么[J].传媒观察,2007(2).
[6] 陈持.广东电视台真人秀节目的历程回顾[J].当代电视,2010(9).
[7] 孙宝国.关于电视节目形态的创新[J].现代传播(中国传媒大学学报),2007(2).
[8] 林莉.国内电视真人秀节目的兴起[J].当代传播,2003(5).

［9］彭昆.中国电视节目观念的变迁［J］.新闻窗,2012(2).

［10］陈曼娜、杨楠.话说"选秀已经死"［J］.歌唱艺术,2012(5).

［11］姚盼,任大鹏,喻敏.网络时代对"主动"受众的认识［J］.新闻前哨,2011(10).

［12］蔡雯.从"超级记者"到"超级团队"——西方媒体"融合新闻"的实践和理论［J］.中国记者,2007(1).

［13］苗春.网络制作元年:自制综艺激荡互联网［N］.人民日报,2014-06-18.

［14］严三九.关于引进海外电视选秀节目模式的思考［J］.中国广播电视学刊,2013(10).

［15］徐婷婷.从《爸爸去哪儿》看当下电视娱乐节目模式引进的现状［J］.传播与版权,2014(3).

［16］郝雨,邢虹文.互动:媒体如何让受众做主［J］.今传媒,2005(11)

［17］谢耘耕.2011年中国电视综艺节目的特点和趋势［J］.传媒,2012(2).

［18］杨文红.以包容的心态看待模式引进［J］.中国广播电视学刊,2013(10).

［19］梁波.融合、延伸与自我截除——麦克卢汉的新媒体思想探析［J］.传媒观察,2015(4).

［20］纪莉.论麦克卢汉传播观念的"技术乌托邦主义"——理解麦克卢汉的新视角［J］.新闻与传播研究,2003(1).

［21］张君昌.媒体融合的政策背景及转型方略［J］.中国广播,2014(12).

［22］慎海雄.创新创新再创新 抢占融合制高点［J］.新闻战线,2014(7).

［23］陈映.规制变革:媒介融合研究的新定向——基于文献回顾与探讨［J］.新闻界,2009(3).

［24］郑维东.收视率与流量思维［J］.视听中国,2019.

［25］冯超超,杨紫依.热点电视剧和综艺节目的跨屏收视分析［J］.视听中国,2016.

［26］张广彦.且融且变［J］.视听中国,2016.

［27］黄鑫."网"视回首［J］.视听中国,2016.

［28］姜圣瑜.从"受众时代"走向"用户时代"［J］.传媒观察,2011(4).

［29］朱燕丹.拟剧理论视角下电视真人秀的特点及策略研究［J］.今传媒,2015(4).

［30］马超.互联网背景下网络综艺发展及电视综艺的应对［J］.视听中国,2018.

［31］周欣欣.从原版到原创——广电新政下的市场表现与思考［J］.视听中国,2019.

［32］峰翔.用收视数据,讲述季播真人秀的故事［J］.视听中国,2016.

［33］王钦.近年来我国季播节目的发展特征［J］.视听中国,2016.

［34］封翔.新政下的电视生态嬗变［J］.视听中国,2015.

[35] 包凌君.电视不老,融合前行——台网关系变迁观察[J].视听中国,2016.

[36] 刘辉,杜秀华.基于ARMA模型的电视台收视率预测方法设计和实现[J].控制工程,2009(1).

[37] 涂娟娟,刘同明.基于决策树的电视节目收视率预测模型[J].微计算机信息,2007(27).

[38] 代逸生.贝叶斯方法在变结构线性回归模型建模中的应用[J].镇江船舶学院学报,1992(3).

[39] 曹珩.市场营销人员的展望[J].海外视线,2015(7)

[40] 刘晓云.加多宝:"好声音"2.0版本新唱法[J].成功营销,2013(11).

[41] 王虎,陈小萍.社交网络时代电视真人秀节目的产品结构[J].现代视听,2017(2).

[42] 郑维东.时移收视也是事儿[J].收视中国,2016.

[43] 胡文慧.电视观众时移收视新观察[J].视听中国,2016.

[44] 伍杨娟,饶丽娟.季播综艺节目时移收视与微博指数浅析[J].收视中国,2016.

[45] 邵培仁.传播生态规律与媒介生存策略[J].新闻界,2001(5).

[46] 郑保卫,李洋,郭平.试论当前我国媒体格局变化的现状及特点[J].国际新闻界,2008(3).

[47] 朱秀亮.电视布局新媒体 前景谁更好[J].新经济导刊,2006.

[48] 李丽.传统媒体积极转型不甘做新媒体"供货商"[N].中国青年报,2009-06-29.

[49] 邵鲁文.电视台发力T2O模式:电视购物的新玩法?[J].销售与市场,2015(2).

[50] 肖叶飞,栾颖.中西电视制播制度的比较分析[J].传媒,2010(5).

[51] 卢钊凯.用IP打通全媒体产业链条——对广电媒体融合发展路径的思考[J].中国电视,2014(12).

[52] 胡聘.电视节目模式侵权之认定——对国外判例研究与借鉴[J].中国律师,2011(4).

[53] 胡斌毅.倡导电视文化创新理念 共创荧屏世界美好未来——中国视协电视节目研发委员会成立大会暨"中国电视节目创新激励大会"启动仪式在京举行[J].当代电视,2011(2).

[54] 赵渊.电视节目的创新策略与机制[J].中国广播电视学刊,2011(11).

[55] 张玉良,王小娟.从模仿克隆到引进定制[J].视听界,2012(2).

[56] 曹晋,徐婧,黄傲寒.新媒体、新修辞与转型中国的性别政治、阶级关系:以"绿茶婊"为例[J].新闻大学,2015(2).

[57] 徐舫州.中国电视改革的问题及对策[J].现代传播(中国传媒大学学报),

2000(4).
[58] 彭兰.媒介融合时代的合与分[J].中国记者,2007(2).
[59] 赵勇.阿多诺《文化工业述要》的文本解读[J].贵州社会科学,2011(6).
[60] 熊澄宇.整合传媒新媒体进行时[J].国际新闻界.2006(7).

三、外国译著

[1] [英]大卫·麦克奎恩.理解电视:电视节目类型的概念与变迁[M].苗棣,赵长军,李黎丹,译.北京:华夏出版社,2003.

[2] [美]威尔伯·施拉姆,威廉·波特.传播学概论:第2版[M].何道宽,译.北京:中国人民大学出版社,2010.

[3] [英]吉莉安·道尔.理解传媒经济学[M].李颖,译.北京:清华大学出版社,2004.

[4] [美]尼尔·波兹曼.娱乐至死:童年的消逝[M].章艳,吴燕莛,译.桂林:广西师范大学出版社,2009.

[5] [英]安妮特·希尔.流行真人秀:真实电视节目受众的定性与定量研究[M].赵彦华,译.北京:中国国际广播出版社,2008.

[6] [美]E.M.罗杰斯.传播学史:一种传记式的方法[M].殷晓蓉,译.上海:上海译文出版社,2002.

[7] [法]让·波德里亚.消费社会[M].刘成富,全志钢,译.南京:南京大学出版社,2000.

[8] [英]戴维·莫利.电视:受众与文化研究式[M].安斌,译.北京:新华出版社,2005.

[9] [美]约瑟夫·R.多米尼克,弗里茨·梅瑟,巴里·L.谢尔曼,等.电子媒体导论[M].上海:复旦大学出版社,2006.

[10] [美]罗杰·菲德勒.媒介形态变化[M].明安香,译.北京:华夏出版社,2000.

[11] [美]詹姆斯·沃克,道格拉斯·弗格森.美国广播电视产业[M].陆地,赵丽颖,译.北京:清华大学出版社,2005.

[12] [美]约翰·亨德里克斯.探索好奇:探索传播公司和我的故事[M].杜然,译.北京:中信出版社,2014.

[13] [美]沃尔特·李普曼.公众舆论[M].阎克文,等译.上海:上海人民出版社,2006.

[14] [美]伊曼纽尔·罗森.营销全凭一张嘴[M].曹彦博,蒋其宝,译.北京:中信出版社,2002.

[15] [美]安东尼·比安科.消失的大众市场[N].商业周刊,2004-07-12.

[16] [美]罗伯特·柯西纳兹.网络部落化营销?虚拟消费社群的战略寓意[J],

欧洲管理杂志,2004.

[17] [美]托马斯·C.奥吉恩.品牌社区[N].消费者研究杂志,2001.

[18] [美]唐·舒尔茨,田纳本,劳特朋.整合营销传播[M].吴怡国,等译.呼和浩特:内蒙古人民出版社,1999.

[19] [美]欧文·戈夫曼.日常生活中的自我呈现[M].冯刚,译.北京:北京大学出版社,2008.

[20] [美]威廉姆·F.贝克.美国网络媒介改变传媒产业格局[N].2011-04-21.

[21] [加]马歇尔·麦克卢汉.理解媒介:论人的延伸[M].何道宽,译.北京:商务印书馆,2000.

[22] [美]尼葛洛庞帝.数字化生存[M].胡泳,范海燕,译.海口:海南出版社,1996.

[23] [美]斯蒂夫·琼斯.新媒体百科全书[M].熊澄宇,范红,译.北京:清华大学出版社,2007.

[24] [美]阿兰·B.阿尔瓦兰.传媒经济与管理学导论[M].崔保国,杭敏,徐佳,等译.北京:清华大学出版社,2010.

[25] [德]马克思·霍克海默,西奥多·阿多诺.启蒙辩证法[M].渠敬东,曹卫东,译.上海:上海人民出版社,2006.

[26] [美]亨利·詹金斯.融合文化——新媒体和旧媒体的冲突地带[M].杜永明,译.北京:商务印书馆,2015.

[27] [荷]麦奎尔.受众分析[M].刘燕南,译.中国人民大学出版社.2006.

四、外文文献

[1] Laurie Ouellette, Susan Murray. Reality TV: Remaking Television Culture[M]. New York: New York University Press,2008.

[2] J Bignell. Big Brother:Reality TV in the Twenty-first Century[M]. New York: Palgrave Macmillan,2005.

[3] Jeremy G. Butler. Television: Critical Methods and Applications[M]. New York: Routledge Publish,2006.

[4] Richard Price. An Essay towards Solving a Problem in the Doctrine of Chances [J]. Philosophical Transactions,1963.

[5] Stuart Elliott. The Media Business[J]. New York Times,2004.

[6] Pieter J. Fourie. Media Studies: Media History Media and Society [M]. Juta & Company Ltd,2007.

[7] W. Burns. Television: an International History of the Formative Years, The Institution of Electrical Engineers,1998.

[8] Wonhyuk Lim. Path Dependent in Action: The Rise and Fall of Model of Econom-

ic Development, Working Paper[R]. Korean Development Institute,2000.

[9] Hobday, M. Innovation in East Asia, The Challenge to Japan [M]. Aldershot：Edward Elgar,1995.

[10] Henry Jenkins. Convergence Culture：Where Old and New Media Collide [M]. New York：New York University Press,2006.

五、网络资料或数据库

[1] 2014年中国视听网络报告[EB/OL]. http://www.dvbcn.com/2014/12/11-115039.html.

[2] 诺基亚与土豆网结盟推出网络互动真人秀[EB/OL]. http://news.ccidnet.com/art/1032/20090618/1802441_1.html.

[3] 王曦.媒介融合的八大认识误区[EB/OL]. http://www.ttacc.net/a/news/2015/0306/34099_3.html.

[4] 生存大挑战[EB/OL]. http://www.baike.com/wiki/%E3%80%8A%E7%94%9F%E5%AD%98%E5%A4%A7%E6%8C%91%E6%88%98%E3%80%8B.

[5] 广电总局关于同意湖南电视台举办2007年《快乐男声》活动批复[EB/OL]. 中央政府门户网站,http://www.gov.cn/gzdt/2007-04/06/content_573621.htm,2007-04-06日.

[6] 2008"秀场"秋风萧瑟《绝对唱响》低调登场[EB/OL]. http://ent.qq.com/a/20080916/000181.htm,2008-09-16.

[7] 中华人民共和国国民经济和社会发展第十一个五年规划纲要·第四十四章：加强社会主义文化建设[EB/OL]. http://finance.people.com.cn/GB/8215/53907/index.html.

[8] 关于进一步加快广播电视媒体与新兴媒体融合发展的意见的通知[EB/OL]. http://news.xinhuanet.com/zgjx/2016-07/19/c_135523775.htm.

[9] 2015年中国视听网络报告[EB/OL]. http://news.cntv.cn/2015/12/04/ARTI1449197646915948.shtml.

[10] 中国互联网络信息中心.第35次《中国互联网络发展状况统计报告》[EB/OL]. http://www.360doc.com/content/15/0209/13/502486_447443340.shtml.

[11] 2014年中央电视台全国电视观众抽样调查[EB/OL]. http://www.csm.com.cn/index.php/knowledge/showArticle/kaid/914.html.

[12] 中国互联网络信息中心.CNNIC发布第37次《中国互联网络发展状况统计报告》[EB/OL]. http://cnnic.cn/gywm/xwzx/rdxw/2015/201601/t20160122_53283.htm.

附录一　深度访谈名单

（按照时间顺序排列）

徐舫洲:中国传媒大学教授。著有《电视节目策划研究》等,长期从事电视节目策划。时间:2014年6月27日。

梁健强:点石传媒公司总裁,《十足女神FAN》《鸡蛋碰石头》等节目总策划。时间:2014年6月30日、8月15日。

徐帆:原灿星制作研发总监,现华录百纳蓝色火焰内容开发总经理。时间:2014年9月18日。

今波:上海广播电视台纪实频道主持人,大今文化发展(上海)有限公司董事长。时间:2015年1月2日。

杨剑芸:原上海文广集团副总经理,真人秀节目《创智赢家》《我型我秀》等项目经理。时间:2015年3月10日、5月20日。

喻国明:人民大学新闻学院教授,人民大学舆论研究所所长。时间:2016年5月12日。

刘熙晨:北京世熙创意国际文化传媒有限公司总裁。时间:2016年12月3日。

侯裕峰:真人秀节目《勇者胜》《创智赢家》《美丽魔方》《魔法偶像》节目导演。时间:2017年1月2日。

傅昶瑞:《欢乐总动员》《我爱我的2008》等节目导演。时间:2017年1月3日。

（因笔者工作关系,经常与电视从业者和电视研究领域的教授有相关话题的交谈,在此不一一罗列。）

附录二 部分访谈摘录

摘 录 一

访谈时间：2016 年 12 月
谈话人：刘熙晨（北京世熙创意国际文化传媒有限公司总裁）
　　　　　杨剑芸（上海文化广播集团）
记录人：李灿

李　灿：很多视频网站都在制作自制节目，请问这会不会对传统电视媒体的市场构成影响？

刘熙晨：新媒体在做的自制节目有两种方式，一种是自己研发，一种是和电视台合作研发。但是，自己做节目是十分难的，内容融合不是想象得那么简单，并不是每一个内容都有超商业的价值。做内容是有非常大的风险的，如果通过市场来试图控制内容生产的话，也一定不会成功。

杨剑芸：在中国，融合首先在体制上是很难进行的，如果只是琐碎的内容上的合作是无法形成一个完整的生产链。但是很多新媒体制作的节目看起来比电视还电视，并不具有新媒体的特点。我在参加戛纳电视节的时候发现，很多和新媒体合作的切入点找得很好，创意、人才都做得很好，因为他们的创意都是来自市场的。我们和他们比起来，还是体制的问题，人才大多在体制内，而电视台的体制还没有市场化，基本上是一个以行政机构为单位的管理方式。那么只有内容的市场化，才会促使创意和市场的活跃。欧美的电视内容市场已经发展了 35 年了，相关法律法规都是比较完善的。中国现在还处于起步的阶段，对于生产、创意、版权都还是比较不成熟的。

刘熙晨：对，民营公司的风险其实更大。如果民营公司做不好就得破产，而电视台不一样，它的试错空间大。每个电视台都在鼓励做创意，但做出来的又有几个？很少，因为这是一种封闭在平台内部的模式，和市场没有关系。虽然体制内有考核或奖金，但一个好的创意最后奖励几千元钱然后被搁置的情况十分常见。这种情况下，创意的产生就是作坊式的，几个人或者几个小团队，这与电视行业的工业化和标准化还有很大的距离。人才是另外一个原因,工业化环境下的人才培养是专业的、规范的。未来市场部门设置是越来越精细化的。市场负责市场,内容负责内容。哪个平台都无法垄断专业的内容制作。而传统的电视行业要和新媒体竞争就是要做市场、建平台。为什么要制播分离,根本原因是不能什么都干,否则什么都干不好。未来,电视台是平台,新媒体也是平台,这是共存的。

李 灿:如果电视台也做平台,内容制作者就会更多地流失,电视台可能面对的一种空心化的解构?

刘熙晨:空心化的说法是一种传统的思维。电视和新媒体在内容上都是视听服务,互联网技术下的新媒体并不是颠覆性的。电视节目是基于线性编排的,而互联网是点播的、个性化的。两者在收看方式上有不同。在某种程度上,电视节目经过精心制作会是网络上收看的主流,人们会越来越需要高质量的影像作品。

杨剑芸:不是制播分离使得电视台空心化的,而是市场化竞争、媒体发展和媒体生态的动态变化推着电视台走向了一个平台化的运营。所以我们要逐步接受电视台不是唯一媒体的这个现状。传统电视媒体要把重点放在数字运营上,比如如何利用数字机顶盒来进行数字点播、广告的精准运营,才能在未来有更多的作为。

刘熙晨:当电视台转变为平台之后,就可以进行版权交易。在欧美,电视节目的版权交易是非常自由的,制作人不一定非要是电视台的,社会化的制作人更能参与市场的竞争。

李 灿:电视面对新媒体冲击是一个经常会谈到的话题,刘总您觉得我们的优势到底在哪里?

刘熙晨:现在电视媒体的发展有两点是重要的,一个是技术,一个是内容,而在背后最核心的还是人才。人在电视媒体中可以获得更大空间的认同感和创作,这一点上传统媒体还是很强势的。他们对内容的策划、制作更专业,当然对人控制也更传统。有人说这些人可以流向新媒体呀,我认为目前新媒体还没有这个实力可以把这些人才大规模地吸引过去。传统电视媒体对人的重视、对知识的保护、对内容的尊重,不是新媒体一两年可以逾越的。

摘 录 二

访谈时间:2014年9月
谈话人:徐帆(灿星制作研发总监)
记录人:李灿

李 灿:如何选择适合自身的节目模式?

徐　帆：在选择节目模式时，电视机构和模式代理机构都有自己的一套标准。以灿星为例，我们主要是以自身与国际模式公司和电视台的沟通为主，将不错的模式经过提案确定引进方案，然后再接洽电视台进行推广。现在的电视节目种类繁多，不需要按照传统的电视节目进行分类研究。面对这么多节目，选择是非常困难的。如果在几年前，一档"现象级"的节目还可能把一个台或者频道带起来的话，在现在高度竞争的情况下，就需要有针对性和计划性地来选择节目，这个节目的风格还要符合整个频道的定位和规划。像浙江卫视的《中国梦想秀》，这个相当于 BBC 的《Tonight is Night》，其定位就是帮老百姓圆梦的，是一个公益主题，比较符合浙江卫视的人文气息，收视率当年名列频道第一，而且通过这个节目也提升了频道的品牌价值。现在，很多大型的模板节目门槛不断提高，只有为数不多的大型省级卫视可以参与，很多地级市的电视台都无从下手。其实，这些规模的电视台也可以根据自身的定位和特点，进行一些具有亮点的、小规模的模式引进，也可以采用多家卫视联合引进的方式，挑选一些可以被广泛接受的节目模式。

李　灿：节目引进中的问题有哪些？

徐　帆：虽然很多电视台都在引进模板节目，但是市场的成熟度和规范性还没完全建立。例如很多模式代理公司的报价是不合理的，看样片一个价格，有宝典一个价格，有飞行制片人指导又是一个价格。而这些报价背后其实连节目的版权授权都没有。在引进的过程中，模式方和版权引进方也会出现诸多矛盾，引进方对版权内容的不尊重也是比较突出的。将一些其他节目的特点强行植入，最终也会导致模式引进的失败。另外，国内的版权引进刚刚起步，很多外国版权公司对中国市场心存傲慢，坐地起价，违反承诺的事情也是常有的。

李　灿：引进节目到底改变了什么呢？

徐　帆：从很多"现象级"的节目中你可以看出来，像《中国好声音》《爸爸去哪儿》这些都是超一流水平的制作团队的执行作品。金磊团队、洪涛团队，他们不光执行能力强，而且具有超强模板意识。经过了几档模板节目和原创节目的历练之后，他们的制作水平完全和国外电视节目的工业化接轨。

李　灿：您对国内节目发展的现状有什么样的判断？

徐　帆：光靠版权购买是无法支持国内电视节目发展的。在未来几年，版权购买也会碰到瓶颈。未来电视行业的深度和广度都是要依靠原创内容来拓展的。很多电视台都成立的研发部门，主要就是对国内政策的分析和解读以及对国外节目的跟踪和挖掘，同时也进行新节目的研发。在体制方面，中国的这种四级办电视的管理体制，使得频道众多，竞争激烈。电视台缺乏投入精力、经历长时间研发节目的勇气，都希望通过得到市场验证的电视节目能够短时间成功，大家的版权保护意识也不强。这也是大家失去原创动力的问题。当然人才的缺乏,尤其是原创人才的缺乏是根本的。你看,英国人非常重视原创,他们对原创性有一种自豪感。而在中国,大家对原创的重视程度显然还是很欠缺的,这体现在没有合理的、合适的促进原创的运营机制。